2015年国家社会科学基金项目（15XTY001）

城市
基本公共体育服务力
综合评价

雷福民　李伟平　魏德祥　　主编

人民体育出版社

图书在版编目（CIP）数据

城市基本公共体育服务力综合评价／雷福民，李伟平，魏德祥主编. --北京：人民体育出版社，2022（2023.12重印）

ISBN 978-7-5009-6073-7

Ⅰ.①城… Ⅱ.①雷… ②李… ③魏… Ⅲ.①群众体育－社会服务－研究－中国 Ⅳ.①G812.4

中国版本图书馆CIP数据核字（2021）第180824号

*

人 民 体 育 出 版 社 出 版 发 行

北京中献拓方科技发展有限公司印刷

新 华 书 店 经 销

*

710×1000 16开本 14.5印张 258千字

2022年1月第1版 2023年12月第2次印刷

*

ISBN 978-7-5009-6073-7

定价：80.00元

社址：北京市东城区体育馆路8号（天坛公园东门）

电话：67151482（发行部） 邮编：100061

传真：67151483 邮购：67118491

网址：www.psphpress.com

（购买本社图书，如遇有缺损页可与邮购部联系）

编写组

主　编　雷福民　李伟平　魏德祥

副主编　万元元　王秋茸　柴亚萍

编写组成员（按姓氏笔画排列）

万元元（陕西省委党校）

王秋茸（西安体育学院）

李伟平（西安体育学院）

柴亚萍（四川工业科技学院）

雷福民（西安体育学院）

魏德祥（福建师范大学）

PREFACE

前 言

城市基本公共体育服务力是指政府向城市居民提供基本公共体育服务，满足城市居民参与体育活动的能力，包括政府提供基本公共体育服务的种类、数量、质量和覆盖范围等。具体来说，城市基本公共体育服务力包括各级政府在全民健身、公共体育场馆等方面向城市居民提供基本服务的能力和水平。

本书围绕城市基本公共体育服务力的基础科学问题构建了框架。首先，从服务力的视角界定了基本公共体育服务力的概念，阐述了基本公共体育服务力的基本特征，构建了城市基本公共体育服务力综合评价理论模型。其次，按照系统性原则、科学性原则、可操作性原则、可比和可量化原则，从现有的研究成果中海选评价指标，结合专家推荐的部分指标，初步建立了包括7个一级指标和57个二级指标的城市基本公共体育服务力指标体系。经过三轮的指标筛选，最终确立的评价指标体系包括场地设施、经费投入、健身服务和满意程度4个一级指标，人均公共体育服务经费、人均公共体育场地面积和国民体质监测标准合格率等15个二级指标，从理论和操作两个层面对评价指标予以解释说明。

以城市基本公共体育服务领域信息的收集、整理、综合评价为目标，本书的总报告在进行理论分析的基础上，采用体育事业统计系统和城市居民基本公共体育服务满意度问卷调查方式采集综合评价数据。在此基础上，本书分别采用层次分析法、模糊综合评价法、熵权TOPSIS法等评价方法进行了综合评价实证分析。子课题报告包含4个直辖市基本公共体育服务力发展现状、综合评价，中国体育场地发展的动态特征分析，中国省域体育场地发展水平的空间特征及其格局演化，公共体育服务体系示范区建设对体育产业发展的影响，体育彩票公益金支持青少年体育发展的效率测度研究等。

本书是国家社会科学基金项目（15XTY001）的研究成果，由雷福民、李伟平、魏德样担任主编，万元元、王秋茸、柴亚萍担任副主编。具体编写分工如下：李伟平编写第 1~3 章、第 6 章、第 12~14 章，柴亚萍编写第 4 章，雷福民编写第 5 章和第 7 章，万元元编写第 8 章，王秋茸编写第 9 章，魏德样编写第 10 章和第 11 章。全书最终由雷福民、李伟平统稿。

尽管编者付出了艰辛的努力，但由于水平有限，书中难免有不当之处，恳请广大读者给予批评指正。

编　者

2021 年 3 月

目 录
CONTENTS

第1部分 总报告

第1章 绪论 …… 003

1.1 研究背景 …… 003

1.2 学术价值与应用价值 …… 004

1.2.1 学术价值 …… 004

1.2.2 应用价值 …… 005

1.3 总体框架 …… 006

1.3.1 研究对象 …… 006

1.3.2 主要目标 …… 006

1.3.3 总体框架 …… 007

1.4 基本思路与研究方法 …… 008

1.4.1 基本思路 …… 008

1.4.2 研究方法 …… 009

1.5 研究结论 …… 011

1.6 研究创新 …… 012

1.6.1 建立基本公共体育服务力的理论框架体系 …… 012

1.6.2 构建科学、合理和可操作的评价指标体系 …… 013

1.6.3 确立城市基本公共体育服务力综合评价方法体系 …… 013

1.6.4 提出定量和定性相结合的评价指标筛选方法 …… 013

第2章 文献综述 …… 015

2.1 公共体育服务研究综述 …… 015

2.1.1 国外公共体育服务研究现状 …… 015

2.1.2 国内公共体育服务研究现状 …… 018

2.2 基本公共体育服务文献研究综述 …… 026

2.2.1 年度分布 …… 026

2.2.2 被引用情况 …… 027

2.2.3 被下载情况 …… 029

2.2.4 主题分布 …… 030

2.3 公共体育服务评价文献研究综述 …… 032

2.3.1 年度分布 …… 032

2.3.2 被引用情况 …… 033

2.3.3 被下载情况 …… 034

2.3.4 主题分布 …… 035

2.3.5 作者分布 …… 036

2.3.6 机构分布 …… 037

2.3.7 文献来源分布 …… 037

2.3.8 关键词分布 …… 038

2.4 层次分析法研究综述 …… 039

2.4.1 年度分布 …… 039

2.4.2 主题分布 …… 039

2.4.3 作者分布 …… 040

2.4.4 文献来源分布 …… 041

2.5 模糊综合评价法研究综述 …… 042

2.5.1 年度分布 …… 042

2.5.2 主题分布 …… 043

2.5.3 文献来源分布 …… 044

2.5.4 关键词分布 …… 044
2.6 熵权 TOPSIS 分析法研究综述 …… 046
2.6.1 年度分布 …… 046
2.6.2 被引用情况 …… 046
2.6.3 主题分布 …… 048
2.6.4 文献来源分布 …… 048
第 3 章 理论基础 …… 050
3.1 新公共服务理论 …… 050
3.1.1 基本内容与主要理念 …… 050
3.1.2 启示与借鉴 …… 051
3.2 新公共管理理论 …… 051
3.2.1 基本内容与主要理念 …… 051
3.2.2 启示与借鉴 …… 052
3.2.3 公共价值管理理论 …… 052
3.2.4 政府绩效评估理论 …… 054
3.3 基本公共体育服务 …… 055
3.3.1 基本公共服务概念界定 …… 055
3.3.2 基本公共体育服务概念界定 …… 056
3.3.3 基本公共体育服务的基本特征 …… 057
3.4 基本公共体育服务力 …… 058
3.4.1 基本公共体育服务力概念界定 …… 058
3.4.2 基本公共体育服务发展演进 …… 059
3.4.3 基本公共体育服务力的内容 …… 061
第 4 章 评价指标体系构建 …… 063
4.1 基本原则 …… 063
4.1.1 系统性原则 …… 063
4.1.2 科学性原则 …… 064
4.1.3 可操作性原则 …… 064

4.1.4 可比和可量化原则 …… 064
4.2 指标初选 …… 065
4.3 指标筛选 …… 069
4.3.1 第一轮指标筛选 …… 069
4.3.2 第二轮指标筛选 …… 075
4.4 指标体系确立及指标解释 …… 078
4.4.1 指标体系确立 …… 078
4.4.2 指标解释和收集方法 …… 079
4.5 指标体系的合理性验证 …… 081

第5章 基于层次分析法的综合评价及实证研究 …… 083
5.1 指标权重确立 …… 083
5.1.1 层次分析法原理 …… 083
5.1.2 建立判断矩阵及单排序 …… 084
5.2 综合评价指标体系建立 …… 087
5.3 评价数据收集 …… 087
5.4 综合评价结果与分析 …… 087
5.4.1 评价指标数据 …… 088
5.4.2 归一化处理 …… 089
5.4.3 计算综合评分及排名 …… 090
5.4.4 按一级指标分类评价 …… 090

第6章 基于模糊综合评价法的综合评价实证研究 …… 093
6.1 基本原理和优缺点 …… 093
6.2 数据来源 …… 094
6.3 确定评价因素集 …… 094
6.4 建立指标权重集 …… 095
6.5 建立评价集 …… 095
6.6 建立模糊评价矩阵 …… 096
6.7 构建综合评价模型及应用 …… 102

6.7.1 西安多级模糊综合评价结果 …… 103
6.7.2 渭南多级模糊综合评价结果 …… 103
6.7.3 咸阳多级模糊综合评价结果 …… 104
6.7.4 汉中多级模糊综合评价结果 …… 104
6.7.5 延安多级模糊综合评价结果 …… 105
6.7.6 宝鸡多级模糊综合评价结果 …… 105
6.7.7 铜川多级模糊综合评价结果 …… 106
6.7.8 榆林多级模糊综合评价结果 …… 106
6.7.9 商洛多级模糊综合评价结果 …… 107
6.7.10 安康多级模糊综合评价结果 …… 107
6.8 计算评判指标结果 …… 107
6.9 模糊综合评价结果向量分析 …… 108

第7章 基于熵权 TOPSIS 分析法的综合评价及实证研究 …… 110
7.1 建立原始数据矩阵 …… 110
7.2 用熵权法确定指标权重 …… 112
7.3 建立归一化矩阵 …… 113
7.4 计算加权矩阵 …… 114
7.5 确定正理想解 x^+和负理想解 x^- …… 115
7.6 计算各评价对象指标值与正理想解 x^+和负理想解 x^-的距离 …… 115
7.7 计算各评价对象的综合评价指数 …… 115

第 2 部分 子课题报告

第8章 4个直辖市基本公共体育服务力发展现状 …… 119
8.1 经费投入 …… 119
8.2 场地设施 …… 124
8.3 健身服务 …… 127

第 9 章　4 个直辖市基本公共体育服务力综合评价 …………………………… 130
9.1　基本原理 ………………………………………………………………… 130
9.2　指标选择 ………………………………………………………………… 130
9.3　数据来源 ………………………………………………………………… 131
9.4　综合评价步骤及结果 …………………………………………………… 131
9.4.1　无量纲化处理 …………………………………………………… 131
9.4.2　用熵权法确定指标权重 ………………………………………… 133
9.4.3　建立归一化矩阵 Z ……………………………………………… 134
9.4.4　计算加权矩阵 …………………………………………………… 134
9.4.5　确定正理想解 x^+ 和负理想解 x^- ………………………………… 135
9.4.6　计算各评价对象指标值与正理想解 x^+ 和负理想解 x^- 的距离 …… 135
9.4.7　计算各评价对象的综合评价指数 ……………………………… 135

第 10 章　我国体育场地发展的动态特征分析 ……………………………… 137
10.1　概念界定、指标选取和数据来源 ……………………………………… 137
10.1.1　概念界定 ………………………………………………………… 137
10.1.2　指标选取 ………………………………………………………… 138
10.1.3　数据来源 ………………………………………………………… 139
10.2　结果与分析 ……………………………………………………………… 140
10.2.1　我国体育场地发展水平的特征分析 …………………………… 140
10.2.2　我国体育场地发展方式的特征分析 …………………………… 141
10.2.3　我国体育场地发展品质的特征分析 …………………………… 143
10.2.4　我国体育场地发展土地利用集约度的特征分析 ……………… 145
10.2.5　我国体育场地发展的场地“流失”问题分析 ………………… 146
10.3　结论与建议 ……………………………………………………………… 154
10.3.1　结论 ……………………………………………………………… 154
10.3.2　建议 ……………………………………………………………… 155

第11章　我国省域体育场地发展水平的空间特征及其格局演化 ········ 157
11.1　ESDA 应用于省域体育场地发展水平研究的理论基础 ················ 157
11.2　概念界定、指标选取、研究方法及数据来源 ························ 158
11.2.1　概念界定 ·· 158
11.2.2　指标选取 ·· 159
11.2.3　研究方法 ·· 159
11.2.4　数据来源 ·· 161
11.3　结果与分析 ·· 165
11.3.1　我国省域体育场地发展水平概况分析 ···························· 165
11.3.2　我国省域体育场地发展水平的空间特征及演化 ···················· 171
11.4　结论 ·· 183
11.4.1　省域体育场地发展水平概况特征 ································ 183
11.4.2　省域体育场地发展规模的空间特征及演化规律 ···················· 184
11.4.3　省域体育场地发展速度的空间特征及演化规律 ···················· 184
第12章　公共体育服务体系示范区建设对体育产业发展的影响 ········ 186
12.1　公共体育服务体系示范区建设制度背景 ···························· 186
12.2　公共体育服务示范区建设的理论假设 ······························ 188
12.3　模型选择、变量处理 ·· 188
12.3.1　模型选择 ·· 188
12.3.2　变量处理 ·· 189
12.3.3　数据来源与描述统计 ·· 190
12.4　实证结果分析 ·· 191
12.4.1　平均效应分析 ·· 191
12.4.2　动态效应分析 ·· 193
12.4.3　平行趋势检验 ·· 194
12.4.4　稳健性检验 ·· 195
12.5　小结 ·· 196

第 13 章　体育彩票公益金支持青少年体育发展的效率测度研究 ········ 197
13. 1　体育彩票公益金支持青少年体育发展研究的实践背景 ············ 197
13. 2　研究方法 ·· 198
13. 2. 1　DEA-BCC 方法 ·· 198
13. 2. 2　σ 收敛检验方法 ·· 198
13. 2. 3　Tobit 回归模型法 ··· 199
13. 3　指标选择及数据来源 ··· 199
13. 3. 1　指标选取 ·· 199
13. 3. 2　影响因素指标选取 ··· 200
13. 3. 3　数据来源 ·· 200
13. 4　结果与分析 ··· 201
13. 4. 1　体育彩票公益金支持青少年体育发展效率分析 ·········· 201
13. 4. 2　体育彩票公益金支持青少年体育发展效率的影响因素分析 ······ 208
13. 5　小结 ·· 210
第 14 章　子课题研究总结 ·· 212
参考文献 ··· 215

第1部分　总报告

CHAPTER1

第1章 绪 论

城市基本公共体育服务是城市公共服务的重要内容，也是城市基本公共服务的核心内容。城市基本公共体育服务体系是体育事业的重要组成部分，反映城市基本公共服务体系的发展规模和水平，可以通过城市基本公共体育服务力进行测度和评价。城市基本公共体育服务力是指政府向城市居民提供基本公共体育服务、满足城市居民参与体育活动的能力，包括政府提供基本公共体育服务的种类、数量、质量和覆盖范围等。具体来说，城市基本公共体育服务力包括各级政府在全民健身、公共体育场馆、体育竞赛服务、青少年体育和体育消费等方面向城市居民提供基本服务的能力和水平。

1.1 研究背景

满足城市居民基本公共体育服务需求，不仅是城市高质量发展的重要体现，还是体育事业高质量发展需要解决的核心问题。促进城市基本公共体育服务水平的不断提升，是增强城市居民健康的重要手段，是满足城市居民全面发展需要的重要内容。不仅如此，城市基本公共体育服务是体现国家综合国力的重要因素，是社会全面进步不可或缺的推动力。

20 世纪七八十年代，我国修改并完善了《国家体育锻炼标准》（已失效），提出了“发展体育运动，增强人民体质”的口号。1995 年，《全民健身计划纲要》的实施，标志着大众体育的发展进入了新的阶段。2008 年，我国卫生部启动了“健康中国 2020”战略，标志着我国开始推进国家健康战略。

2011 年，国务院颁布了《全民健身计划（2011—2015 年）》，对我国大众体育提出了新的目标和任务，大众体育运动得到了快速发展。2012 年，国家发展和改革委员会、国家体育总局共同编制了《“十二五”公共体育设施建设规划》《“十二五”公共体育设施建设指导手册（试行）》，文件的出台加快了各省市在公共设施建设上的推进速度，地方各级政府加大了对公共体育服务设施的投入，全民健身与体育产业得到协调发展。2015 年，我国人均体育场地面积为 1.57m^2，全国经常参加体育锻炼的人数上升到 33.9%。但存在的问题是：①与日本、韩国等周边国家相比，人均场地面积较少；②结构欠合理，城乡之间、区域之间差异较大，体育设施中群众健身场馆占比较低；③体育设施利用率低，免费与低收费向公众开放力度不够。

2016 年，国务院印发了《全民健身计划（2016—2020 年）》（以下简称《计划》），发展目标为：到 2020 年，群众体育健身意识普遍增强，参加体育锻炼的人数明显增加，每周参加 1 次及以上体育锻炼的人数达到 7 亿，经常参加体育锻炼的人数达到 4.35 亿，群众身体素质稳步增强。全民健身的教育、经济和社会等功能充分发挥，与各项社会事业互促发展的局面基本形成，体育消费总规模达到 1.5 万亿元，全民健身成为促进体育产业发展、拉动内需和形成新的经济增长点的动力源。支撑国家发展目标、与全面建成小康社会相适应的全民健身公共服务体系日趋完善，政府主导、部门协同、全社会共同参与的全民健身事业发展格局更加明晰。该《计划》的颁布，对于推进公共体育服务体系建设具有重要作用。

2016 年，国家发展和改革委员会及国家体育总局联合出台《“十三五”公共体育普及工程实施方案》，提出到 2020 年，人均体育场地面积由 2015 年的 1.57m^2提高到 1.8m^2的目标，形成满足公共体育服务需求的公共体育场地设施网络。

1.2 学术价值与应用价值

1.2.1 学术价值

在实现城市基本公共体育服务的框架内，探索一套适合中国体制环境的基本公共体育服务改善机制，在以下几个方面可能具有一定的理论贡献。

为公共服务及体育领域的研究构建一套合理、可行的研究框架，侧重于从基本公共体育服务整体性出发，将基本公共体育服务整体绩效分解为规模、效率、满意度、均等化4个绩效层面分别加以考察，从而有效建立起城市基本公共体育服务综合评价模型，以期为公共体育服务提供可参考的分析体系。

为基本公共服务及体育领域的研究探索引入新经济学的研究方法，尝试采用数据挖掘技术、数据包络分析（data envelopment analysis，DEA）方法，以及各种类型的面板数据处理方法，通过典型的城市样本，探索在基本公共体育服务力方面的发展现状与发展趋势。

通过城市基本公共体育服务力综合评价研究，为开展中国城市基本公共体育服务力定量评价提供具有可操作性的理论工具。虽然中国公共体育服务问题已被关注很长时间，但利用量化指标模型，针对城市基本公共体育服务力问题评价的研究却相对匮乏，因而不能针对中国城市基本公共体育服务做出准确的评估与判断，进而影响对城市基本公共体育服务问题的深入研究和考察。本书通过构建公共服务绩效综合评价体系，分别测评城市基本公共体育服务规模、效率及均等化绩效的方法，最终衡量城市基本公共体育服务力水平情况，为认知城市基本公共体育服务现状做出必要的尝试。

1.2.2 应用价值

（1）开展综合评价，可为推进中国体育职能管理部门管理体制改革和转变政府职能，转变事业发展方式提供参考。城市基本公共服务力是反映城市基本公共体育服务体系服务效能的综合评价指标，城市基本公共服务力的大小直接体现为被评估的体育部门提供或者购买的基本公共体育服务质量与数量情况，通过评价结果发现基本公共服务的不足和薄弱环节，引导被评估体育部门进行宏观规划和微观整改，对转变体育事业发展方式，实现公共体育服务高质量发展具有重要意义。

（2）开展综合评价，将有利于推动城市基本公共服务力均衡化发展。通过综合评价，可以从横向上对城市不同区域基本公共体育服务发展的不均衡性进行定量评估，也可以从纵向上对不同年度城市基本公共体育服务发展进行比较，发现城市基本公共体育服务的不足，并采取有效措施，提升服务效率，推动服务均衡化发展。

（3）开展综合评价，将有利于提升城市居民对城市基本公共体育服务的满意度。从居民价值理论、居民需求理论出发构建评价指标体系，着重体现城市居民的意愿和需求，该评价指标的建立将为提升城市体育部门的居民满意度提供可行的技术支持。

1.3 总体框架

1.3.1 研究对象

以城市基本公共体育服务力为研究对象。

1.3.2 主要目标

1.3.2.1 理论研究目标

（1）建立城市基本公共体育服务力理论模型。面向全民健身、学校体育、体育经济及竞技体育等领域的城市基本公共体育服务需求，深入分析城市基本公共体育服务力的发展历程，以解决城市基本公共体育服务力信息的收集、整理、综合利用与开发为目标，揭示城市基本公共体育服务力的现状；以体育学、统计学、管理学和信息科学的基本理论为指导，围绕城市基本公共体育服务力评价指标体系和关键技术中的基础科学问题开展研究，运用系统科学的理论，探索城市基本公共体育服务力的基本规律，建立城市基本公共体育服务力理论模型。

（2）构建城市基本公共体育服务力综合评价体系。研制城市基本公共体育服务力分类标准，建立城市基本公共体育服务力统计指标体系、统计调查方法体系等，解决及时、可靠地获取城市基本公共体育服务力信息，并为各级政府和体育职能部门决策服务的问题；建立城市基本公共体育服务力综合评价理论模型，提出多元组合综合评价的机理与方法，解决复杂系统环境下城市基本公共体育服务力的综合评测问题。在统计指数开发、复杂抽样调查方法、多元综合评价技术、数据挖掘技术应用，以及动态系统环境城市基本公共体育服务力提供等方面，取得系列理论成果和关键技术研发成果。

1.3.2.2 实证研究目标

以国家统计局城市样本抽样框为基础，结合国家体育总局开展全国群众体育现状调查设计城市样本抽样框的经验，抽取典型城市样本开展实证研究；以构建的城市基本公共体育服务力综合评价指标体系为依据，从相关部门收集样本城市基本公共体育服务评价指标的基础数据，并进行数据整理和探索性分析，利用整理后的数据，对样本城市的基本公共体育服务现状进行系统评估，对城市基本公共服务能力进行比较分析，根据综合评价结果和样本城市基本公共体育服务力建设的经验及教训，提出加快我国城市基本公共体育服务力发展的对策和建议。

1.3.3 总体框架

总体框架如图 1-1 所示。

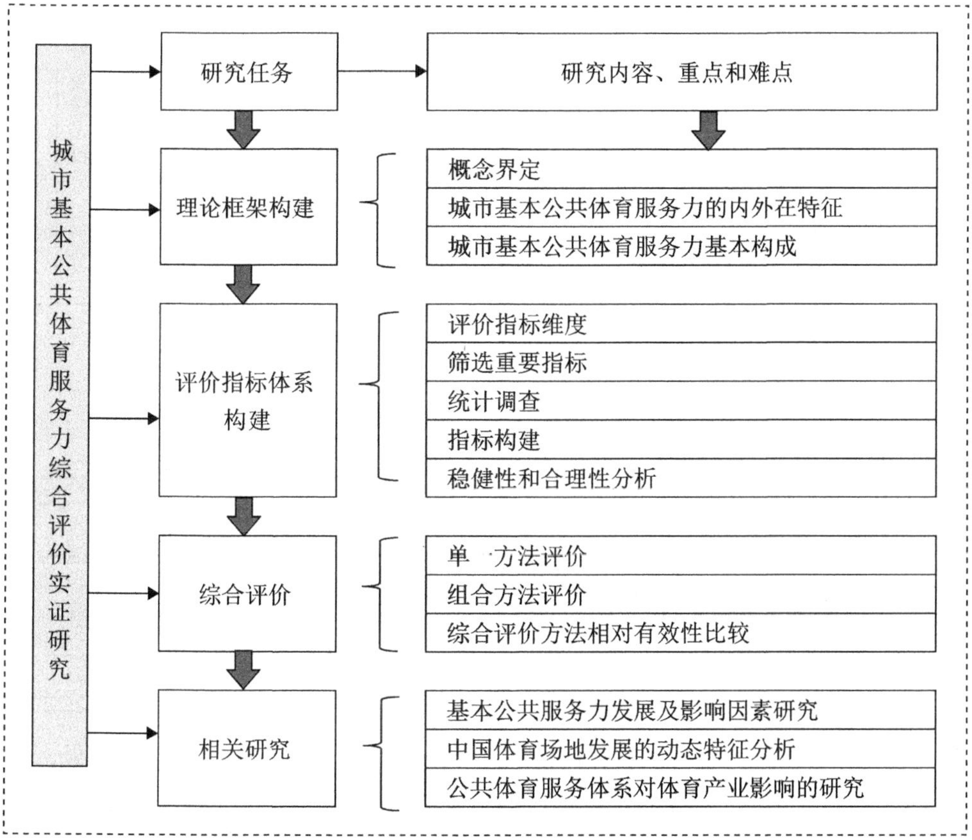

图 1-1 总体研究框架

1.4 基本思路与研究方法

基本思路与研究方法如图 1-2 所示。

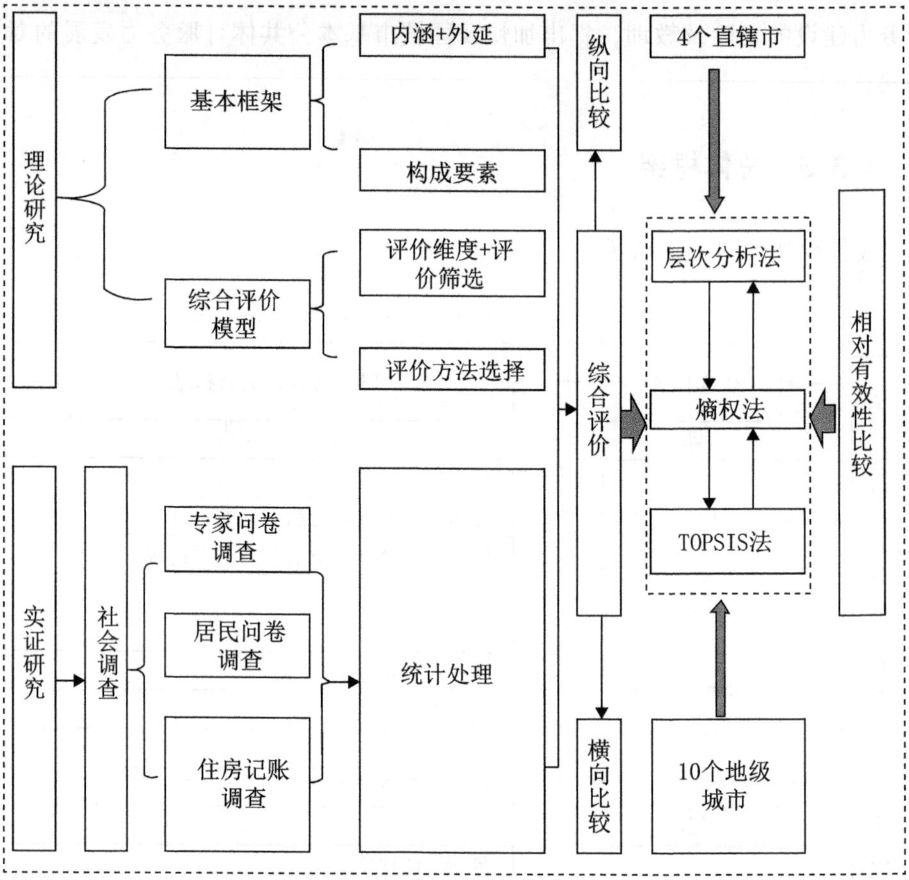

图 1-2 基本思路与研究方法

1.4.1 基本思路

首先，基于公共服务、综合评价的理论及公共体育服务的相关研究成果，对相关概念进行界定，分析城市基本公共体育服务的内外在特征，构建理论分析框架。从场地设施、经费投入、健身服务和满意程度 4 个维度，梳理 40 多项二级指标内容，进行指标海选和问卷设计与调研，从 6 个维度下至少 40 项指标中筛选重要指标，构建城市基本公共体育服务力评价指标体系。在此基础上，运用层次分析法确定指标体系的权重系数，构建城市基本公共体育服务力评价指数。其次，对4个直辖市、10个地级城市基本公共体育服务力评价指数进行测算，采用单一综合评价方法与组合评价方法对评价对象进行评价。再次，对不同评价方法的相对有效性进行分析。最后，分析评价结果的合理性。

1.4.2 研究方法

采用量化和质化相结合的研究方法。量化的研究方法主要体现在对问卷调查等数据进行整理的基础上，运用SPSS（Statistical Package for the Social Sciences，社会科学统计软件包）软件进行统计分析。质化的研究方法则体现在文献检索、问卷调查、访谈与座谈讨论、理论分析与现场考察相结合上。具体而言，研究方法主要包括以下几个。

1.4.2.1 文献资料法

根据研究任务的需要，搜集、检索与本书相关的文献资料，为课题研究工作提供必要素材与理论依据。为了更深入地对现有研究成果进行梳理，本书选择CNKI中国学术期刊网络出版总库作为数据源，检索时间为2008—2018年，来源类别为核心期刊，检索式为与公共体育服务有关的主题词，检索内容包括篇名、关键词、作者、主题词、刊名等，共获得与本书有关的文献记录5136条，由于部分文献与研究主题关联度不高，予以剔除，最后确认的计量研究文献为5036篇。文献检索截止时间为2018年12月30日。

1.4.2.2 调查法

按照区域经济划分理论，在东、中、西部分别选择典型的经济区（部分省市）作为调查样本，以获取基础统计工作的第一手资料，为深入研究城市基本公共体育服务需求奠定基础。

（1）问卷调查法。

①评价指标筛选问卷调查。为了确立科学合理的指标体系及各指标的权重，拟采用调查问卷的方式，请专家针对每组指标进行排序赋值。指标筛选和指标排序的调查问卷分别采用研制的问卷，调查对象包括校内外相关方面的专家和学

者。通过反复地归纳整理，确定城市公共体育服务力综合评价指标体系和指标权重。

②城市基本公共体育服务满意度问卷研制。根据本书确定的城市基本公共体育服务力内容构成，按照调查问卷研制的基本步骤，结合陕西范围内小样本量被试调查结果的分析，确立了城市基本公共体育服务力调查问卷。调查问卷分为调查对象基本情况、城市基本公共体育服务现状和服务满意度 3 个部分。满意度调查采用李克特量表进行，分为服务满意度和影响满意度因素两项内容。问卷调查数据的采集，采用网络调查与现场调查两种方式进行，现场调查的时间为 2016 年 12 月至 2017 年 6 月，网络调查的时间为 2016 年 12 月至 2017 年 12 月。问卷收集情况见表 1-1。

表 1-1　城市基本公共体育服务力调查问卷情况

问卷情况	网络调查	现场调查	合计
发放份数	2000	1850	3850
有效问卷	1625	1548	3173
有效回收率	81.25%	83.68%	82.42%

城市基本公共体育服务满意度问卷的效度检验采用专家调查法进行，邀请了 20 名教授、10 名副教授进行有效性评价，结果显示见表 1-2。

表 1-2　问卷效度检验专家评价结果统计

专家职称	无效	一般	有效	非常有效
教授		3	10	7
副教授		2	4	4

（2）访谈法。研究过程中，在评价指标预筛选中选取了体育管理部门一线管理人员进行访谈，了解现阶段作为基本公共体育服务供给主体的政府部门对城市基本公共服务评价内容的意见。与高校该领域的权威专家进行访谈，了解该领域的主要研究热点、亟待解决的问题，以及在公共体育绩效评估方面的最新成果，同时征求对城市基本公共体育服务力评价各级指标的具体意见，为指标体系构建提供理论支持。

1.4.2.3 比较研究法

查阅国内外关于城市基本公共体育服务力建设的情况，进行比较研究，了解不同地域、不同经济发展水平地区城市基本公共体育服务力建设情况，为构建适合国情实际的城市基本公共体育服务力评价体系提供参考。

1.4.2.4 理论分析法

基于体育学、经济学、管理学和社会学等领域的相关理论，构建理论模型，并以城市基本公共体育服务需求调查采集的数据为基础，进行实证检验研究。

1.4.2.5 数理统计法

采用计算机数据库技术和 SPSS 软件等，对数据进行统计分析。结合专家咨询，采用因子分析法构建评价指标体系；基于层次分析法确立评价指标权重；采用熵权 TOPSIS 分析法等进行城市基本公共体育服务力的综合评价。

1.5 研究结论

（1）在现有文献研究基础上，结合当前公共体育服务实践，将基本公共体育服务界定为公共管理部门通过直接提供或者购买服务的方式，由政府公共管理部门、非营利性机构或者企业提供给社会公众基本的公共体育产品或者非营利性的体育服务。基本公共体育服务相对于其他公共服务、体育服务有其明显的基本特征，即服务对象的特殊性、服务目的的公益性、服务主体的多元性和服务资源配置的均衡性。在此基础上，结合基本公共体育服务内容进行基本公共体育服务力的界定。基本公共体育服务力是指以满足城市居民基本公共服务需求为导向，公共体育服务管理组织或者机构在全民健身活动开展、体育场地设施服务、青少年体育活动等领域采用直接提供服务，或者购买基本公共体育服务的方式，由政府部门、非营利性机构或者企业实施的基本公共体育服务能力。

（2）按照系统性原则、科学性原则、可操作性原则、可比和可量化原则，从现有的研究成果中海选评价指标，结合专家推荐的部分指标，初步建立了包括 7 个一级指标和 57 个二级指标的城市基本公共体育服务力指标体系。在三轮的指标筛选中，指标筛选的依据是平均值得分≥4，同时变异系数≤20%。最终确立的评价指标体系包括场地设施、经费投入、健身服务和满意程度 4 个一级指标，人均公共体育服务经费、人均公共体育场地面积和国民体质监测标准合格率等 15 个二级指标。

（3）基于构建城市基本公共服务力评价指标体系，先选用层次分析法确定各级指标权重，然后对评价指标基础数据进行无量纲化处理，形成评价指标的比较值，再用各指标的比值乘以相应的权重，得出单项指标数据，最后按照层次结构合成综合评价结果。本书选取陕西 10 个地市作为实证评价对象，根据城市基本公共体育服务评价指标（设计指标），对陕西 10 个地市的相关数据进行了收集和整理，建立了综合评价实证指标体系，采用该综合评价方法，计算出陕西各地市公共体育服务力的评价结果由高到低依次为西安、宝鸡、延安、铜川、渭南、汉中、咸阳、榆林、商洛和安康。

（4）基于熵权 TOPSIS 分析法的综合评价方法，对陕西 10 个地市的相关数据进行了实证研究。通过建立原始数据矩阵、进行归一化处理、用熵权法确定指标权重、建立归一化矩阵、计算加权矩阵、确定正理想解 x^+ 和负理想解 x^-、计算各评价对象的综合评价指数，最后得出了陕西各地市公共体育服务力的评价结果由高到低依次为：西安、宝鸡、延安、渭南、铜川、汉中、咸阳、商洛、榆林和安康。

（5）基于构建城市基本公共服务力评价指标体系，选用模糊综合评价法，通过确定评价因素集、建立指标权重集、建立评价集、进行单因素模糊评价、构建综合评价模型和进行模糊综合评价合成等步骤，对实证研究对象陕西 10 个地市进行了综合评价。采用该综合评价方法得出陕西各地市公共体育服务力的评价结果由高到低依次为西安、宝鸡、延安、铜川、汉中、渭南、咸阳、榆林、安康和商洛。

1.6 研究创新

1.6.1 建立基本公共体育服务力的理论框架体系

在国内外研究的理论基础上，结合中国实际情况，从构建服务力的视角提出城市基本公共体育服务的概念。本书将城市基本公共体育服务力界定为以满足城市居民基本公共服务需求为导向，公共体育服务管理组织或者机构在全民健身活动开展、体育场地设施服务、青少年体育活动等领域采用直接提供服务，或者购买基本公共体育服务的方式，由政府部门、非营利性机构或者企业实施的基本公共体育服务能力。本书从理论上厘清城市基本公共体育服务力的内涵、框定城市基本公共体育服务力的外延，从而为评价指标体系的建立提供科学、规范的理论框架。这对我国基本公共体育服务理论的创新发展和完善具有重要的学术价值。

1.6.2 构建科学、合理和可操作的评价指标体系

该评价指标体系严格遵循全面性、客观性和可操作性的原则，以现行体育事业统计指标体系、全民健身实施计划评估指标体系和体育产业统计指标体系为参考，以适应体育职能部门由管理型向服务型转变为目标，着重考虑了评价指标数据的重要性和可操作性。这一研究成果既符合当前城市基本公共体育服务的实际，基本覆盖城市基本公共体育服务的各个领域，也为将来城市基本公共体育服务范围的拓展留下了足够空间，为今后开展城市基本公共体育服务提供了十分重要的基础和支撑。目前国内在这一领域的研究尚不多见，这对于促进我国公共体育服务评价理论发展具有重要的学术价值。

1.6.3 确立城市基本公共体育服务力综合评价方法体系

该综合评价方法体系分别从公共体育服务评价指标、权重确立、评价方法、评价数据获取等方面进行了深入的研究，系统地整理和归纳了现有公共体育服务综合评价的经验和教训，比较了各种综合方法对公共体育服务综合评价的适应程度及其效果，探讨了利用专家经验和中国知网数据库文献数据寻求评价指标权重的确立方法。该成果专门研究了如何根据获得的评价指标权重信息的不同类型，建立恰当地反映评价指标权重的模型，从而最大限度地提高评价指标权重的科学性。

1.6.4 提出定量和定性相结合的评价指标筛选方法

根据评价指标筛选中广泛采用的定性方法和定量方法，并结合专家和学者的意见，提出定量和定性相结合的评价指标筛选方法，在此基础上构建了评价指标体系。该评价指标体系的设置体现了“抓大放小”“客观评价和主观评价相结合”

的原则，突出重点，兼顾一般，并能够保证评价指标数据获取的可行性。在评价指标的设计过程中，根据各级体育行政部门工作的需要和公共体育服务发展的自身规律，既设计了定量指标（人均公共体育场地面积和每万人拥有社会体育指导员数量等指标），又设计了部分定性指标（如基本公共体育服务满意度等指标），以便对评价指标进行综合评价，发现城市基本公共体育服务发展中蕴含的规律，同时，城市基本公共体育服务满意度指标的设置，也从侧面反映了基本公共体育服务产品供给的情况。

CHAPTER2

第2章

文献综述

城市基本公共体育服务力研究选择CNKI中国学术期刊网络出版总库作为数据源，运用知识图谱技术、文本挖掘技术等，探索基本公共体育服务研究热点与前沿。结合新时期基本公共体育服务的发展特征，借鉴公共服务和新公共服务理论的有益经验，从服务力的视角界定基本公共体育服务力的概念，阐述基本公共体育服务力的基本特征，探讨基本公共体育服务力的基本内容。

2.1 公共体育服务研究综述

2.1.1 国外公共体育服务研究现状

大众体育又称群众体育，西方大众体育的主要表现形式为社区体育。由于西方没有公共体育的提法，因此，本书中的西方公共体育服务是指大众体育服务。美国和加拿大是西方开展公共体育比较成功的两个国家，为了最大限度地使用体育设施资源，美国制定了有关法律，除了联邦法律，每个州都有适合自己本州的法律，各个社区也有自己的地方法令①。政策法规保障了充分合理利用有限的体育资源为大众服务，同时强调特殊人群的体育参与，为社区的妇女、儿童、老年人、残疾人等创造条件，使其充分享有参与体育运动的权利②。加拿大的政策法规明确并保障政府体育政策的实施，强调政府的核心目标，即促进国民体

① 陈洁洁，赵传生．从美国社区体育管理的经验看中国社区体育发展战略［J］．群体·研究，2009（7）：88，128.

② 桑潇．中、美、英、日四国社区体育相关法规政策的对比分析［D］．济南：山东体育学院，2013.

育参与，使其成为人们健康与福利的一个基本要素，鼓励国民将身体锻炼融入日常生活，帮助人们减少参加身体锻炼的障碍，巩固体育在加拿大社会生活中的地位①。

1980 年，美国正式发布《健康公民 1990：预防疾病与健康促进》战略报告，将体力活动纳入健康促进计划中。1990 年，美国卫生与公共服务部制定全民健身年规划——《健康公民 2000 年》，将其列入 22 个优先发展领域之首，拟在教育国民并积极创建一种引导健康生活的方式，以实现国家三大目标为目的，这三大目标是增加国民健康生命的长度、减少美国国民中的健康不平等待遇，以及实现全美人民的预防性服务目标。其后，美国又陆续发布《健康公民 2010 年》《健康公民 2020 年》②。

2001 年，加拿大政府对体育政策进行了评估，颁布了新的“加拿大体育政策目标”，在此前强调高水平运动发展的基础上，强化了公共体育的推广和发展。加拿大体育局将 2002—2012 年的体育发展重点目标进行调整，将大众的参与纳入体育发展政策目标，并陆续出台了《加拿大体育政策（2002 年）》《关于原住民参与体育的政策（2005 年）》《残疾人体育政策（2006 年）》《积极参与妇女和少女的体育政策（2009 年）》等③。

英国于 1948 年第一个宣布建成了“福利国家”。英国的福利制度改革大致经历了 3 个阶段，即传统福利国家模式、新自由主义经济模式、网络协作模式（社会投资型国家）。传统福利国家模式要求政府承担满足大众体育的需求，提供基础设施的需求④。网络协作模式的特点是强调发挥市场经济作用，减少国家干预。英国实施的《社区业余体育俱乐部计划》，该计划使 4 万多家俱乐部享受到税收减免的福利，从而使更多人参与体育运动⑤。

德国早在 1913 年就为体育达标的成年男子颁发“德国国家体能奖章”，1921 年后同意女性公民通过相应测试，合格后也授予这个奖章。从 1913 年至 1988 年

① 陈玉忠．加拿大体育政策的特点及启示［J］．上海体育学院学报，2014（1）：36-40.

② 徐士韦，肖焕禹，谭小勇．体力活动：美国国家健康政策之要素——基于美国健康公民战略的考察［J］．上海体育学院学报，2014，38（1）：25-29.

③ 幺海欣，乔振赢，王麟．加拿大公共体育政策发展初探［J］．当代体育科技，2014，4（8）：3-5.

④ DCMS. A sporting future for all：the role of further and higher education in delivering the Government's plan for sport［EB/OL］.［2012-07-03］. https：//dera. ioe. ac. uk//10138/.

⑤ 欧盟委员会网站［EB/OL］.［2015-06-05］. https://ec. europa. eu/public_ opinion/archives/ebs.

获得奖章的国民已达到2000万人次[①]。1959年，德国提出了“黄金计划”。第一个“黄金计划”时间为1960—1975年，第二个“黄金计划”时间为1976—1985年，第三个“黄金计划”时间为1985—1989年。

2008年，日本的体育人口比例已接近全国的55%，日本公共体育服务事业走在世界的前列。2000年后，日本政府出台了两部国家体育发展计划，推动了日本体育发展进入新的阶段。一个是2000年的《体育振兴基本计划》，将“终身体育”作为日本民间体育发展的目标[②]。《体育振兴基本计划》提出构建终身体育社会，50%的成年人每周参加1次以上体育活动，每个市区町村（街道）至少培育1个综合型社区体育俱乐部，都、道、府、县都要至少建立1个体育中心，各地建立良好的健身环境，以终身体育、竞技体育、学校体育为三大支柱，支撑起整个日本的体育。另一个是2010年日本通过了《日本体育立国战略》，这是日本国家体育的一项重大政策，从行政组织、法律保障、资金投入、健全环境、文化宣传等多个方面进行竞技体育和群众体育的整体协调发展，反映了日本体育近年来发展的政策依据。日本还提出了为各年龄组创造体育机会，培养和强化活跃在世界竞技体育舞台的高水平运动员，促进体育界的合作和协调行动，营造良性循环，提升体育界的透明性和公平性，使全社会支持体育事业。

2012年，日本中央审议会的分科会通过了《体育基本计划》报告方案，为日本大众体育发展提出新时代命题，要求提高日本学校和社区孩子参与体育运动的机会，促进各年龄段人群的体育活动，改进社区体育环境[③]。《体育基本计划》在内容上注重树立体育价值观，强调推进公共体育基础条件配备工作，建设“大众体育为竞技体育提供基础，竞技体育再为大众体育发展提供支持”的良性循环机制[④]。

韩国体育由生活、竞技、残疾人体育3个部分组成，其中，生活体育和残疾人体育是韩国大众体育的主要内容。近年来，韩国体育事业发展快速，体育人口数量持续增长，2000年，韩国体育人口为全国人口的65.9%，每周至少参加2

---

① Deutscher Sportbund. Sport in Deutschland [M]. Frankfurt am Main: Deutscher Sportbund Generlsekretariat, 2003: 39.

② 崔颖波，何志林，李建国．日本发展大众体育的特点及趋势：“终身体育”政策篇 [J]. 体育与科学, 2003, 24 (2): 5-8.

③ 日本文部科学省．スポーツ基本计划 [Z]. 2012: 71-83.

④ 景俊杰，黑天勇．日本2012《体育基本计划》解析 [J]. 西安体育学院学报, 2013, 30 (4): 419-423.

次体育运动的人数，从 2008 年的 34.2%增长到 2010 年的 41.5%。韩国大众体育事业在体育团体结构、生活体育设施、学校体育和地区体育合作、生活体育财政等方面有所建树①。韩国体育发展的重点在于大众体育，韩国政策将实现其大众体育的社会化、终身化、生活化，适应国民日益增长的健康需求作为行政目标。2014 年，韩国文化体育观光部发布了《国民生活体育设施扩充中长期计划》，在全国各处为国民提供公共体育设施，投资 1.272 万亿韩元，增设 1124 项体育设施，到 2022 年，大幅度增加体育设施，最终确立全国的体育设施供应计划，国民可以随时随地进行体育活动。

2.1.2 国内公共体育服务研究现状

为了更深入地对现有研究成果进行梳理，本书选择 CNKI 中国学术期刊网络出版总库作为数据源，检索时间为 2008—2018 年，来源类别为核心期刊，检索式为与公共体育服务有关的主题词，共检索出 5136 条记录，每一条数据记录主要包括“篇名、作者、作者单位、关键词、基金项目、摘要、刊名、发表年、第一作者”等信息。由于部分文献不属于社区研究领域，为了提高样本代表性，对文献进行预处理，最后确认 5036 篇文献为计量研究的数据样本。数据采集时间为 2018 年 12 月 30 日。

2.1.1.1 时间分布特征

从时间分布上看，2008—2018 年，国内被 CNKI 数据库收录的以公共体育服务为研究主题的相关文献数量逐年增加（表 2-1）。2008 年，国内在该领域发表的文献为 78 篇，以 2008 年为基期。2009 年，国内在该领域发表的文献为 116 篇，较 2008 年的定基比和环比都为 148.72%，年增长率为 48.72%。2010 年，国内在该领域发表的文献为 167 篇，较 2008 年定基比为 214.10%，较 2009 年环比为 143.97%，年增长率为 43.97%。2011 年，国内在该领域发表的文献为 302 篇，较 2008 年定基比为 387.18%，较 2010 年环比为 180.84%，年增长率为 80.84%。2012 年，国内在该领域发表的文献为 385 篇，较 2008 年定基比为 493.59%，较 2011 年环比为 127.48%，年增长率为 27.48%。2013 年，国内在该

① 金育强，魏婷．韩国生活体育发展状况及其振兴政策的研究：对中国体育生活化的启示［J］．沈阳体育学院学报，2013，32（2）：43-45.

领域发表的文献为474篇，较2008年定基比为607.69%，较2012年环比为123.12%，年增长率为23.12%。2014年，国内在该领域发表的文献为578篇，较2008年定基比为741.03%，较2013年环比为121.94%，年增长率为21.94%。2015年，国内在该领域发表的文献为697篇，较2008年定基比为893.59%，较2014年环比为120.59%，年增长率为20.59%。2016年，国内在该领域发表的文献为702篇，较2008年定基比为900.00%，较2015年环比为100.72%，年增长率为0.72%。2017年，国内在该领域发表的文献为734篇，较2008年定基比为941.03%，较2016年环比为104.56%，年增长率为4.56%。2018年，国内在该领域发表的文献为640篇，较2008年定基比为820.51%，较2017年环比为87.19%，年增长率为-12.81%。这表明，国内在该领域的研究，2008—2015年为研究成果发布高速增长期，2016—2018年，国内在该领域的研究成果仍然较多，但增长开始放缓，2018年首次出现负增长。

表2-1 CNKI数据库中公共体育研究文献数量时间分布

年度	数量（篇）	定基比（%）	环比（%）	年增长率（%）
2008	78	—	—	—
2009	116	148.72	148.72	48.72
2010	167	214.10	143.97	43.97
2011	302	387.18	180.84	80.84
2012	385	493.59	127.48	27.48
2013	474	607.69	123.12	23.12
2014	578	741.03	121.94	21.94
2015	697	893.59	120.59	20.59
2016	702	900.00	100.72	0.72
2017	734	941.03	104.56	4.56
2018	640	820.51	87.19	-12.81

2.1.1.2 被引用情况

从表2-2文献被引用情况来看，郭修金和戴健发表于《上海体育学院学报》的文章《政府购买体育社会组织公共体育服务的实践、问题与措施：以上海市、广东省为例》总被引用475次，居于第一位。戴健和郑家鲲发表于《上海体育学院学报》的文章《我国公共体育服务体系研究述评》总被引用306次，居于第二位。周爱光发表于《体育科学》的文章《从体育公共服务的概念审视政府的地位和作用》总被引用253次，居于第三位。CNKI数据库中公共体育研究文献被引用前10名的文章发表的时间集中于2011—2014年，期刊来源主要是《上海体育学院学报》《体育科学》《体育与科学》《体育学刊》。

表2-2　CNKI数据库中公共体育研究文献被引用前10名

作者	题名	来源	年度	总被引用（次）	排序
郭修金 戴　健	《政府购买体育社会组织公共体育服务的实践、问题与措施：以上海市、广东省为例》	《上海体育学院学报》	2014	475	1
戴　健 郑家鲲	《我国公共体育服务体系研究述评》	《上海体育学院学报》	2013	306	2
周爱光	《从体育公共服务的概念审视政府的地位和作用》	《体育科学》	2012	253	3
易剑东	《中国体育公共服务研究》	《体育学刊》	2012	252	4
任春香 李红卫	《新时期我国公共体育服务体系的基本内容探析》	《体育与科学》	2011	211	5
房　斌	《全民健身公共服务体系构建的发展路径及对未来发展趋势的探究》	《体育与科学》	2011	201	6
孔　祥	《城市社区体育公共服务体系建设的供给主体及实现路径》	《体育与科学》	2011	196	7
胡小明	《从“体教结合”到“分享运动”：探索竞技运动后备人才培养的新路径》	《体育科学》	2011	195	8
刘　亮	《我国体育公共服务的概念溯源与再认识》	《体育学刊》	2011	185	9
汪　波 李慧萌	《论多元化全民健身服务体系的概念与结构》	《体育科学》	2011	179	10

2.1.1.3 被下载情况

从表 2-3 文献被下载情况来看，周爱光发表于《体育科学》的文章《从体育公共服务的概念审视政府的地位和作用》总被下载 9737 次，居于第一位。任春香和李红卫发表于《体育与科学》的文章《新时期我国公共体育服务体系的基本内容探析》总被下载 6364 次，居于第二位。李益群和李静发表于《北京体育大学学报》的文章《政府与体育的公共政策研究》总被下载 5519 次，居于第三位。CNKI 数据库中公共体育研究文献被引用前 10 名的文章发表的时间较为分散，最早是 2003 年，李益群和李静发表于《北京体育大学学报》的文章《政府与体育的公共政策研究》。期刊来源主要是《上海体育学院学报》《体育科学》《体育与科学》。

表 2-3 CNKI 数据库中公共体育研究文献被下载前 10 名

作者	题名	来源	年度	总被下载（次）	排序
周爱光	《从体育公共服务的概念审视政府的地位和作用》	《体育科学》	2012	9737	1
任春香 李红卫	《新时期我国公共体育服务体系的基本内容探析》	《体育与科学》	2011	6364	2
李益群 李 静	《政府与体育的公共政策研究》	《北京体育大学学报》	2003	5519	3
刘庆山	《我国体育公共服务体系研究述评》	《上海体育学院学报》	2008	5504	4
孔祥	《城市社区体育公共服务体系建设的供给主体及实现路径》	《体育与科学》	2011	5121	5
郭修金 戴 健	《政府购买体育社会组织公共体育服务的实践、问题与措施：以上海市、广东省为例》	《上海体育学院学报》	2014	4821	6
卢文云 梁 伟 孙丽，等	《新农村建设背景下西部农村公共体育服务供给现状、问题及对策研究》	《体育科学》	2010	4543	7

续表

作者	题名	来源	年度	总被下载（次）	排序
冯国有	《体育公共服务均等化及其财政政策选择》	《上海体育学院学报》	2007	4272	8
张岩	《我国公共体育场馆性质辨析》	《体育与科学》	2004	4039	9
肖林鹏 李宗浩 杨晓晨	《我国公共体育服务体系概念开发及其结构探讨》	《天津体育学院学报》	2007	3986	10

2.1.1.4　期刊分布特征

从图 2-1 期刊分布来看，通过 CNKI 检索分析功能，绘制出公共体育服务研究文献期刊分布图，《中国体育报》以绝对的刊文数量排在所有期刊中的首位，然后依次是《体育文化导刊》《成都体育学院学报》《武汉体育学院学报》《体育科研》等。在其他中，除专门关注体育学相关问题的期刊外，还出现了社会学和管理学类期刊，这在一定程度上表明公共体育服务问题已开始成为体育学与社会学、管理学交叉研究的内容。

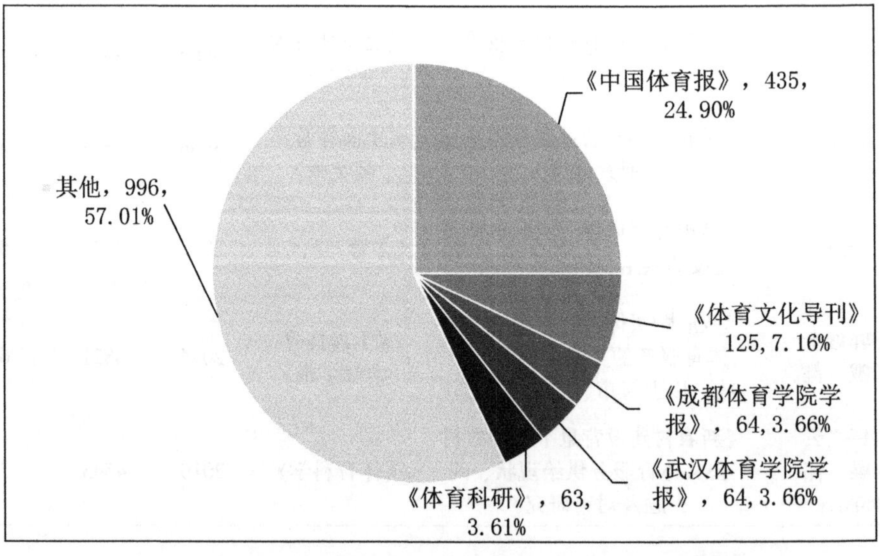

图 2-1　CNKI 数据库中公共体育服务研究文献期刊分布图

2.1.1.5 研究机构分布特征

从图 2-2 研究机构分布来看，公共体育服务机构主要分布在高等院校，其中前三名分别为上海体育学院、北京体育大学和武汉体育学院；其次，以苏州大学、华中师范大学、天津体育学院、成都体育学院、广州体育学院、西安体育学院和沈阳体育学院为作者单位发表的研究成果数量较多。

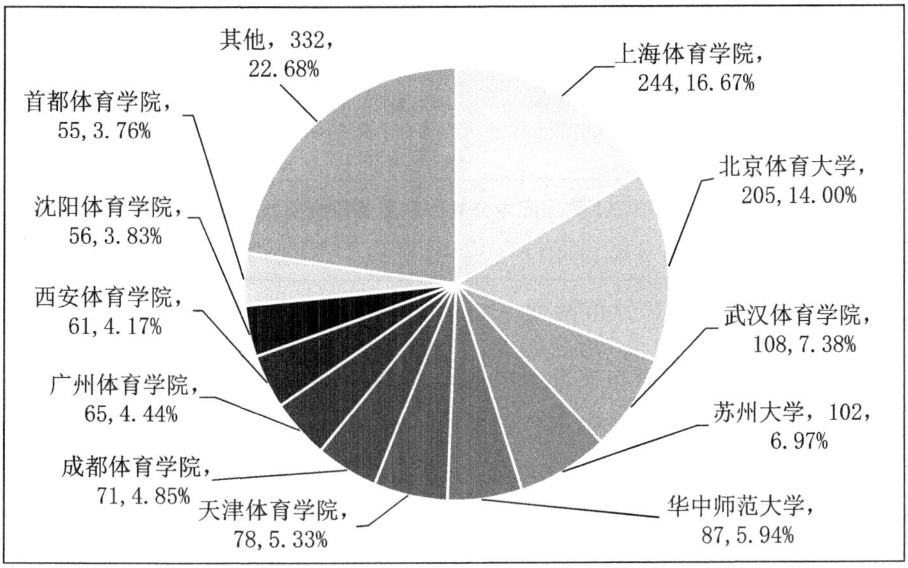

图 2-2 CNKI 数据库中公共体育服务研究文献研究机构分布

2.1.1.6 作者分布特征

从图 2-3 作者分布来看，在公共体育服务领域发文数量较多的学者前 5 位分别为阜阳师范学院刘玉公开发表该领域的研究论文 22 篇，华中师范大学王健公开发表该领域的研究论文 21 篇，天津体育学院肖林鹏公开发表该领域的研究论文 21 篇，华中师范大学陈元欣公开发表该领域的研究论文 20 篇，湖南科技大学姚颂伟公开发表该领域的研究论文 19 篇。

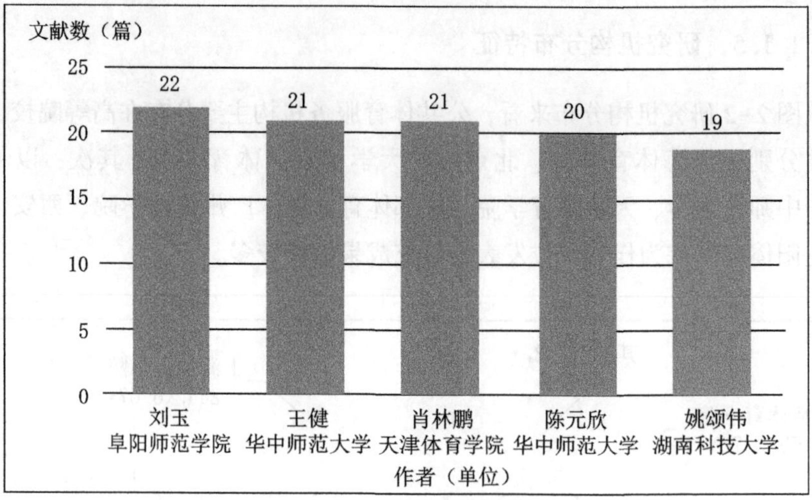

图 2-3　CNKI 数据库中公共体育服务研究文献作者分布

2.1.1.7　研究层次分布特征

从图 2-4 研究层次分布来看，在公共体育服务领域重要的研究成果集中于基础研究，其发文数量达到 2901 篇，占发文总数的 58.55%；在行业指导研究方面共发表研究成果 1270 篇，占发文总数的 25.63%；在政策研究、职业指导、工程技术等方面的发文数量也较多。

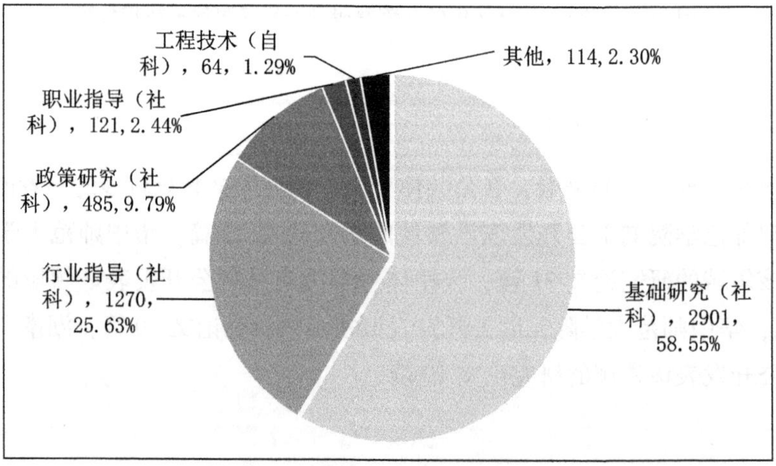

图 2-4　CNKI 数据库中公共体育服务研究文献研究层次分布

2.1.1.8 基金分布特征

从图 2-5 基金分布来看，在公共体育服务领域，前 5 位的基金分别为国家社会科学基金项目共发表研究成果 431 篇，湖南省教委科研基金项目共发表研究成果 35 篇，湖南省社会科学基金项目共发表研究成果 35 篇，国家体育总局社会科学项目共发表研究成果 35 篇，国家软科学研究计划项目共发表研究成果 28 篇。

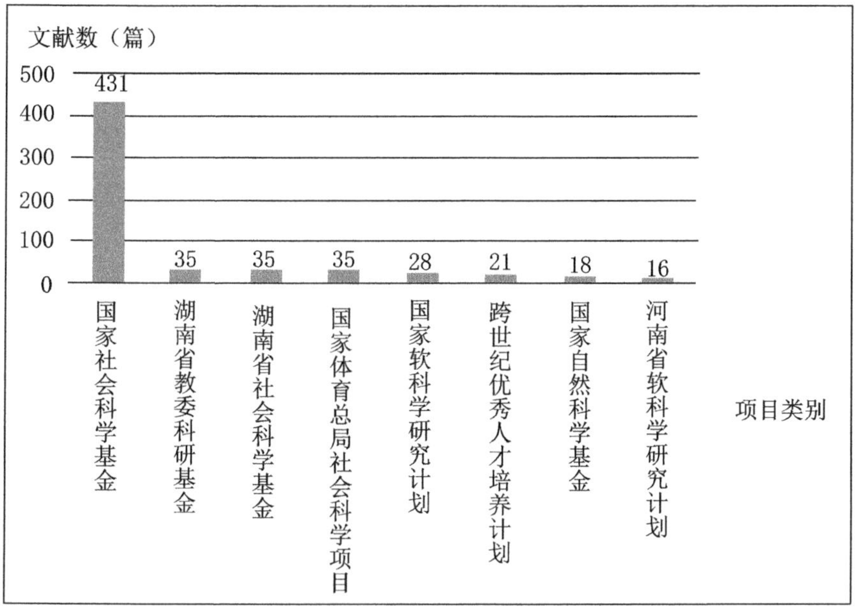

图 2-5 CNKI 数据库中公共体育服务研究基金分布

2.1.1.9 学科分布特征

从图 2-6 学科分布来看，在公共体育服务研究领域，学科来源分布前 5 位依次为“体育”出现在 4558 篇文献中，“中国政治与国际政治”出现在 146 篇文献中，“行政学及国家行政管理”出现在 72 篇文献中，“行政法及地方法制”出现在 38 篇文献中。

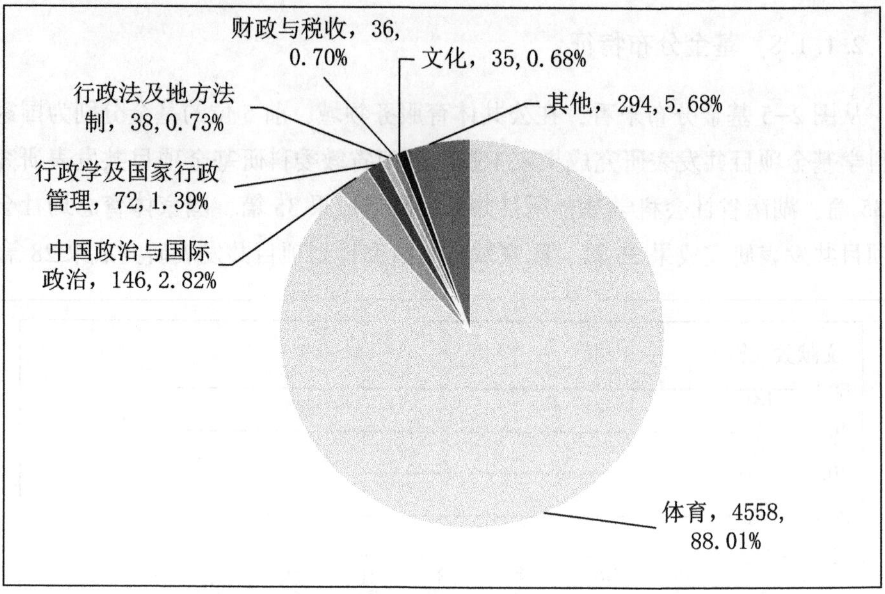

图 2-6　CNKI 数据库中公共体育服务研究学科分布

2.2　基本公共体育服务文献研究综述

2.2.1　年度分布

从年度分布来看，从 2008 年到 2016 年，国内被 CNKI 数据库收录的以公共体育服务为研究主题的相关文献数量逐年增加，2017—2018 年该领域的研究文献数量开始回落（表 2-4）。2008 年，国内在该领域发表的文献为 27 篇，以 2008 年为基期。2009 年，国内在该领域发表的文献为 44 篇，较 2008 年的定基比为 162.96%，较 2008 年环比为 162.96%，年增长率为 62.96%。2010 年，国内在该领域发表的文献为 61 篇，较 2008 年的定基比为 225.93%，较 2009 年环比为 138.64%，年增长率为 38.64%。2011 年，国内在该领域发表的文献为 81 篇，较 2008 年的定基比为 300.00%，较 2010 年环比为 132.79%，年增长率为 32.79%。2012 年，国内在该领域发表的文献为 162 篇，较 2008 年的定基比为 600.00%，较 2011 年环比为 200.00%，年增长率为 100.00%。2013 年，国内在该领域发表的文献为 185 篇，较 2008 年的定基比为 685.19%，较 2012 年环比为

114. 20%，年增长率为 14. 20%。2014 年，国内在该领域发表的文献为 275 篇，较 2008 年的定基比为 1018. 5%，较 2013 年环比为 148. 65%，年增长率为 48. 65%。2015 年，国内在该领域发表的文献为 290 篇，较 2008 年的定基比为 1074. 07%，较 2014 年环比为 105. 45%，年增长率为 5. 45%。2016 年，国内在该领域发表的文献为 314 篇，较 2008 年的定基比为 1162. 96%，较 2015 年环比为 108. 28%，年增长率为 8. 28%。2017 年，国内在该领域发表的文献为 254 篇，较 2008 年的定基比为 940. 74%，较 2016 年环比为 80. 89%，年增长率为-19. 11%。2018 年，国内在该领域发表的文献为 41 篇，较 2008 年的定基比为 151. 85%，较 2017 年环比为 16. 14%，年增长率为-83. 86%。这表明国内在该领域的研究 2008—2016 年为研究成果发布高速增长期，2017—2018 年，国内该领域的研究成果仍然较多，但出现负增长。

表 2-4 CNKI 数据库中基本公共体育研究文献数量年度分布

年度	数量（篇）	定基比（%）	环比（%）	年增长率（%）
2008	27	—	—	—
2009	44	162. 96	162. 96	62. 96
2010	61	225. 93	138. 64	38. 64
2011	81	300. 00	132. 79	32. 79
2012	162	600. 00	200. 00	100. 00
2013	185	685. 19	114. 20	14. 20
2014	275	1018. 52	148. 65	48. 65
2015	290	1074. 07	105. 45	5. 45
2016	314	1162. 96	108. 28	8. 28
2017	254	940. 74	80. 89	-19. 11
2018	41	151. 85	16. 14	-83. 86

2. 2. 2 被引用情况

从表 2-5 文献被引用情况来看，陶柳、朱传耿和孙国友发表于《南京体育学院学报》的文章《我国基本公共体育服务的研究评述及展望》总被引用 169

次，居于第一位。王超发表于《湖北体育科技》的文章《体育公共服务基本理论及供求现状》总被引用115次，居于第二位。谢正阳发表于《南京体育学院学报（社会科学版）》的文章《基本公共体育服务均等化的理论蕴涵与目标选择》总被引用79次，居于第三位。CNKI数据库中公共体育研究文献被引用前10名的文章发表的时间集中在2016—2017年，期刊来源主要是《南京体育学院学报》《广州体育学院学报》等。

表 2–5　CNKI 数据库中公共体育研究文献被引用前 10 名

作者	题名	来源	年度	总被引用（次）	排序
陶　柳 朱传耿 孙国友	《我国基本公共体育服务的研究评述及展望》	《南京体育学院学报》	2018	169	1
王　超	《体育公共服务基本理论及供求现状》	《湖北体育科技》	2017	115	2
谢正阳	《基本公共体育服务均等化的理论蕴涵与目标选择》	《南京体育学院学报（社会科学版）》	2017	79	3
马志军 汪　俊	《基本公共体育服务均等化相关概念辨析及其内涵解读》	《广州体育学院学报》	2016	68	4
刘玉	《我国农村政府购买基本公共体育服务发展困境与破解路径》	《西安体育学院学报》	2017	67	5
彭国华	《农村基本公共体育服务：困境与对策》	《吉林体育学院学报》	2016	50	6
唐小英 尹文芳	《我国体育基本公共服务水平区域差异与质量特征的实证分析》	《南京体育学院学报（社会科学版）》	2016	40	7
汪俊	《论推进基本公共体育服务均等化的现实基础》	《广州体育学院学报》	2016	38	8
姚磊	《新型城镇化进程中农村体育基本公共服务供给：有限性与有效性》	《北京体育大学学报》	2015	26	9
张　鲲 刘翱翔 王春燕	《我国竞技体育基本组织类型及其对体育公共服务的影响》	《四川体育科学》	2014	16	10

2.2.3 被下载情况

从表2-6文献被下载情况来看，马志军和汪俊发表于《广州体育学院学报》的文章《基本公共体育服务均等化相关概念辨析及其内涵解读》总被下载4477次，居于第一位。王超发表于《湖北体育科技》的文章《体育公共服务基本理论及供求现状》总被下载2182次，居于第二位。陶柳、朱传耿和孙国友发表于《南京体育学院学报》的文章《我国基本公共体育服务的研究评述及展望》总被下载2130次，居于第三位。CNKI数据库中公共体育研究文献被引用前10名的文章发表的时间集中在2014—2018年，与以“公共体育服务”为篇名发表的被引用居前10名的文献相比，该领域居于前10名的文章都较晚，这表明在公共体育服务领域，以基本公共体育服务为主题的研究正被学界更多的研究人员关注。《广州体育学院学报》《南京体育学院学报》对该领域的关注较多。

表2-6 CNKI数据库中基本公共体育研究文献被下载前10名

作者	题名	来源	年度	总被下载（次）	排序
马志军 汪 俊	《基本公共体育服务均等化相关概念辨析及其内涵解读》	《广州体育学院学报》	2016	4477	1
王 超	《体育公共服务基本理论及供求现状》	《湖北体育科技》	2017	2182	2
陶 柳 朱传耿 孙国友	《我国基本公共体育服务的研究评述及展望》	《南京体育学院学报》	2018	2130	3
刘 玉	《我国农村政府购买基本公共体育服务发展困境与破解路径》	《西安体育学院学报》	2017	2074	4
姚 磊	《新型城镇化进程中农村体育基本公共服务供给：有限性与有效性》	《北京体育大学学报》	2015	1911	5
汪 俊	《论推进基本公共体育服务均等化的现实基础》	《广州体育学院学报》	2016	1619	6
张 鲲 刘翱翔 王春燕	《我国竞技体育基本组织类型及其对体育公共服务的影响》	《四川体育科学》	2014	1553	7

续表

作者	题名	来源	年度	总被下载（次）	排序
唐小英 尹文芳	《我国体育基本公共服务水平区域差异与质量特征的实证分析》	《南京体育学院学报（社会科学版）》	2016	1145	8
谢正阳	《基本公共体育服务均等化的理论蕴涵与目标选择》	《南京体育学院学报（社会科学版）》	2017	1086	9
彭国华	《农村基本公共体育服务：困境与对策》	《吉林体育学院学报》	2016	903	10

2.2.4 主题分布

从主题分布来看，图 2-7 显示在基本公共体育服务研究领域，高频主题词分布前 5 位的依次为“公共体育服务”出现在 571 篇文献中，“体育运动”出现在 356 篇文献中，“体育公共服务”出现在 341 篇文献中，“公共体育服务体系”出现在 245 篇文献中，“公共服务”出现在 144 篇文献中，“基本公共体育服务”出现在 58 篇文献中。

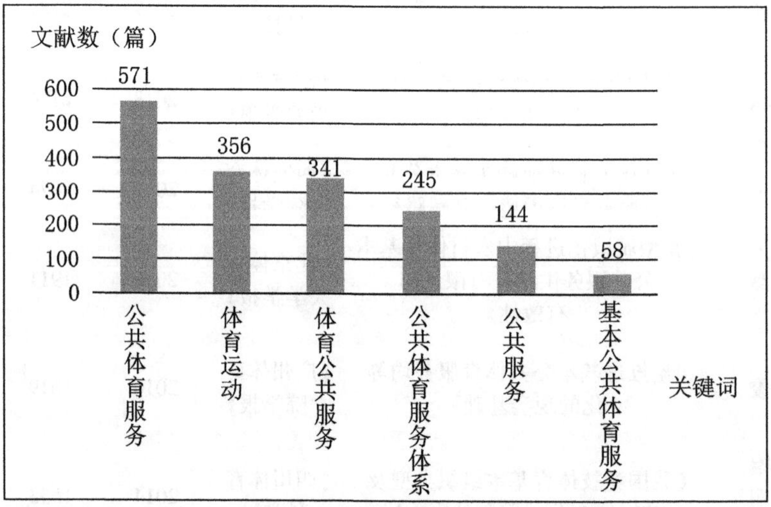

图 2-7　CNKI 数据库中基本公共体育服务研究文献主题分布

以“公共体育服务”“基本公共体育服务”为主题发表的文献呈现逐年增多的趋势，如图2-8所示。“公共体育服务”主题领域在2012—2016年发表的文献数量开始增长，2017—2018年开始趋于稳定。“基本公共体育服务”自2013年出现较大增长以来，每年该主题发表的文献都集中在8篇。董聪敏在《中国成人教育》发表《从“民生的平等性”视角谈公共体育服务的基本责任》中首次提出了“基本公共体育服务”主题领域的研究，提出“推进和谐社会建设，改进民生状况，政府体育行政管理部门应承担更多的公共体育服务责任，使低收入群体能享受均等化的基本公共体育服务”。2011年，汤际澜在苏州大学完成的博士论文《我国基本公共体育服务均等化研究》中提出“基本公共体育服务是指政府为了满足社会及其成员的基本公共体育需要，保障公民的基本体育权利，以公平正义为价值理念，运用手中所掌握的公共资源，为社会所提供的具有一定边界的公共产品和服务的总称”。该论文也是目前为止，“基本公共体育服务”主题领域被引用次数最多的文献。

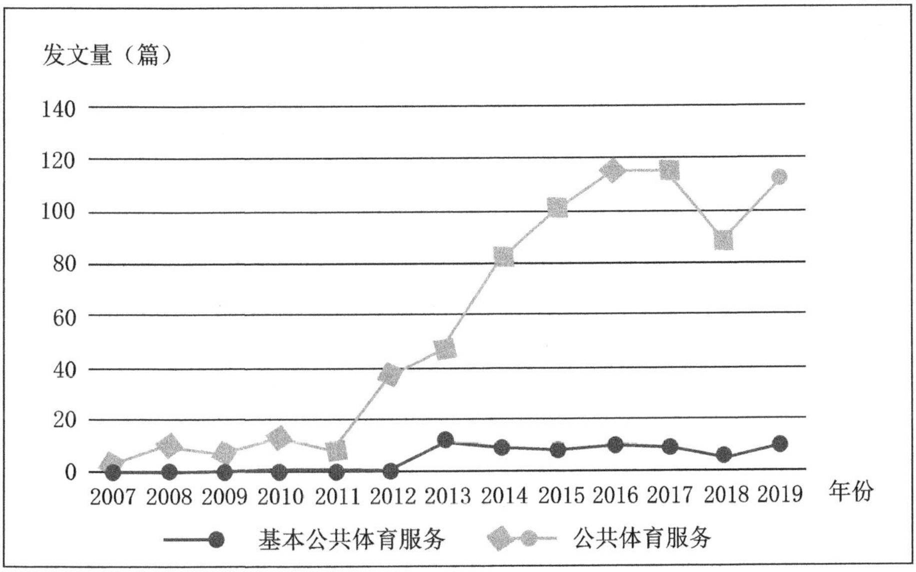

图2-8 CNKI数据库中“公共体育服务”“基本公共体育服务”主题年度分布

2.3 公共体育服务评价文献研究综述

2.3.1 年度分布

从表2-7年度分布来看，2011— 2015年，国内被CNKI数据库收录的以“公共体育服务”为研究主题的相关文献数量逐年增加，2016年该领域的研究文献数量开始回落，2017、2018年该领域的研究文献数量又恢复到2015年水平。2011年，国内在该领域发表的文献为4篇（后续年数据以2011年为基期）。2012年，国内在该领域发表的文献为10篇，较2011年的定基比为250.00%，较2011年环比为250.00%，年增长率为150.00%。2013年，国内在该领域发表的文献为13篇，较2011年的定基比为325.00%，较2012年环比为130.00%，年增长率为30.00%。2014年，国内在该领域发表的文献为17篇，较2011年的定基比为425.00%，较2013年环比为130.77%，年增长率为30.77%。2015年，国内在该领域发表的文献为28篇，较2011年的定基比为700.00%，较2014年环比为164.71%，年增长率为64.71%。2016年，国内在该领域发表的文献为16篇，较2011年的定基比为400.00%，较2015年环比为57.14%，年增长率为-42.86%。2017年，国内在该领域发表的文献为26篇，较2011年的定基比为650.00%，较2016年环比为162.50%，年增长率为62.50%。2018年，国内在该领域发表的文献为14篇，较2011年的定基比为350.00%，较2017年环比为53.85%，年增长率为-46.15%。

表2-7 CNKI数据库中基本公共体育研究文献数量年度分布

年度	数量	定基比（%）	环比（%）	年增长率（%）
2011	4	—	—	—
2012	10	250.00%	250.00%	150.00%
2013	13	325.00%	130.00%	30.00%
2014	17	425.00%	130.77%	30.77%
2015	28	700.00%	164.71%	64.71%
2016	16	400.00%	57.14%	-42.86%

续表

年度	数量	定基比（%）	环比（%）	年增长率（%）
2017	26	650.00%	162.50%	62.50%
2018	14	350.00%	53.85%	-46.15%

2.3.2 被引用情况

从表 2-8 文献被引用情况来看，袁春梅发表于《体育科学》的文章《我国体育公共服务效率评价与影响因素实证研究》总被引用 80 次，居于第一位。郑家鲲和黄聚云发表于《上海体育学院学报》的文章《基本公共体育服务评价指标体系的构建》总被引用 67 次，居于第二位。宋娜梅、罗彦平和郑丽发表于《体育与科学》的文章《体育公共服务绩效评价：指标体系构建与评分计算方法》总被引用 59 次，居于第三位。CNKI 数据库中公共体育研究文献被引用前 10 名的文章发表的时间较为分散，期刊来源主要是《体育科学》《上海体育学院学报》《体育与科学》等。

表 2-8 CNKI 数据库中公共体育研究文献被引用前 10 名

作者	题名	来源	年度	总被引用（次）	排序
袁春梅	《我国体育公共服务效率评价与影响因素实证研究》	《体育科学》	2014	80	1
郑家鲲 黄聚云	《基本公共体育服务评价指标体系的构建》	《上海体育学院学报》	2013	67	2
宋娜梅 罗彦平 郑 丽	《体育公共服务绩效评价：指标体系构建与评分计算方法》	《体育与科学》	2012	59	3
谢正阳	《全民健身公共服务评价指标体系探析》	《体育与科学》	2013	53	4
韦 伟 王家宏	《我国公共体育服务绩效评价体系构建及实证研究》	《体育科学》	2015	47	5

续表

作者	题名	来源	年度	总被引用（次）	排序
赵 聂	《基于 DEA 模型的公共体育服务绩效评价研究》	《成都体育学院学报》	2008	45	6
秦小平 李 明	《体育基本公共服务均等化的内涵分析及评价指标构建》	《河北体育学院学报》	2010	40	7
陈 琦 吕树庭 范冬云 等	《广州市体育公共服务公众评价现状调查及启示》	《上海体育学院学报》	2011	31	8
刘 巍	《关于地方政府体育公共服务评价体系及应用的研究》	《哈尔滨体育学院学报》	2011	26	9
李洪波	《城市社区公共体育资源合理配置与政府绩效评价研究》	南京师范大学	2012	18	10

2.3.3 被下载情况

从表 2-9 文献被下载情况来看，袁春梅发表于《体育科学》的文章《我国体育公共服务效率评价与影响因素实证研究》总被下载 4538 次，居于第一位。韦伟和王家宏发表于《体育科学》的文章《我国公共体育服务绩效评价体系构建及实证研究》总被下载 2582 次，居于第二位。谢正阳发表于《体育与科学》的文章《全民健身公共服务评价指标体系探析》总被下载 2161 次，居于第三位。CNKI 数据库中公共体育研究文献被引用前 10 名的文章发表的时间较为分散，最早的文献可追溯至 2008 年赵聂发表于《成都体育学院学报》的文章《基于 DEA 模型的公共体育服务绩效评价研究》。最新的文章为 2018 年田学礼和赵修涵发表于《成都体育学院学报》的《体育特色小镇发展水平评价指标体系研究》。从期刊来源来看，《体育科学》《成都体育学院》《体育与科学》对该领域的关注较多。

表 2-9 CNKI 数据库中基本公共体育研究文献被下载前 10 名

作者	题名	来源	年度	总被下载（次）	排序
袁春梅	《我国体育公共服务效率评价与影响因素实证研究》	《体育科学》	2014	4538	1
韦 伟 王家宏	《我国公共体育服务绩效评价体系构建及实证研究》	《体育科学》	2015	2582	2
谢正阳	《全民健身公共服务评价指标体系探析》	《体育与科学》	2013	2161	3
郑家鲲 黄聚云	《基本公共体育服务评价指标体系的构建》	《上海体育学院学报》	2013	2075	4
张凤彪 王 松	《我国公共体育服务绩效评价研究述评》	《体育科学》	2017	1952	5
宋娜梅 罗彦平 郑 丽	《体育公共服务绩效评价：指标体系构建与评分计算方法》	《体育与科学》	2012	1691	6
曾超慧	《城市社区体育公共服务评价体系研究》	杭州师范大学	2013	1457	7
田学礼 赵修涵	《体育特色小镇发展水平评价指标体系研究》	《成都体育学院学报》	2018	1237	8
赵 聂	《基于 DEA 模型的公共体育服务绩效评价研究》	《成都体育学院学报》	2008	1081	9
高奎亭	《城乡体育公共服务均等化评价指标体系构建研究》	南京师范大学	2013	999	10

2.3.4 主题分布

从主题分布来看，图 2-9 显示在基本公共体育服务评价研究领域，高频主题词分布前 5 位的依次为“体育公共服务”出现在 35 篇文献中，“公共体育服务”出现在 27 篇文献中，“绩效评价”出现在 24 篇文献中，“指标体系”出现在 17 篇文献中，“评价指标体系”出现在 16 篇文献中。

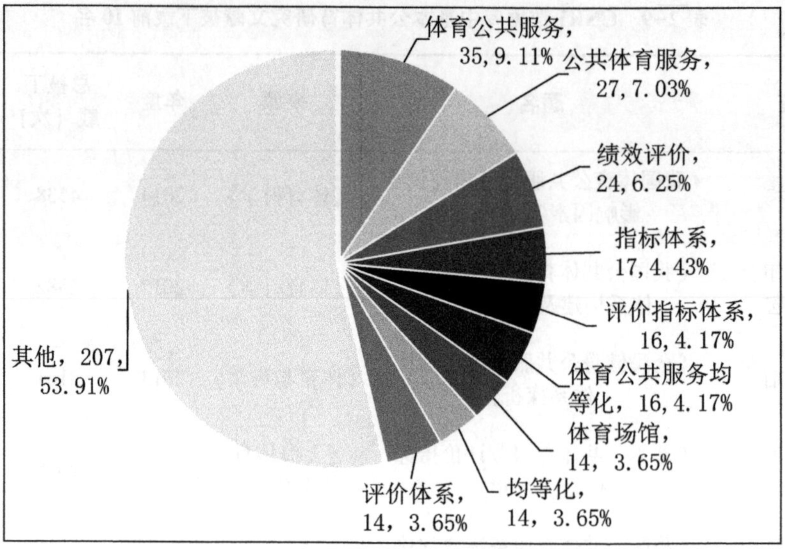

图 2-9　CNKI 数据库中基本公共体育服务评价研究文献主题分布

2.3.5　作者分布

从作者分布来看，图 2-10 显示在基本公共体育服务综合评价研究领域，高频作者分布前 4 位的依次为石河子大学熊飞发表 4 篇文献，大连理工大学王松发表 3 篇文献，湖南工业大学张凤彪发表 3 篇文献，石河子大学朱梅新发表 3 篇文献。

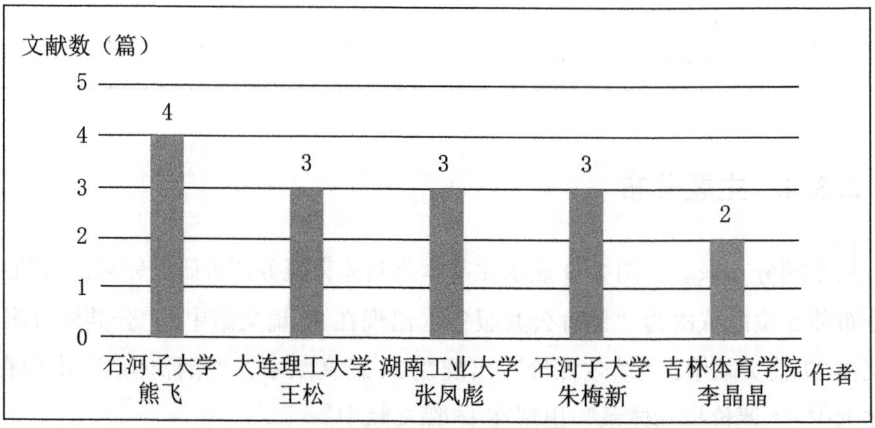

图 2-10　CNKI 数据库中基本公共体育服务综合评价研究文献作者分布

2.3.6 机构分布

从机构分布来看，图 2-11 显示在基本公共体育服务综合评价研究领域，高频机构分布前 5 位的依次为上海体育学院发表 11 篇文献，苏州大学发表 10 篇文献，南京师范大学发表 8 篇文献，西安体育学院发表 6 篇文献，山西师范大学发表 6 篇文献。

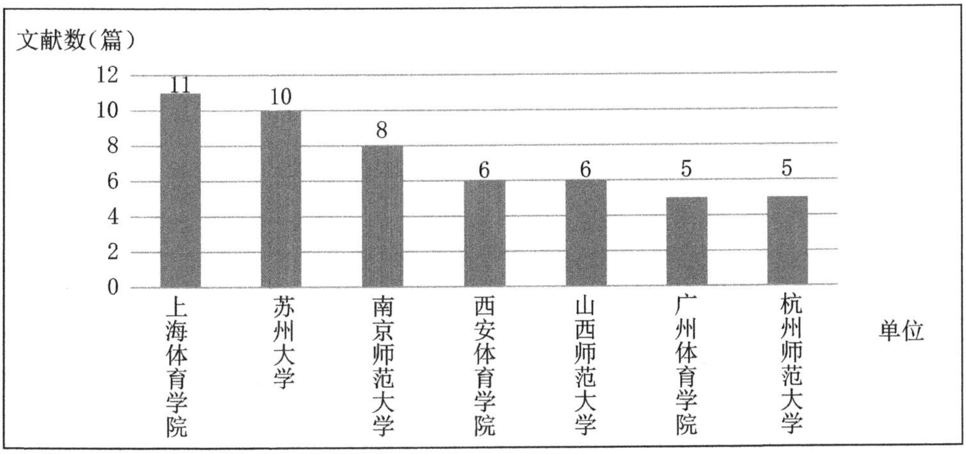

图 2-11　CNKI 数据库中基本公共体育服务综合评价研究文献机构分布

2.3.7 文献来源分布

从文献来源分布来看，图 2-12 显示在基本公共体育服务综合评价研究领域，高频文献来源分布前 6 位的依次为《武汉体育学院学报》发表 5 篇文献，《上海体育学院学报》发表 5 篇文献，《南京师范大学学报》发表 5 篇文献，《河北体育学院学报》发表 3 篇文献，《体育与科学》发表 3 篇文献，《天津体育学院学报》发表 3 篇文献。

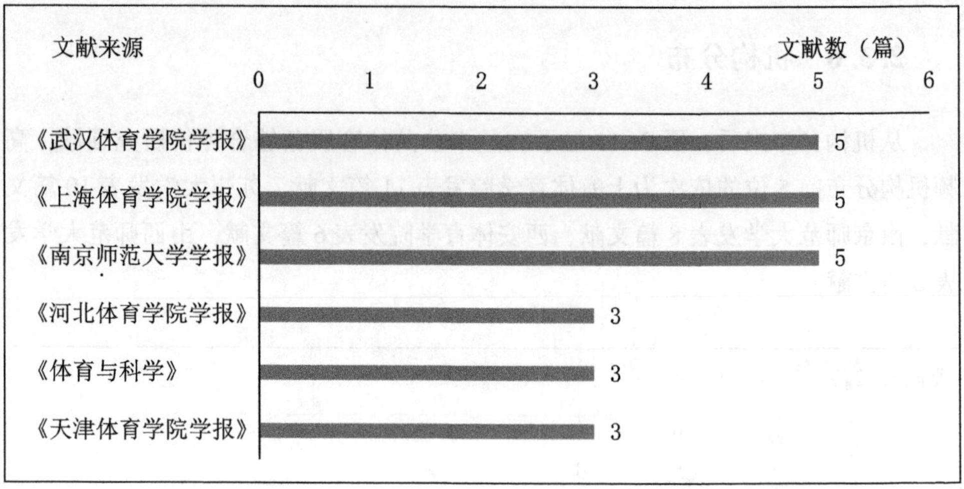

图 2-12　CNKI 数据库中基本公共体育服务综合评价研究文献来源分布

2.3.8　关键词分布

从关键词分布来看，图 2-13 显示在基本公共体育服务综合评价研究领域，排在前 4 位的高频关键词依次为“公共体育服务”出现 29 次，“体育公共服务”出现 28 次，“绩效评价”出现 20 次，“评价”出现 19 次。

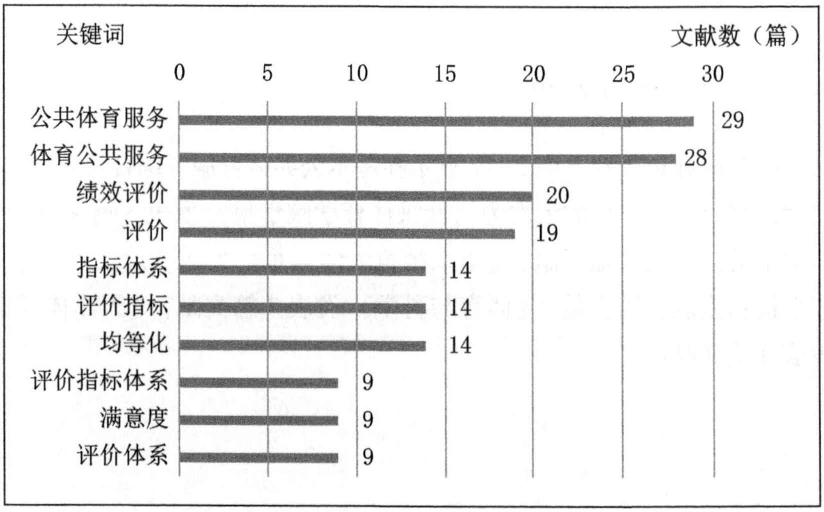

图 2-13　CNKI 数据库中基本公共体育服务综合评价研究关键词分布

2.4 层次分析法研究综述

2.4.1 年度分布

从表2-10年度分布来看，2008—2011年，国内被CNKI数据库收录的以层次分析法为研究主题的相关文献数量逐年增加，2012年该领域的研究文献数量开始回落，2013年该领域的研究文献数量又基本恢复到2010年水平，2015年该领域的研究文献达到175篇。

表2-10 CNKI数据库中层次分析法研究文献数量年度分布

年度	数量	定基比（%）	环比（%）	年增长率（%）
2008	96	—	—	—
2009	101	105.21	105.21	5.21
2010	118	122.92	116.83	16.83
2011	138	143.75	116.95	16.95
2012	127	132.29	92.03	-7.97
2013	115	119.79	90.55	-9.45
2014	111	115.63	96.52	-3.48
2015	175	182.29	157.66	57.66
2016	144	150.00	82.29	-17.71
2017	109	113.54	75.69	-24.31
2018	128	133.33	117.43	17.43

2017年国内在该领域发表的文献为109篇，较2008年的定基比为113.54%，较2016年环比为75.69%，年增长率为-24.31%。2018年国内在该领域发表的文献为128篇，较2008年的定基比为133.33%，较2017年环比为117.43%，年增长率为17.43%。

2.4.2 主题分布

从主题分布来看，图2-14显示在层次分析法研究领域，高频主题词分布前6位的依次为“层次分析法”出现在842篇文献中，“AHP法”出现在779篇文献中，“判断矩阵”出现在232篇文献中，“AHP”出现在166篇文献中，“指标体系”出现在150篇文献中，“评价指标体系”出现在105篇文献中。

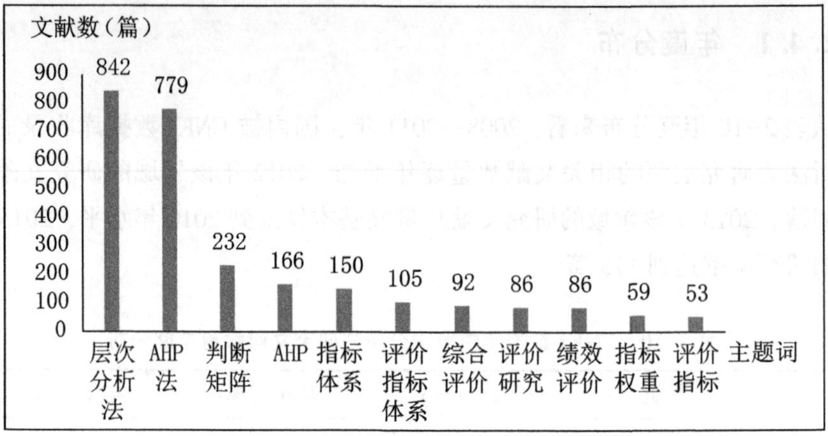

图2-14 CNKI数据库中层次分析法研究文献主题分布

2.4.3 作者分布

从作者分布来看，图2-15显示在层次分析法综合评价研究领域，高频作者分布前两位是陈华喜发表5篇文献，杨婷婷发表4篇文献，姚国征和李鹏等发表3篇文献。

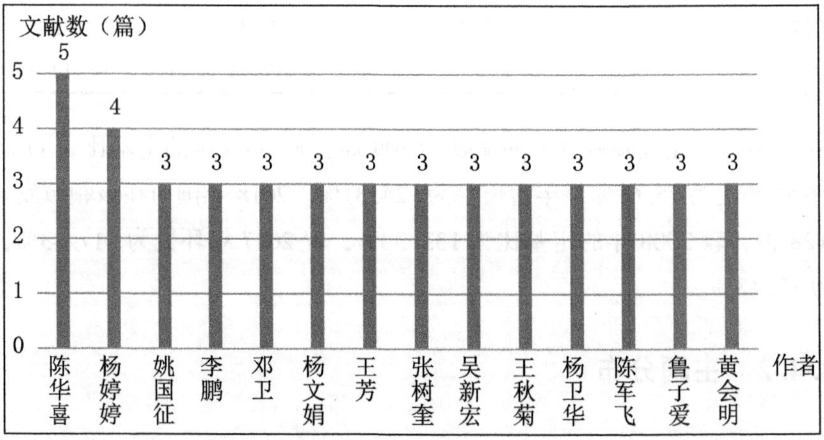

图2-15 CNKI数据库中层次分析法综合评价研究文献作者分布

2.4.4 文献来源分布

从文献来源分布来看，图 2-16 显示在层次分析法综合评价研究领域，高频文献来源分布前 5 位的依次为《天津大学学报》发表 13 篇文献，《安徽农业大学学报》发表 11 篇文献，《长安大学学报》发表 10 篇文献，《价值工程》发表 8 篇文献，《资源开发与市场》发表 8 篇文献。

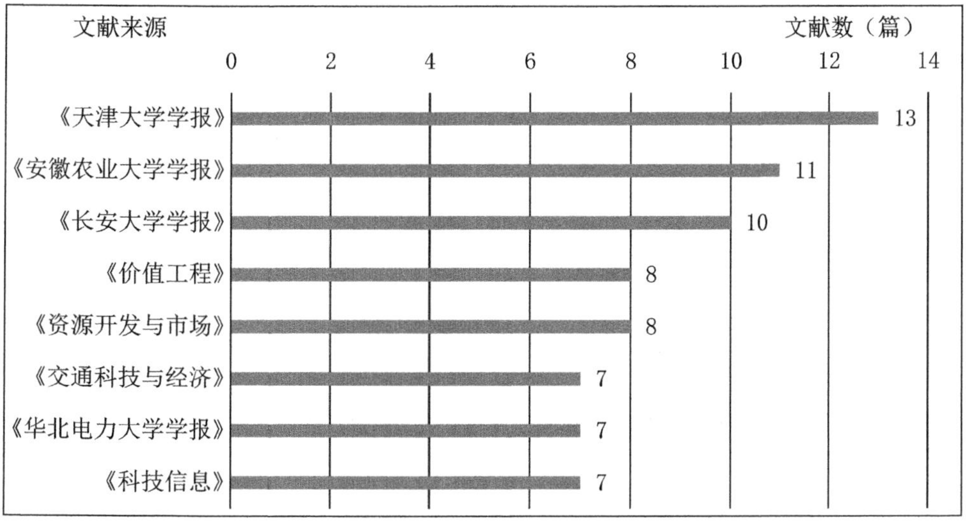

图 2-16　CNKI 数据库中层次分析法综合评价研究文献来源分布

CNKI 数据库中层次分析法研究关键词共现网络如图 2-17 所示。

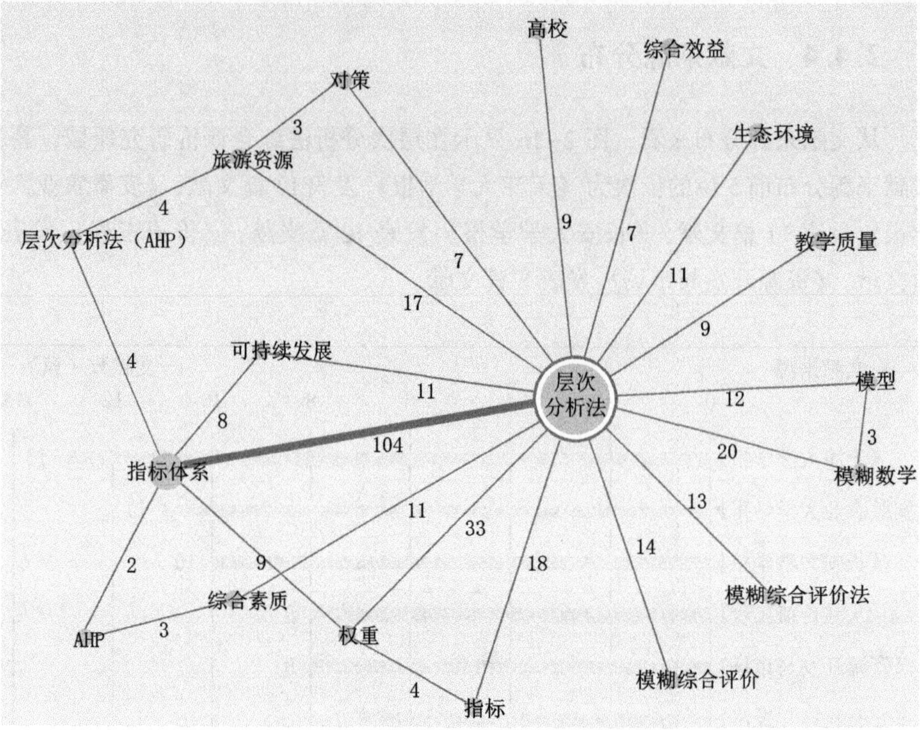

图 2-17　CNKI 数据库中层次分析法研究关键词共现网络

2.5　模糊综合评价法研究综述

2.5.1　年度分布

从年度分布来看，2008—2018 年，国内被 CNKI 数据库收录的以模糊综合评价法为研究主题的相关文献数量呈下降趋势，见表 2-11。

表 2-11　CNKI 数据库中模糊综合评价法研究文献数量年度分布

年度	数量	定基比（%）	环比（%）	年增长率（%）
2008	67	—	—	—
2009	52	77.61	77.61	-22.59
2010	55	82.09	105.77	5.77
2011	50	74.63	90.91	-9.09

续表

年度	数量	定基比（%）	环比（%）	年增长率（%）
2012	53	79.10	106.00	6.00
2013	60	89.55	113.21	13.21
2014	51	76.12	85.00	-15.00
2015	47	70.15	92.16	-7.84
2016	51	76.12	108.51	8.51%
2017	42	62.69	82.55	-17.65
2018	35	52.24	83.33	-16.67

2017 年，国内在该领域发表的文献为 42 篇，较 2008 年的定基比为 62.69%，较 2016 年环比为 82.55%，年增长率为-17.65%。2018 年，国内在该领域发表的文献为 35 篇，较 2008 年的定基比为 52.24%，较 2017 年环比为 83.33%，年增长率为-16.67%。

2.5.2 主题分布

从主题分布来看，图 2-18 显示在模糊综合评价法研究领域，高频主题词分布前 6 位依次为“模糊综合评价”出现在 124 篇文献中，“模糊综合评价法”出现在 114 篇文献中，“评价研究”出现在 80 篇文献中，“指标体系”出现在 66 篇文献中，“层次分析法”出现在 53 篇文献中，“AHP 法”出现在 47 篇文献中。

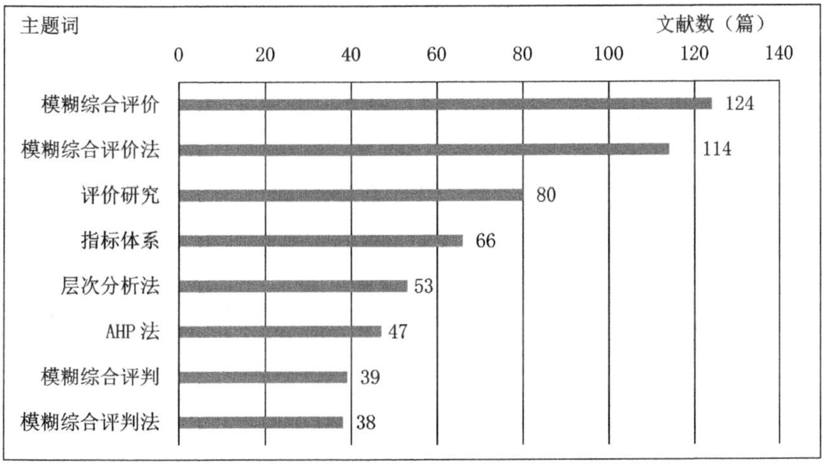

图 2-18 CNKI 数据库中模糊综合评价法研究文献主题分布

2.5.3 文献来源分布

从文献来源分布来看，图 2-19 显示在模糊综合评价法综合评价研究领域，高频文献来源分布前 5 位的依次为《华北电力大学学报》发表 11 篇文献，《西南交通大学学报》发表 10 篇文献，《西南石油大学学报》发表 10 篇文献，《长安大学学报》发表 9 篇文献，《哈尔滨工程大学学报》发表 9 篇文献。

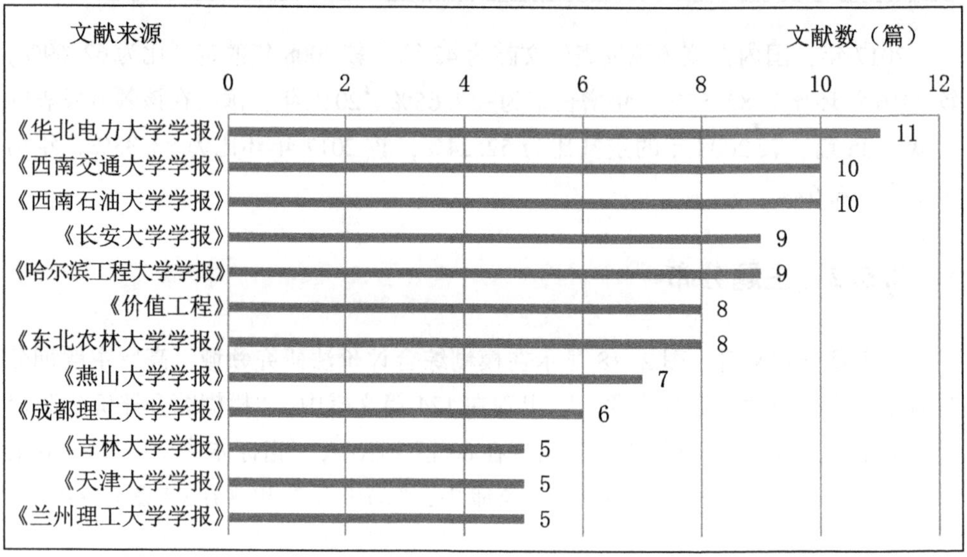

图 2-19　CNKI 数据库中模糊综合评价法综合评价研究文献来源分布

2.5.4 关键词分布

从关键词分布来看，图 2-20 显示在模糊综合评价法综合评价研究领域，高频关键词前 5 位的依次为“评价”出现 744 次，“指标体系”出现 61 次，“层次分析法”出现 54 次，“模糊综合评价”出现 53 次，“模糊综合评价矩阵”出现 53 次。

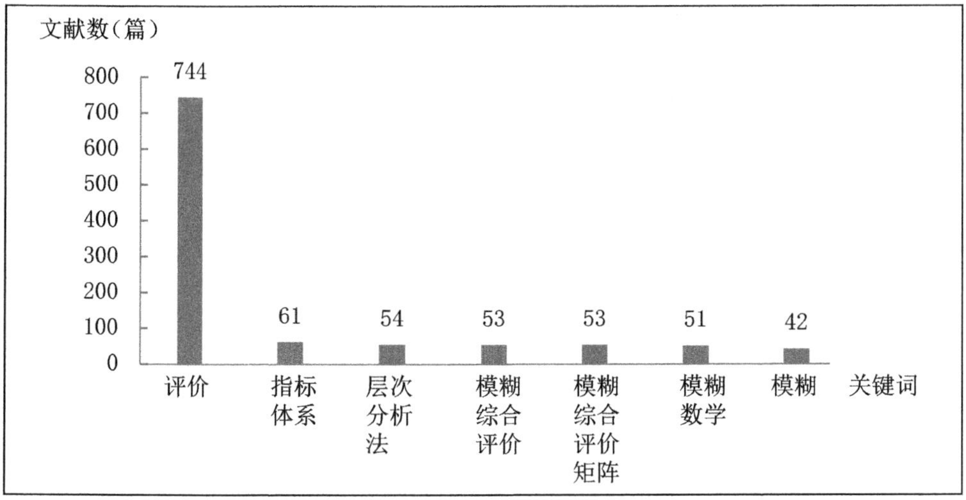

图 2-20 CNKI 数据库中模糊综合评价法综合评价研究关键词分布

CNKI 数据库中模糊综合评价法关键词共现网络如图 2-21 所示。

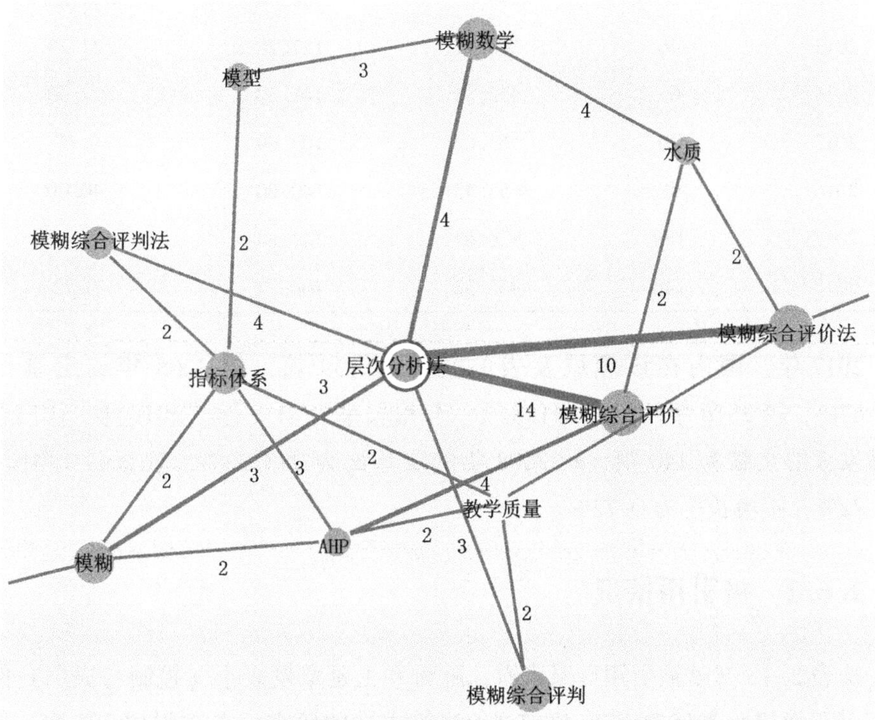

图 2-21 CNKI 数据库中模糊综合评价法关键词共现网络

2.6 熵权TOPSIS分析法研究综述

2.6.1 年度分布

从年度分布来看，2008—2018年，国内被CNKI数据库收录的以熵权TOPSIS分析法为研究主题的相关文献数量逐年增加，见表2-12。

表2-12 CNKI数据库中熵权TOPSIS分析法研究文献数量年度分布

年度	数量	定基比（%）	环比（%）	年增长率（%）
2008	15	—	—	—
2009	23	153.33	153.33	53.33
2010	34	226.67	147.83	47.83
2011	36	240.00	105.88	5.88
2012	36	240.00	100.00	0.00
2013	46	306.67	127.78	27.78
2014	65	433.33	141.30	41.30
2015	70	466.67	107.69	7.69
2016	98	653.33	140.00	40.00
2017	139	926.67	141.84	41.84
2018	140	933.33	100.72	0.72

2017年，国内在该领域发表的文献为139篇，较2008年的定基比为926.67%，较2016年环比为141.84%，年增长率为41.84%。2018年，国内在该领域发表的文献为140篇，较2008年的定基比为933.33%，较2017年环比为100.72%，年增长率为0.72%。

2.6.2 被引用情况

从表2-13文献被引用情况来看，陈雷和王延章发表于《控制与决策》的文章《基于熵权系数与TOPSIS集成评价决策方法的研究》总被引用286次，居于第一位。李灿、张凤荣和朱泰峰等发表于《农业工程学报》的文章《基于熵权TOPSIS模型的土地利用绩效评价及关联分析》总被引用284次，居于第二位。杜挺、谢贤健和梁海燕等合作发表于《经济地理》的文章《基于熵权TOPSIS和GIS的重庆市县域经济综合评价及空间分析》总被引用215次，居于第三位。

表2-13 CNKI数据库中熵权TOPSIS分析法研究文献被引用前10名

作者	题名	来源	年度	总被引用（次）	排序
陈雷 王延章	《基于熵权系数与TOPSIS集成评价决策方法的研究》	《控制与决策》	2003	286	1
李灿 张凤荣 朱泰峰 等	《基于熵权TOPSIS模型的土地利用绩效评价及关联分析》	《农业工程学报》	2013	284	2
杜挺 谢贤健 梁海艳 等	《基于熵权TOPSIS和GIS的重庆市县域经济综合评价及空间分析》	《经济地理》	2014	215	3
杨玉中 张强 吴立云	《基于熵权的TOPSIS供应商选择方法》	《北京理工大学学报》	2006	205	4
雷勋平 邱广华	《基于熵权TOPSIS模型的区域资源环境承载力评价实证研究》	《环境科学学报》	2015	159	5
匡海波 陈树文	《基于熵权TOPSIS的港口综合竞争力评价模型研究与实证》	《科学学与科学技术管理》	2007	135	6
曹贤忠 曾刚	《基于熵权TOPSIS法的经济技术开发区产业转型升级模式选择研究：以芜湖市为例》	《经济地理》	2014	121	7
李刚 迟国泰	《基于熵权TOPSIS的人的全面发展评价模型及实证》	《系统工程学报》	2011	98	8
信桂新 杨朝现 杨庆媛 等	《用熵权法和改进TOPSIS模型评价高标准基本农田建设后效应》	《农业工程学报》	2017	86	9

续表

作者	题名	来源	年度	总被引用（次）	排序
张先起 梁　川 刘慧卿	《基于熵权的改进 TOPSIS 法在水质评价中的应用》	《哈尔滨工业大学学报》	2007	86	10

CNKI 数据库中公共体育研究文献被引用前 10 名的文章发表的时间较为分散，期刊来源主要是《农业工程学报》《经济地理》。

2.6.3 主题分布

从主题分布来看，图 2-22 显示在熵权 TOPSIS 分析法研究领域，高频主题词分布前 5 位的依次为“TOPSIS”出现在 365 篇文献中，“熵权法”出现在 160 篇文献中，“TOPSIS 法”出现在 109 篇文献中，“熵权 TOPSIS 法”出现在 91 篇文献中，“综合评价”出现在 72 篇文献中。

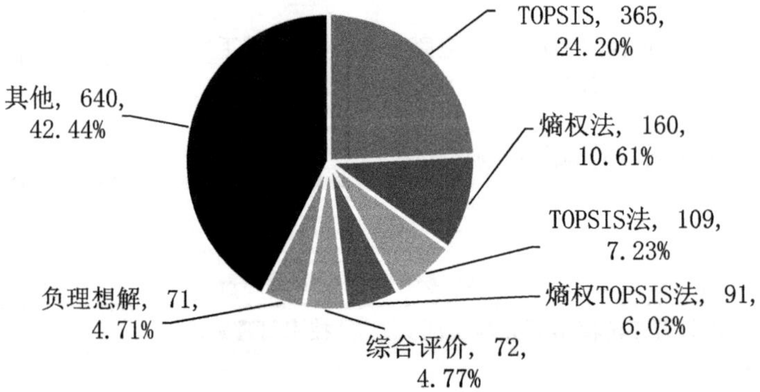

图 2-22　CNKI 数据库中熵权 TOPSIS 分析法研究文献主题分布

2.6.4 文献来源分布

从文献来源分布来看，图 2-23 显示在熵权 TOPSIS 分析法研究领域，高频文献来源分布前 5 位依次为《科技管理研究》发表 7 篇文献，《华北电力大学学报》发表 6 篇文献，《统计与决策》发表 6 篇文献，《情报杂志》发表 6 篇文献。

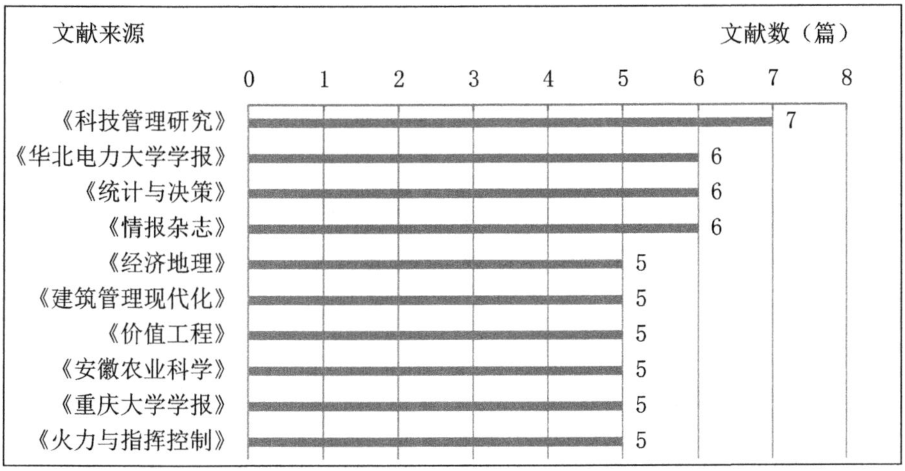

图 2-23 CNKI 数据库中熵权 TOPSIS 分析法研究文献来源分布

CNKI 数据库中熵权 TOPSIS 分析法评价关键词共现网络如图 2-24 所示。

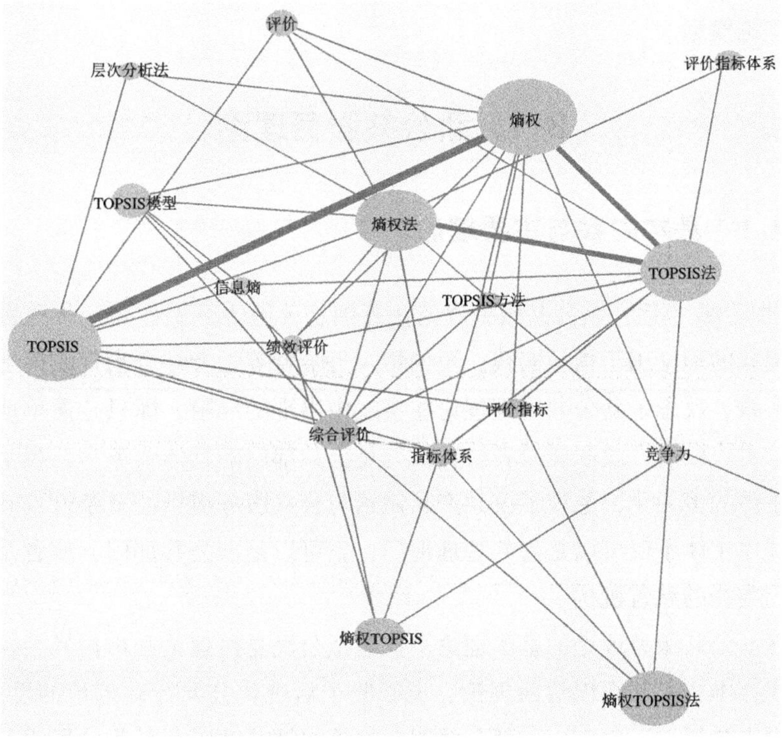

图 2-24 CNKI 数据库中熵权 TOPSIS 分析法评价关键词共现网络

CHAPTER3

第3章

理论基础

围绕城市基本公共体育服务的基础科学问题构架研究框架，着重从服务力的视角界定基本公共体育服务力的概念，阐述基本公共体育服务力的基本特征，明确城市基本公共体育服务力的评价目标，厘清基本公共体育服务与公共体育服务、体育事业和全民健身等领域的联系与区别，构建城市基本公共体育服务力综合评价理论模型。

3.1 新公共服务理论

3.1.1 基本内容与主要理念

20 世纪 80 年代，新公共服务理论在英国、美国等开始作为一种改善政府行政管理模式的理论用于指导实践。罗伯特·丹哈特等学者结合当代欧美地区行政改革的实践，反思了新公共管理理论在实践中出现的局限，即只是简单地将公共管理活动看成政府行政职能或者将其认为是公共部门的具体业务，忽视了公共管理服务主体的多元化，忽视了公共产品供给与公共服务提供的复杂性，忽视了公共服务提供主体不仅可以是公共管理部门，也可以是准公共部门，或者是受公共管理部门委托的私营机构。

构建新公共服务理论的基本理论不仅包括公民身份理论和市民社会模型，还涵盖组织人本主义和组织对话理论，也吸收了后现代公共行政理论的思想精华，其核心观点包括以下内容：①新公共服务理论强调公共服务是为公民服务的，通过维护公民的公共利益实现公共服务，但公民公共利益不是公民个体利益的简单累加或者集聚；②具有公共利益观念的公务员和公民能更好地为社会追求集体的、共同的公共利益，重视公民权胜过重视企业家精神的公务员和公民在促进公共利益方面更有行动力；③基于公共服务需要，战略性地思考，民主地采取行动，并通过集体努力，在合作过程中最有效、最负责地贯彻执行。

3.1.2 启示与借鉴

新公共服务理论在以下方面可能为构建城市基本公共体育服务所借鉴。

（1）公民是公共事务的参与者，是公共事务的服务对象。不管是政府提供公共服务，还是非营利性组织或者是受政府委托的私营部门，公民都应该参与公共事务决策，这是新公共服务理论中强调的公民在接受公共服务中的核心权力。

（2）政府通过直接供给或者是购买的方式都可以实现公民公共服务需求的满足，但政府部门的公共性和社会性使维护公民公共利益最大化成为政府部门的职责。

（3）服务主体不能只是公共管理部门，非营利性机构甚至受政府委托的私营企业都可以成为公共产品的提供者，公共服务主体应该多元化，多元化的服务主体有利于导入竞争机制，提高公共服务效能。在基本公共体育服务的提供主体方面可以借鉴新公共服务理论的基本观点，政府、私人部门或者第三部门均可成为公共体育服务的提供者、生产者。

3.2 新公共管理理论

3.2.1 基本内容与主要理念

现代经济学是新公共管理理论的理论基础，主张不论是公共部门还是私营部门，都可以采用市场竞争机制，可以在各个环节采用更灵活有效的管理措施，特别是公共部门应主动吸收私营部门的成功经验，以提高政府行政的绩效，维护公众的公共利益最大化。

（1）新公共管理理论的基本理论内容：①竞争机制的引入能够提高公共服务效率；②主张私营部门与公共部门共同参与公共服务的提供；③公共服务提供主体需要在竞争中生存，公共服务的质量可以通过竞争改善，公共体育服务的效率是公共行政的出发点和落脚点；④政府从以往公共服务供给的直接“划桨者”，转化为以制定公共服务、规划监督公共服务质量，提升服务效率的“掌舵人”。

（2）新公共管理理论的主要理念：①设定明确的目标，制定相应的绩效标准是提高公共服务效率的首要工作，效率的提高需要紧紧地围绕目标开展工作；②运动机制需要从以传统的行政规制为主，转为以绩效目标考核为主。公共服务项目必须有明确的绩效目标，项目的运行、管理及考核都以绩效目标为基础；③以公开招标方式引入竞争机制，是提高公共服务效能的重要手段。与公共服务项目供给方签订合同，明确项目服务目标、服务绩效，将企业的管理方式引入公共服务管理部门，是保障竞争机制顺利实施的关键。

3.2.2 启示与借鉴

新公共管理理论的诞生及其在西方国家公共服务领域实践的成功，离不开西方国家特定的政治、文化、社会条件，但作为行政管理改革的有益尝试及其取得的成功经验，反映出的各国公共管理和行政领域的规律，对我国的公共服务领域及基本公共体育服务领域的探索有一定借鉴意义。

（1）政府由管理向服务转变是提高公共服务效能，改善公共服务环境，提升公共服务水平的必要之路。当前，依靠政府有限的行政力量，满足广大人民群众基本公共体育服务需求，必然会导致公共产品有限，服务水平不高，服务满意度低下。因此，引导不同的基本公共体育服务供给主体参与基本公共体育服务产品的生产，在公共部门的指导与监督下，按照市场竞争机制提供基本公共体育服务是值得探索的路径。

（2）在市场竞争机制的运行中，建立合理的基本公共体育服务绩效目标考核机制，是提高基本公共体育服务数量和质量的重要保证。

（3）明确公共体育服务管理部门的职责，需要处理好公共体育服务管理部门与社会的关系，处理好公共体育服务管理部门与市场的关系，实现市场价值的最大化。

3.2.3 公共价值管理理论

3.2.3.1 基本内容与主要理念

国外学者在20世纪末提出公共价值管理（public value management）的理念。

1887 年，《行政（学）之研究》的发表是公共行政学诞生的标志。公共价值管理研究，第一阶段的研究范式是公共行政学，第二阶段的研究范式是新公共行政学，第三阶段的研究范式是新公共管理学。

公共价值的创造是公共管理研究的终极目标。按照公共组织的职能和运行方式规定，遵守上级的命令和指示是传统管理者的基本素养，也是维持并改善组织运转的关键。随着公民公共利益的新需求，新公共管理者仅按照传统管理者的方式进行管理是远远不够的，不仅不能最大限度地维护公民的公共利益，还有可能造成延误和滞后。因此作为新公共管理者，在管理上，既要扮演组织者的角色，也要承担创造者的角色。新公共管理者应依据公民需求，理解公共价值的变化，从而改变组织的角色，能够创新思维，实现公共价值最大化。在宏观层面和微观层面上，其表现形式也有不同。在宏观层面上，多元化的公共价值管理导致绩效目标的设定需要考虑各个方面的因素，包括但不限于公共产品、服务满意度等，还需要考虑合法性、持续性等领域的诉求。在微观层面上，新公共价值管理者由单一关注绩效目标，转化为更关心公民/服务使用者的偏好，更关心公共服务质量的提高，以获得公民/服务使用者的认可。

3.2.3.2　启示与借鉴

通过市场作用，引入竞争机制，特别是将非营利性部门和私营部门引入公共服务供给的主体，突出公共服务供给的效率是传统的公共管理的核心内容。公共价值管理汲取了以往理论的精华，将关注的重点聚焦于公共管理对民主、公平、正义等基本公共价值的需要，积极主动地从回应公众需求出发，确定政府职责，同时重视追求公共服务效率。

公共价值管理理论对基本公共体育服务领域研究的启示与借鉴主要包括以下方面。

（1）公共价值管理理论拓展了政府在公共服务中的职责范围。政府承担的职责由以补救市场失灵为核心，转变为需要按照公民的公共利益诉求积极主动地提供公共服务，创造公共价值，实现公共利益最大化。

（2）满足公众偏好是公共价值管理的核心，贯穿整个公共价值管理的过程。从确定公共价值，到改善责任主导模式；从选择服务供给机构，到更新公共服务伦理；从公众参与的方式选择，到绩效目标考核，处处都需要考虑与预测公众的偏好。

(3) 该理论范式和实践中的局限性在于，技术层面上公共价值的确定仍有待改进，绩效评估技术有待完善，实践中不再局限于依赖公共部门或者私营部门。

3.2.4 政府绩效评估理论

3.2.4.1 基本内容与主要理念

(1) 基本内容。绩效改善是公共管理的核心问题。测定绩效水平是绩效管理的首要环节，如果不能合理地测度绩效水平，绩效改善就无从谈起。目前公共管理领域，政府部门推行的公共管理政策、实施的公共管理方案，存在缺陷与不足也不可避免。因此，应研制相应的绩效评估工具与方法，有计划、有步骤地对政府公共管理工作进行评估，找出政府在公共管理中的薄弱环节。这些不足与缺陷就成为政府公共管理改进的重点领域，也成为政府改善绩效的动力。绩效评估不仅可以使公共管理目标更为明确，还可以激发公务员和提供公共服务产品的非营利性组织或者私营企业的动力，使其明确各自的职责所在，从而以更强的责任感、使命感投入公共服务产品的供给，实现公共利益的最大化。

(2) 主要理念。①高绩效政府组织的建立是政府绩效评估的核心目标。根据公共服务需求，合理确立政府绩效评估目标是政府绩效评估的关键。整个政府绩效评估过程都是围绕确立的政府绩效评估目标展开的，它不仅决定着评估的主要内容，还影响着整个评估过程。政府部门通过评估了解在管理过程中所取得的经验与教训，并依据评价结果明确改进方向。②政府绩效评估的内容包括政府业绩、政府行政效率评估、政府效能和政府行为的成本评估。③政府绩效评估目标的多元性使政府绩效评估的价值判断具有多个维度，其表现形式有感觉标尺、观念标尺、意象标尺、逻辑思维标尺、形象思维标尺和直觉形式标尺。④"3E"标准是政府绩效评估共识标准。"3E 标准"即经济（economy）、效率（efficieney）、效能（effcetiveness），从政府管理活动的成本、投入、产出、效果 4 个方面进行绩效评价。经济标准用来衡量政府的总支出是否降到最低，涉及投入与产出之间的比率关系。效益标准是产出对最终目标实现所做贡献的大小。

3.2.4.2 启示与借鉴

传统的绩效评估是基于公共行政管制理念的，绩效评估目标设定以政府行政效能为基础，强调政府行政的效率。随着绩效评估理念与管理机制的创新，新绩效评估逐步开始关注治理、结果及顾客，评估目的与结果向有助于管理与服务的方向转化，公共服务理念得以体现。我国与西方国家制度的差异，使政府行政的治理基础不同，在国外行之有效的政府绩效评估目标、政策和改进方法，在我国现有的环境下并不一定富有解释力。

绩效评估理论虽然存在这样或者那样的缺陷与不足，但仍然对我国公共服务领域的绩效评价具有重要的借鉴与启示价值，具体表现为以下方面。

（1）在评估公共服务部门绩效过程中，以绩效目标为依据选择评估模式，设计评估指标及相应的评估方法，将目标与评估体系相结合，不仅能提高评估的科学性，还能提高评估的效能。用相同的评估目标评估不同的评估对象，或者同类型的评估对象，采用不同的评估目标，其评价结果的真实性都不会得到公众的认可。

（2）在战略绩效目标指导下，采用短期绩效评估与长期绩效评估相结合的方式能改善绩效评估的短视效应，并对运动性和随意性的评估起到一定的约束作用。

（3）如果政府部门或者公共服务提供部门既是评估对象，又是被评估的主体，那么这种既当运动员又当裁判员的绩效评估，评估结果往往会被公众质疑，评估的真实性难以得到监督。在绩效评价中，充分考虑各利益相关方的诉求，并尽可能将其纳入评估方案，在实际的评估过程中尽量寻求各方认可的方式，形成相对均势，有利于绩效评估工作的展开。

3.3 基本公共体育服务

3.3.1 基本公共服务概念界定

针对“公共服务”的概念界定，国内学术界主要有以下几种不同的观点。第一种观点将“公共服务”等同于“为人民服务”。“为人民服务”是政治概念，而“公共服务”是行政管理概念，第一种观点将两者混为一谈，混淆了两者的出发点，基于该类观点进行的表述在公共服务内容、公共服务供给主体等领域的界定中都会遇到困难。第二种观点从物品的特性出发，以公共物品理论为理论支撑，将公共服务界定为公共服务供给方在服务产品供给中承担的责任。公共服务供给方可以是政府、非营利性组织和企业，公共服务也不局限于纯粹公共物品，该观点混合了公共属性与私人属性的公共物品及特殊私人物品。第三种观点从政府行政职能视角将“公共服务”理解为国家公务人员的职责和工作的一般属性。将“公共服务”的范围简单地认定为政府的工作职能，该观点将公共服务的提供者与生产者等同，使政府成为公共服务的中心，忽视了公众在公共服务中的决策权与参与权，也局限了公共服务供给的主体。第四种观点指的是包括政府弥补市场不足、促进社会公平在内的所有工作。该观点则过于概括和含糊，模糊了政府公共管理职能与公共服务职能的界限。

本书借鉴公共服务理论、新公共服务理论及公共物品理论的基本概念内涵与外延，结合我国当前在公共服务领域的经验，对公共服务进行界定。公共服务是指公共管理部门通过直接提供或者购买服务的方式，由政府公共管理部门、非营利性机构或者企业提供给社会公众的公共产品或者非营利性的服务。

3.3.2 基本公共体育服务概念界定

基本公共体育服务是公共服务的组成，也是体育服务的重要内容。基本公共体育服务概念界定，不仅要借鉴公共服务的概念及基本原理，还要考虑体育服务的概念与基本原理。因此，体育界对基本公共体育服务概念的争议由来已久，不同学者从不同视角对其内涵与外延进行了探讨。一种观点认为基本公共体育服务的上位概念是公共服务，强调体育是公共服务内的构成要素，重点阐述体育的公共服务属性，即公共性和服务性，所以基本公共体育服务的表述不够准确，应该是基本体育公共服务。另一种观点认为基本公共体育服务的上位概念是体育服务，强调体育服务领域涵盖公益性与福利性的服务，需要由政府部门直接供给或者通过购买服务的方式向社会公众提供体育服务。在体育服务实践中，体育系统推行的免费或者低收费向社会开放体育场馆、全民健身工程、体育彩票公益金支持体育事业发展的项目等，都强调体育服务的公益性与福利性。

本书将基本公共体育服务界定为基本公共体育服务是指公共管理部门通过直接提供或者购买服务的方式，由政府公共管理部门、非营利性机构或者企业提供给社会公众基本的公共体育产品或者非营利性的体育服务。

3.3.3 基本公共体育服务的基本特征

基本公共体育服务是公共服务的构成内容，但与交通、医疗、教育等其他公共服务有明显的差异。基本公共体育服务也是体育服务的重要内容，但与体育服务相比，有着明显的公益性与福利性特点。因此，基本公共体育服务的特征表现为公共服务与体育服务交叉的双重特性。

3.3.3.1 服务对象具有特殊性

居民的体育参与权利是居民的基本权益，保障居民参与体育权利是基本公共体育服务的核心内容，也是体现社会文明与进步程度的重要方面。居民拥有广泛参与各种体育运动项目，并接受相应服务的权利。理论上，居民可以从事自己喜欢的任意体育项目并接受相应的体育服务，但由于体育服务的相对封闭性，体育场地设施相对较少，难以充分满足居民实现所有的体育权利的要求。现阶段，基本公共体育服务提供的公共产品与服务只能定位于基本的、一般性的体育服务，服务对象具有特殊性，是面向所有居民的。基本公共体育服务对象的特殊性并不意味着其服务对象的特定性。基本公共体育服务不是单个个体服务的简单集聚，单个个体的特殊服务不属于基本公共体育服务范畴，它是私人服务的领域。基本公共体育服务只服务于不特定居民，是一般性的、公益性的体育服务。

3.3.3.2 服务目的具有公益性

公益代表的是公众利益。基本公共体育服务的基本属性就是它的公益属性。从体育场馆免费或者低收费向社会公众开放，到全民健身工程、“雪炭工程”等体育场地设施领域的服务，从青少年校园足球到青少年后备人才培养等青少年体育项目，从国民体育体质监测到科学健身指导等全民健身服务。我国绝大多数基本公共体育服务都是通过免费的方式向居民提供相应的体育服务，其服务对象的特殊性，决定了基本公共体育服务的公益性特征。

3.3.3.3 服务主体具有多元性

随着体育事业的发展，体育领域由政府办体育逐步转化为社会办体育，由最初的竞技体育转化为全民健身、青少年体育及体育产业协同发展。体育事业的发展使非营利性组织和企业也具备了供给公共体育产品的能力。引入市场机制，加大体育市场在配置体育公共资源中的作用，促使基本公共体育服务数量明显增加，质量稳步提升，是转变体育行政部门职能，促进基本公共体育服务高质量发展的有益尝试。基本公共体育服务发展中存在的突出问题就是现有的公共体育资源相对较少，很难满足居民参与体育活动的全方位需求，在基本公共体育服务领域问题表现尤为明显，其突出表现是居民专门体育设施的缺乏和专业体育指导人才的匮乏，其实质是基本公共体育服务主体单一导致的居民体育“供给”和“需求”之间的突出矛盾的集中反映。单一的依靠政府直接供给基本公共体育服务，不但不能实施公众利益最大化，而且供给效能也不高。依托非营利性组织与体育企业，在政府的规范指导与全过程监管下，发挥市场的积极作用，实现基本公共体育服务主体多元化，是基本公共体育服务体系建设的核心内容。

3.3.3.4　服务资源配置具有均衡性

基本公共体育服务必须面向全体居民，公益性和服务对象的特殊性使基本公共体育服务资源不能单纯地追求绩效而完全由市场进行配置，需要保障不同地域、不同阶段、不同类型的居民都有享受基本公共体育服务的权益。当前，城乡基本公共体育服务二元结构明显，不平衡发展现象有扩大趋势，东部经济发达地区的基本公共体育服务资源丰富，西部欠发达地区的基本公共体育服务资源缺乏，双重二元结构严重制约了我国基本公共体育服务资源的均衡性发展。实现基本公共体育服务资源均衡配置，既是基本公共体育服务发展的内在需求，也是评价基本公共体育服务体系运行效能的重要内容。

3.4　基本公共体育服务力

3.4.1　基本公共体育服务力概念界定

随着国家推进基本公共体育服务供给侧改革及民众对基本公共体育服务质量的强烈诉求，基本公共体育服务力不仅成为政策文本中的惯用概念，还受到国内学者的持续关注。基于不同的理论基础、不同的研究视角，以及不同的研究地域，国内外学者对基本公共体育服务力的基本概念、内涵及外延都有不同理解，观点的差异并不一定代表观点对立。现有的国外文献表明，基本公共体育服务质量评价、服务满意度评价及服务绩效评估是对基本公共体育服务水平进行测度的重要手段，而基本公共体育服务力的表述未出现在国外的研究视野里。国内在该领域的研究自 2002 年起出现了部分研究成果，但都局限于对基本公共体育服务概念与内涵，以及如何构建基本公共体育服务体系领域，这与基本公共体育服务领域的实践有密切关联。离开基本公共体育服务体系建设的实践，对其进行评价研究或者进行绩效评估研究都是无源之水。得益于 2015 年国家体育总局与江苏共建公共体育服务体系示范区，该领域相应的服务统计、评价、绩效评估等方面的研究成果相继发表，鲜有文献从“力”的角度来定义基本公共体育服务，对基本公共体育服务进行测度，由此采集相应的基础数据，再结合综合评价理论与方法，对不同的评价对象，依据不同的评价目标进行综合评价。基于此，本书尝试借鉴“力”的概念，结合基本公共体育服务的理论与实践，就基本公共体育服务力的概念进行界定。

基本公共体育服务力是指以满足城市居民基本公共服务需求为导向，公共体育服务管理组织或者机构在全民健身活动开展、体育场地设施服务、青少年体育活动等领域采用直接提供服务，或者购买基本公共体育服务的方式，由政府部门、非营利性机构或者企业实施的基本公共体育服务能力。这样看来，我国基本公共体育服务的供给主体实际上包括政府及体育行政部门和非营利体育组织（Non-Profit Organization，NPO）。

3.4.2 基本公共体育服务发展演进

基本公共体育服务面向全体社会公众提供服务，由谁来承担公共产品和服务的生产，是基本公共体育服务体系探讨的核心问题。我国基本公共体育服务的供给主体的变迁，与我国体育事业体制机制改革相辅相成，基本经历了以下 3 个阶段。

第一阶段，萌芽阶段（1992 —2001 年）。在党的十四大确立我国进行社会主义市场经济改革的大背景下，中国体育体制与机制改革逐步走向深化，1993 年，国家体育运动委员会（现为国家体育总局）以“面向市场，走向市场，以产业化为方向”为基本思路，出台了《关于深化体育改革的意见》，将转变体育运行机制作为改革的突破口。1995 年，《全民健身计划纲要》颁布实施，这是一个社会支持、全民参与的健身计划，是我国开始由政府主导，向全体社会公众供给基本公共体育服务的标志性事件。这一阶段，我国基本公共体育服务的供给主体，仍然是以政府为中心，各级体育职能管理部门作为政府构成部门，负责各类体育场地设施的建设、管理与使用，各类体育活动也是由体育职能管理部门直接组织实施的。

第二阶段，发展阶段（2001—2012 年）。2002 年，中共中央、国务院印发《关于进一步加强和改进新时期体育工作的意见》，提出大力推进全民健身计划，构建多元化体育服务体系，为我国基本公共体育服务建设明确了方向。我国向人民群众提供基本公共体育服务的目的是保障人民群众参与体育的权利。实现该目的的途径是改善群众参与体育运动的条件，包括提供基本的体育场地设施，举办经常性的体育活动，建立国民体质监测系统等。该意见就基本公共体育服务的供给主体做出具体要求，即“要明确政府和社会的事权划分，实行管办分离，把不应由政府行使的职能转移给事业单位、社会团体和中介组织”。2003 年，国务院印发《公共文化体育设施条例》，就基本公共体育服务中核心的体育场地设施建设、管理和使用的问题进行了阐述，明确要求“公共文化体育设施应当根据其功能、特点向公众开放”。充分发挥公共文化体育设施的功能，繁荣文化体育事业。同时，国家鼓励企业、事业单位、社会团体和个人等社会力量举办公共文化体育设施。2011 年，《体育事业发展“十二五”规划》明确提出建立完善的符合国情、比较完整、覆盖城乡、可持续的公共体育服务体系，提高公共体育服务水平。在党和政府对我国体育事业的高度重视与大力支持下，受益于我国体育体制改革进一步深化，我国基本公共体育服务体系建设进入发展期，基本公共体育服务内容不断增加，参与公共体育服务的供给主体由政府单一中心，逐步转为以政府为主导，非营利性机构和企业为补充的混合供给模式。

第三阶段，壮大阶段（2012—2018 年）。党的十八大以来，在习近平总书记关于体育工作的系列重要论述指导下，体育事业改革踏上新征程。2013 年 12 月，国家体育总局和江苏省人民政府签署《建设公共体育服务体系示范区合作协议》，该协议签署是这一阶段我国推进公共体育服务供给改革的标志性事件。协议中对政府在基本公共体育服务中承担的职责进行了明确的论述，逐步减少了政府直接供给基本公共体育服务，加大通过购买服务的方式来实现服务供给，形成小政府、强社团、大社会的多元化基本公共体育服务格局。

3.4.3 基本公共体育服务力的内容

基本公共体育服务力是指政府向居民提供基本公共体育服务，满足居民参与体育活动的需求，包括政府提供基本公共体育服务的种类、数量、质量和覆盖范围等。具体来说，基本公共体育服务力包括各级政府在全民健身、公共体育场馆、体育健身服务等方面向居民提供基本服务的能力和水平。基本公共体育服务体系是体育事业的重要组成部分，基本公共体育服务力是衡量基本公共体育发展规模和发展水平的基本标志。

本书围绕基本公共体育服务力内容体系构建这个中心问题，进行了比较深入和系统的调查研究，力求将理论和实践相结合解读目前城市基本公共体育服务的内涵问题。在理论上，比较系统地梳理了基本公共体育服务的核心内容。在实践上，对全国 31 个主要地区进行了调研，获取了大量第一手资料，有一定的代表性。研究结果还比较客观地勾勒出城市基本公共服务管理能力的现状与突出问题，为各级政府改善公共体育服务能力，提高公共体育服务水平，提供了有启发价值的建议。

党的十九大报告中，习近平总书记明确提出："广泛开展全民健身活动，加快推进体育强国建设。"政府基本公共服务能力的强弱是政府社会管理水平高低的重要标志。基本公共服务是社会管理的重要内容，社会管理以公共服务的重要形式和载体、服务和管理内在统一于社会管理之中。公共服务的数量和质量取决于政府提供基本公共服务的能力。认真调研政府的公共服务现状，系统分析其中存在的问题，参照发达国家对公共服务力的最新研究方法，构建科学的城市基本公共服务力内容体系。

明晰基本公共体育服务内容体系，对于构建城市基本公共体育服务力评价指标体系，进而全面、客观地评价我国公共体育服务发展现状，减少公共体育服务建设的盲目性，有针对性地满足人民群众体育需要、保障其基本体育权益具有十分重要的意义。

课题组前期进行了大量调研和访谈工作，经过多次研讨，从公共体育服务需求、供给两个方面，初步完成了基本公共体育服务指标体系，见表 3-1。

表 3-1 基本公共体育服务指标体系

一级指标	二级指标	三级指标
公共体育服务需求	服务项目	体育竞赛服务需求
		全民健身服务需求
		运动康复服务需求
		信息服务服务需求
	预期体育消费	参与体育活动消费
		购买体育用品
		观赏体育赛事
	预期参与体育活动时间	每周的次数
		每次的时间
公共体育服务供给	综合服务	政府机构
		社会机构
		政策法规
		从业人员
	经费投入	政府财政投入
		社会资本投入
	场地设施	场地设施建设
		场地设施服务
	体育竞赛	体育竞赛活动
		体育竞赛人才
	全民健身	全民健身组织
		全民健身活动
		全面健身指导
		国民体质监测
		社会体育指导员
	运动康复	运动康复机构
		运动治疗服务
	信息服务	体育中介服务
		体育培训与教育
		体育传媒服务
		体育科技服务

CHAPTER4

第4章

评价指标体系构建

构建评价指标体系必须按照系统性原则、科学性原则、可操作性原则、可比和可量化原则，从现有的研究成果中海选评价指标，结合专家推荐的部分指标，初步建立城市基本公共体育服务力指标体系，经过多轮的指标筛选，最终确立评价指标体系，并从理论和操作定义两个层面对评价指标予以解释说明。

4.1　基本原则

不论是绩效评价，还是发展水平评价，或者是综合评价，单一的评价指标只能从一个方面反映评价对象的特征。如果仅采用单一指标对复杂的评价对象进行评价，那么评价结果并不能真实地反映评价对象的情况。从不同的侧面选取不同评价指标构成评价指标体系，对评价对象进行评价，所获得的评价结果能更接近真实的情况。如何合理地选取指标来构建评价指标体系，是综合评价问题亟待解决的首要问题。在选择指标或者筛选指标过程中，需要注意以下基本原则。

4.1.1　系统性原则

借鉴“力”的概念，将城市基本公共体育服务力的概念引入公共体育服务研究领域，并对城市基本公共体育服务力的基本构成进行系统阐述。城市基本公共体育服务力不仅包括全民健身服务、体育场地设施服务，还包括运动康复等内容，城市基本公共体育服务力还受到政府公共体育服务经费投入、政策支持等方面的影响，同时也受到不同地区的体育服务环境及体育产业发展情况的制约。因此，城市基本公共体育服务力评价指标体系是一个复杂的系统，构建城市基本公共体育服务力评价指标体系，既要考虑影响城市基本公共体育服务力大小的直接因素，也要考虑制约城市基本公共体育服务发展水平的外在环境。

4.1.2 科学性原则

城市基本公共体育服务力评价指标体系构建中遵循的科学性原则，主要体现在选择的评价指标是否符合我国不同城市基本公共体育服务的客观实际，是否能从不同侧面反映出我国不同城市不同阶段基本公共体育服务发展的内在规律；评价指标体系的构建是否遵循了综合评价理论与方法的基本原理；评价指标是否经得起实践的检验。

4.1.3 可操作性原则

构建城市基本公共体育服务力评价指标体系，不是为了构建指标体系而构建指标，其核心价值在于对不同城市的基本公共体育服务力进行客观评价，发现不同城市在推进基本公共体育服务中的成功经验，寻找不同城市基本公共体育服务的薄弱环节与不足之处，由此进行经验总结，进一步提升我国城市基本公共体育服务水平。因此，本书中构建的评价指标体系力求可操作，可应用于城市基本公共体育服务综合评价。评价指标体系构建中遵循的可操作性原则，主要体现在测量维度指标可度量、指标数据可获取、准则维度指标可理解。

4.1.4 可比和可量化原则

评价指标体系构建中遵循的可比原则，主要体现在选择的评价指标在对评价对象进行评价时，一方面能够保证不同的评价对象之间具有可比性，即保证评价指标的统一性；另一方面能够保证同一评价对象在不同时期具有可比性，即保证评价指标的一贯性。具体到城市基本公共体育服务力评价指标体系的构建中，既要保证评价结果能进行不同城市间的可比，也要保证同一城市不同时期的可比。评价指标体系构建中遵循的可量化原则，主要体现在指标的计算量度和计算方法的一致性，使评价指标数据便于收集。

4.2　指标初选

城市基本公共体育服务力评价指标体系构建过程中，初选指标采用海选的方式进行。本书依托中国知网数据库，从已有的相关文献中主要选取了6项文献成果作为海选的主要参考，选取了国家体育总局与江苏政府共建公共体育服务示范区中所构建的评价指标体系作为海选的参考依据（表4-1），走访相关领域专家征询了海选指标意见。

表4-1　城市基本公共体育服务力评价指标体系海选的参考依据

序号	题名	作者	来源	年度
1	《我国公共体育服务绩效评价体系构建及实证研究》	韦　伟 王家宏	《体育科学》	2015
2	《基本公共体育服务评价指标体系的构建》	郑家鲲 黄聚云	《上海体育学院学报》	2013
3	《我国公共体育设施发展水平评价指标体系研究》	张大超 李　敏	《体育科学》	2013
4	《江苏公共体育服务体系示范区创建：指标体系的设计与实现》	胡　娟 杨靖三 陈　刚 等	《体育与科学》	2015
5	《陕西省全民健身公共体育服务绩效评估指标体系构建研究》	李帅帅	《西安体育学院》	2017
6	《地方政府体育公共服务绩效评估指标体系的研究》	王景波 赵顺来 魏丕来 等	《沈阳体育学院学报》	2011

城市基本公共体育服务力评价指标体系一级指标海选情况见表4-2。在海选一级指标中，海选依据是有2篇及以上文献支持该指标纳入一级指标，即将该指标纳入评价指标体系海选一级指标。现有的文献都支持将制度保障、经费投入和场地设施纳入评价指标体系的一级指标，组织服务和活动开展各有5篇文献支持纳入海选一级指标，信息服务有3篇文献支持纳入一级指标，满意程度只有2篇文献支持纳入一级指标。

表 4-2　一级指标海选情况

序号	指标代码	一级指标	参考文献序号
1	C1	制度保障	1、2、3、4、5、6
2	C2	经费投入	1、2、3、4、5、6
3	C3	场地设施	1、2、3、4、5、6
4	C4	组织服务	1、2、3、4、5
5	C5	信息服务	2、4、5
6	C6	活动开展	1、2、3、4、5
7	C7	满意程度	2、4

在海选二级指标中，海选依据是有一篇及以上文献支持该指标纳入二级指标，即将该指标纳入评价指标体系海选二级指标。

在 C1 制度保障一级指标下，在海选二级指标中，有 4 篇文献支持公共体育服务法规纳入评价指标体系的二级指标。公共体育服务政策，公共体育服务法规、政策、规划的执行情况各有 3 篇文献支持纳入二级指标，公共体育服务和服务监督的相关政策、政府公共体育服务工作规划各有 2 篇文献支持纳入二级指标，支持培训和扶持体育社会中介组织的相关政策纳入二级指标文献只有 1 篇（表 4-3）。

表 4-3　C1 海选二级指标

序号	指标代码	二级指标	参考文献序号
1	C11	公共体育服务法规	1、2、4、5
2	C12	公共体育服务政策	2、4、5
3	C13	公共体育服务法规、政策、规划的执行情况	2、4、5
4	C14	公共体育服务和服务监督的相关政策	4、5
5	C15	政府公共体育服务工作规划	2、4
6	C16	支持培训和扶持体育社会中介组织的相关政策	4

在 C2 经费投入一级指标下，在海选二级指标中，现有的文献都支持将年人均公共体育服务经费纳入评价指标体系的一级指标。公共体育活动经费投入和体彩公益金用于公共体育服务投入比例各有 5 篇文献支持纳入海选二级指标，公共

体育设施经费投入、体育指导经费投入各有 4 篇文献支持纳入二级指标，其他海选二级指标支持纳入二级指标文献在 3 篇以下（表 4-4）。

表 4-4　C2 海选二级指标

序号	指标代码	二级指标	参考文献序号
1	C21	公共体育设施经费投入	1、2、5、6
2	C22	公共体育活动经费投入	1、2、4、5、6
3	C23	体彩公益金用于公共体育服务投入比例	1、2、4、5、6
4	C24	体育指导经费投入	1、2、5、6
5	C25	每万人拥有公共体育场（馆）数量	1、3
6	C26	企事业对公共体育服务的赞助	2
7	C27	体育投入占 GDP 的比例	专家推荐
8	C28	年人均公共体育服务经费	1、2、3、4、5、6
9	C29	年公共体育经费增幅	2

注：GDP 即 gross domestic product（国内生产总值）。

在 C3 场地设施一级指标下，在海选二级指标中，有 5 篇文献支持将人均公共体育场地面积纳入二级指标，公共体育设施覆盖率有 4 篇文献支持纳入二级指标，其他海选二级指标支持纳入二级指标文献在 3 篇及以下（表 4-5）。

表 4-5　C3 海选二级指标

序号	指标代码	二级指标	参考文献序号
1	C31	人均公共体育场地面积	1、2、3、4、6
2	C32	公共体育设施覆盖率	1、2、4、5
3	C33	公共体育场馆向社会开放的比例	1、2、5
4	C34	公共体育场馆数量和质量	1、5
5	C35	公共体育场馆面积占体育场地面积的比例	5
6	C36	年人均新增公共体育服务场地面积	2
7	C37	公共体育设施维护更新次数	2
8	C38	机关、企事业单位体育场馆向社会开放率	2
9	C39	预留公共体育设施用地占城乡土地规划用地面积比例	2

在C4组织服务一级指标下，在海选二级指标中，现有的文献中各有3篇文献支持将居民加入各类体育指导站点的人数和国民体质监测标准合格率纳入二级指标，其他海选二级指标支持纳入二级指标文献在3篇以下（表4-6）。

表4-6　C4海选二级指标

序号	指标代码	二级指标	参考文献序号
1	C41	居民加入各类体育指导站点的人数	1、2、6
2	C42	国民体质监测标准合格率	1、2、4
3	C43	体质测定与运动健身指导站覆盖率	2、专家推荐
4	C44	健身站点	1、6
5	C45	街道社区体育社会组织开展活动次数	1、6
6	C46	社会体育指导员的数量	专家推荐
7	C47	社会体育指导员上岗率	专家推荐
8	C48	为体质测试对象开具运动处方比例	6
9	C49	居民加入各类体育协会的人数	2

在C5信息服务一级指标下，在海选二级指标中，现有的文献中有4篇文献支持将互联网公益健身服务宣传情况纳入二级指标，社区宣传栏公益健身宣传情况、地方报纸公益体育报道情况和公益健身科普咨询电话热线有3篇文献支持将其纳入二级指标，其他海选二级指标支持纳入二级指标的文献在3篇以下（表4-7）。

表4-7　C5海选二级指标

序号	指标代码	二级指标	参考文献序号
1	C51	互联网公益健身服务宣传情况	1、2、4、5
2	C52	社区宣传栏公益健身宣传情况	2、4、5
3	C53	地方报纸公益体育报道情况	2、4、5
4	C54	公益健身科普咨询电话热线	2、4、5
5	C55	公益健身现场咨询指导活动	2、4
6	C56	公益性健身科普讲座	2、4
7	C57	体质监测报告发布的及时性	专家推荐
8	C58	全民健身基础数据库建设	专家推荐

在C6活动开展一级指标下，在海选二级指标中，有3篇文献支持将经常参加体育活动人数占总人口的比例纳入二级指标，其他海选二级指标支持纳入二级指标文献在3篇以下（表4-8）。

表4-8　C6海选二级指标

序号	指标代码	二级指标	参考文献序号
1	C61	经常参加体育活动人数占总人口的比例	1、2、4
2	C62	开展体育竞赛活动的经费占体育经费的比例	专家推荐
3	C63	举办全民健身运动会的次数	专家推荐
4	C64	举办体育竞赛、表演活动的人次	1、2
5	C65	人均体育活动时间占余暇的比例	1、2
6	C66	承办国际、国家、省体育赛事次数	4

在C7满意程度一级指标下，在海选二级指标中，现有的文献支持群众对公共体育环境的满意度等指标支持纳入二级指标文献均在3篇以下（表4-9）。

表4-9　C7海选二级指标

序号	指标代码	二级指标	参考文献序号
1	C71	群众对公共体育环境的满意度	2、4
2	C72	群众对公共体育服务指导的满意度	2、4
3	C73	群众对开展公共体育活动的满意度	2、4
4	C74	群众对公共体育宣传的满意度	2、4
5	C75	群众对公共体育设施的满意度	2
6	C76	群众对体育公共组织的满意度	2
7	C77	群众对公共体育制度的满意度	2

4.3　指标筛选

4.3.1　第一轮指标筛选

基于重要性和可操作性2个维度对城市基本公共体育服务力评价指标进行定

量筛选。首先，邀请体育管理一线人员、体育管理、体育统计和综合评价领域的专家 27 人，采用李克特量表对评价指标的重要性和可操作性进行评判，然后计算各海选指标的均值和变异系数。重要性和可操作性中有一项满足平均值得分≤4 或变异系数≥20%的指标予以删除，保留指标进入下一轮筛选。

第一轮指标筛选具体结果见表 4-10 和表 4-11。

表 4-10　一级指标重要性筛选

指标代码	均值	标准差	变异系数（%）
C1	3. 7967	0. 4432	13. 7294
C2	4. 8017	0. 4231	9. 2755
C3	4. 0083	0. 6039	15. 5283
C4	4. 1317	0. 9326	18. 6849
C5	3. 5734	0. 5296	20. 8973
C6	4. 9133	0. 3350	6. 8523
C7	4. 4666	0. 7301	16. 4276

表 4-11　一级指标可操作性筛选

指标代码	均值	标准差	变异系数（%）
C1	3. 3500	1. 0050	30. 1500
C2	4. 3550	0. 5025	11. 5962
C3	4. 5784	0. 7301	16. 0269
C4	4. 3550	0. 5025	11. 5962
C5	3. 9083	0. 3350	8. 6143
C6	4. 0850	0. 7106	19. 3811
C7	4. 1317	0. 6039	14. 6902

由表 4-10 和表 4-11 可知，C1 制度保障，在可操作性方面的均值为 3. 3500，变异系数为 30. 1500%，将该指标予以删除。C5 信息服务，在重要性方面的均值为 3. 5734，变异系数为 20. 8973%，将该指标予以删除。其他一级指标予以保留进入下一轮筛选。

C1 制度保障、C5 信息服务一级指标在第一轮一级指标筛选中被删除，所以对应的二级指标全部予以删除。第一轮其他二级指标筛选具体结果见表4-12~表4-21。

由表4-12可知，C2经费投入下属的二级指标中，C26企事业对公共体育服务的赞助，在重要性方面的均值为3.8860，变异系数为20.8731%，满足删除条件，将该指标予以删除。

表4-12 C2经费投入所属二级指标重要性筛选

二级指标	均值	标准差	变异系数（%）
C21	4.9133	0.3350	6.8175
C22	4.6900	0.5025	10.7142
C23	4.6900	0.5025	10.7142
C24	4.5784	0.7301	15.9474
C25	4.2433	0.6700	15.7903
C26	3.8860	0.8111	20.8731
C27	4.2433	0.6700	15.7903
C28	4.1317	0.7006	16.9565
C29	4.2433	0.8375	19.7362

由表4-13可知，C2经费投入下属的二级指标中，C22、C23、C24、C25、C26和C29在可操作性方面，平均值得分≤4或变异系数≥20%，满足删除条件，对应指标予以删除。

表4-13 C2经费投入所属二级指标可操作性筛选

二级指标	均值	标准差	变异系数（%）
C21	4.1317	0.3350	8.1073
C22	3.2383	0.6700	20.6908
C23	3.7967	1.0984	28.9295
C24	3.9083	0.7856	20.1008
C25	3.7520	0.8703	23.1966
C26	3.8860	0.7106	18.2869
C27	4.4666	0.5296	11.8576
C28	4.0326	0.7106	17.6224
C29	4.1461	0.8759	21.1247

由表4-14可知，C3场地设施下属的二级指标中，C33、C35、C37和C39在重要性方面，平均值得分≤4或变异系数≥20%，满足删除条件，对应指标予以删除。

表4-14　C3场地设施所属二级指标重要性筛选

二级指标	均值	标准差	变异系数（%）
C31	4.8017	0.4432	9.2302
C32	4.2545	0.5688	13.3702
C33	4.3661	0.8863	20.2997
C34	4.8017	0.4432	9.2302
C35	3.3500	0.7160	21.3722
C36	4.0200	0.6963	17.3200
C37	3.7967	0.8375	22.0578
C38	4.1875	0.6620	15.8087
C39	3.0150	1.0050	33.3333

由表4-15可知，C3场地设施下属的二级指标中，C32、C33、C37和C39在可操作性方面，平均值得分≤4或变异系数≥20%，满足删除条件，对应指标予以删除。

表4-15　C3所属二级指标可操作性筛选

二级指标	均值	标准差	变异系数（%）
C31	4.7134	0.5025	10.6612
C32	3.8716	0.7799	20.1434
C33	3.9838	0.8863	22.2476
C34	4.1522	0.3350	8.0672
C35	4.3766	0.5025	11.4814
C36	4.1522	0.6039	14.5442
C37	3.8156	0.8375	21.9486
C38	4.1074	0.7579	18.4515
C39	3.0414	0.6140	20.1865

由表 4-16 可知，C4 组织服务下属的二级指标中，C41、C45、C47、C48 和 C49 在重要性方面，平均值得分≤4 或变异系数≥20%，满足删除条件，对应指标予以删除。

表 4-16 C4 组织服务所属二级指标重要性筛选

二级指标	均值	标准差	变异系数（%）
C41	3. 7967	0. 7106	18. 7172
C42	4. 5784	0. 5296	11. 5682
C43	4. 2433	0. 8375	19. 7362
C44	4. 1317	0. 3350	8. 1073
C45	3. 7967	0. 8375	22. 0578
C46	4. 1317	0. 7106	17. 1998
C47	3. 4616	0. 7301	21. 0922
C48	3. 9083	1. 0594	27. 1054
C49	4. 0200	0. 8973	22. 3200

由表 4-17 可知，C4 组织服务下属的二级指标中，C41、C43、C45、C47、C48 和 C49 在可操作性方面，平均值得分≤4 或变异系数≥20%，满足删除条件，对应指标予以删除。

表 4-17 C4 所属二级指标可操作性筛选

二级指标	均值	标准差	变异系数（%）
C41	3. 2544	0. 6700	20. 5884
C42	4. 0616	0. 7106	17. 4964
C43	3. 5912	0. 7301	20. 3314
C44	4. 0544	0. 5164	12. 7359
C45	3. 7034	0. 7106	19. 1889
C46	4. 2558	0. 3150	7. 4008
C47	3. 2544	0. 7370	22. 6451
C48	3. 7250	0. 7579	20. 3456
C49	3. 6609	0. 7559	20. 6466

由表 4-18 可知，C6 活动开展下属的二级指标中，C62、C63、C64 和 C65、C66 在重要性方面，平均值得分≤4 或变异系数≥20%，满足删除条件，对应指标予以删除。

表 4-18　C6 活动开展所属二级指标重要性筛选

二级指标	均值	标准差	变异系数（%）
C61	4.2433	0.7447	17.5501
C62	3.1267	0.3350	10.7133
C63	3.8413	0.7447	19.3867
C64	3.2383	0.6522	20.1415
C65	3.9641	0.7306	18.4312
C66	3.5734	0.7301	20.4326

由表 4-19 可知，C6 活动开展下属的二级指标中，C62、C63、C64、C66 和 C65 在可操作性方面，平均值得分≤4 或变异系数≥20%，满足删除条件，对应指标予以删除。

表 4-19　C6 所属二级指标可操作性筛选

二级指标	均值	标准差	变异系数（%）
C61	4.0400	0.7106	17.5900
C62	3.5912	1.0189	28.3716
C63	3.5912	0.7306	20.3454
C64	2.9178	0.3350	11.4801
C65	3.2544	0.6700	20.5884
C66	3.0381	0.5025	16.5401

由表 4-20 可知，C7 满意程度下属的二级指标中，C74、C76 和 C77 在重要性方面，平均值得分≤4 或变异系数≥20%，满足删除条件，对应指标予以删除。

表 4-20　C7 满意程度所属二级指标重要性筛选

二级指标	均值	标准差	变异系数（%）
C71	4.0783	0.5025	12.3213

续表

二级指标	均值	标准差	变异系数（%）
C72	4.1764	0.5296	12.6817
C73	4.0870	0.7106	17.3876
C74	3.4616	0.8863	25.6039
C75	4.0312	0.6146	15.2452
C76	3.4616	0.7301	21.0922
C77	3.0803	0.7106	23.0701

由表 4-21 可知，C7 满意程度下属的二级指标中，C74、C76 和 C77 在可操作性方面，平均值得分≤4 或变异系数≥20%，满足删除条件，对应指标予以删除。

表 4-21　C7 满意程度所属二级指标可操作性筛选

二级指标	均值	标准差	变异系数（%）
C71	4.0400	0.7106	17.5900
C72	4.8256	0.4432	9.1845
C73	4.0962	0.5296	12.9300
C74	3.5014	0.7106	20.2959
C75	4.2532	0.7856	18.4710
C76	3.2544	0.6442	19.7948
C77	3.5912	0.8863	24.6803

4.3.2　第二轮指标筛选

第一轮一级指标筛选中，制度保障、信息服务满足删除条件，对上述两项一级指标和二级指标一并予以删除。

一级指标经费投入下属的 6 个二级指标［公共体育活动经费投入、体彩公益金用于公共体育服务投入比例、体育指导经费投入、每万人拥有公共体育场（馆）数量、企事业对公共体育服务的赞助和年公共体育经费增幅］满足删除条件，对上述二级指标予以删除。

一级指标场地设施下属的 5 个二级指标（公共体育设施覆盖率、公共体育场馆向社会开放的比例、公共体育场馆面积占体育场地面积的比例、公共体育设施维护更新次数和预留公共体育设施用地占城乡土地规划用地面积比例）满足删除条件，对上述二级指标予以删除。

一级指标组织服务下属的6个二级指标（居民加入各类体育指导站点的人数、体质测定与运动健身指导站覆盖率、街道社区体育社会组织开展活动次数和社会体育指导员上岗率、为体质测试对象开具运动处方比例、居民加入各类体育协会的人数）满足删除条件，对上述二级指标予以删除。

一级指标活动开展下属的5个二级指标（举办体育竞赛、表演活动的人次、人均体育活动时间占余暇时间的比例、承办国际、国家、省体育赛事次数、举办全民健身运动会的次数和开展体育竞赛活动的经费占体育经费的比例）满足删除条件，对上述二级指标予以删除。

一级指标满意程度下属的3个二级指标（群众对公共体育宣传的满意度、群众对体育公共组织的满意度和群众对公共体育制度的满意度）满足删除条件，对上述二级指标予以删除。

第一轮筛选后保留的指标中，一级指标活动开展只保留了经常参加体育活动人数占总人口的比例1个二级指标，因此专家建议将活动开展、组织服务2个一级指标合并，修订为一级指标健身服务。整理后的城市基本公共体育服务力评价指标体系用于第二轮指标筛选。

第二轮指标重要性筛选结果见表4-22。

表4-22 第二轮指标重要性筛选

一级指标	二级指标	指标代码	均值	标准差	变异系数（%）
经费投入		C1	4.2150	0.5841	13.8577
	年人均公共体育服务经费	C11	4.1730	0.5000	11.9819
	公共体育设施经费投入占体育经费支出比例	C12	4.5113	0.7761	17.2035
	体育投入占GDP的比例	C13	4.0729	0.5819	14.2872
场地设施		C2	4.3200	0.4215	9.7569
	人均公共体育场地面积	C21	4.7605	0.5652	11.8727
	年人均新增公共体育服务场地面积	C22	4.1937	0.5909	14.0901

续表

一级指标	二级指标	指标代码	均值	标准差	变异系数（%）
	每万人拥有公共体育场（馆）数量	C23	4.1573	0.6333	15.2333
	公共体育场地设施向社会开放率	C24	4.1484	0.7541	18.1779
健身服务		C3	4.1860	0.5514	13.1725
	健身站点（全民健身路径）覆盖率	C31	4.1022	0.3333	8.1248
	国民体质监测标准合格率	C32	4.0950	0.6109	14.9182
	经常参加体育活动人数占总人口的比例	C33	4.1984	0.6214	14.8009
	社会体育指导员的数量	C34	4.0804	0.3333	8.1683
满意程度		C4	4.0980	0.4158	10.1464
	群众对公共体育设施的满意度	C41	4.0804	0.6547	16.0450
	群众对公共体育环境的满意度	C42	4.1738	0.5413	12.9689
	群众对公共体育服务指导员的满意度	C43	4.1321	0.6354	15.3773
	群众对开展公共体育活动的满意度	C44	4.0957	0.4257	10.3937

第二轮指标可操作性筛选结果见表4-23。

表4-23　第二轮指标可操作性筛选

一级指标	二级指标	均值	标准差	变异系数（%）
C1		4.2764	0.5458	12.7628
	C11	4.3339	0.4600	10.6140
	C12	4.2736	0.7416	17.3536
	C13	4.1338	0.5435	13.1486
C2		4.2824	0.3799	8.8719
	C21	4.1233	0.5265	12.7690
	C22	4.2559	0.5527	12.9872

续表

一级指标	二级指标	均值	标准差	变异系数（%）
	C23	4.2191	0.5960	14.1254
	C24	4.1091	0.7192	17.5021
C3		4.1471	0.5124	12.3564
	C31	4.1857	0.2900	6.9275
	C32	4.1176	0.5731	13.9186
	C33	4.1805	0.5838	13.9655
	C34	4.0694	0.2900	7.1255
C4		4.0582	0.3741	9.2188
	C41	4.0404	0.6178	15.2904
	C42	4.0648	0.5021	12.3531
	C43	4.0926	0.5981	14.6144
	C44	4.0559	0.3842	9.4730

4.4 指标体系确立及指标解释

4.4.1 指标体系确立

按照指标评价体系构建的基本原则，经过指标海选和两轮指标筛选，构建了包含 4 个一级指标、15 个二级指标的城市基本公共体育服务力评价指标体系，见表 4-24。

表 4-24 评价指标体系的确立

一级指标	二级指标	指标代码	单位
经费投入		C1	
	年人均公共体育服务经费	C11	元
	公共体育设施经费投入占体育经费支出比例	C12	%
	体育投入占 GDP 的比重	C13	%

续表

一级指标	二级指标	指标代码	单位
场地设施		C2	
	人均公共体育场地面积	C21	m^2/千人
	年人均新增公共体育服务场地面积	C22	m^2/千人
	每万人拥有公共体育场（馆）数量	C23	个/10万人
	公共体育场地设施向社会开放率	C24	%
健身服务		C3	
	健身站点（全民健身路径）覆盖率	C31	%
	国民体质监测标准合格率	C32	%
	经常参加体育活动人数占总人口的比例	C33	%
	社会体育指导员的数量	C34	个/10万人
满意程度		C4	
	群众对公共体育设施的满意度	C41	%
	群众对公共体育环境的满意度	C42	%
	群众对公共体育服务指导员的满意度	C43	%
	群众对开展公共体育活动的满意度	C44	%

注：下文表中相同单位略。

4.4.2 指标解释和收集方法

4.4.2.1 经费投入

(1) 年人均公共体育服务经费。指人均年度投入公共体育服务的财政性经费，含年度本级财政预算和上级转移支付、拨款等经费。

收集方法：财政部门统计材料。

(2) 公共体育设施经费投入占体育经费支出比例。计算办法：本年人均公共体育服务经费/本年人均体育经费。

收集方法：财政部门统计材料。

(3) 体育投入占 GDP 的比例。计算办法：本年人均体育经费/本年人均 GDP。

收集方法：财政部门统计材料。

4.4.2.2 场地设施

（1）人均公共体育场地面积。指按常住人口计算的每人拥有公共体育设施的面积。

收集方法：统计部门统计资料。

（2）年人均新增公共体育服务场地面积。计算办法：（本年人均公共体育服务场地面积-上年人均公共体育服务场地面积）/上年人均公共体育服务场地面积。

收集方法：财政部门统计材料。

（3）每万人拥有公共体育场（馆）数量。指按常住人口计算的每万人拥有公共体育场（馆）数量。

收集方法：统计部门统计资料。

（4）公共体育场地设施向社会开放率。指辖区内向社会开放体育设施的数量/辖区内体育设施总数。

收集方法：统计部门统计资料。

4.4.2.3 健身服务

（1）健身站点（全民健身路径）覆盖率或万人拥有健身步道公里数。计算方法：辖区内建全民健身路径的行政村（社区）个数/辖区内行政村（社区）总数。

万人拥有健身步道公里数指万人拥有健身器材、健身标识等体育元素的健身步道公里数。

收集方法：体育部门统计资料。

（2）国民体质监测标准合格率。指达到《国民体质测定标准》合格及以上标准的城乡居民占常住人口的比例。

收集方法：体育部门统计数据。

（3）经常参加体育活动人数占总人口的比例。指常住人口中体育活动每周参加 3 次及以上，每次锻炼时间 30 分钟及以上，每次锻炼强度达到中等及以上的人数比例。

收集方法：抽样调查。

（4）社会体育指导员的数量（个/十万人）。社会体育指导员的累计数量。

收集方法：体育部门统计数据。

4.4.2.4 满意程度

公共体育服务满意度指居民对本地公共体育场地设施、环境、健身指导员、活动开展等方面的满意程度。

收集方法：抽样调查。

4.5 指标体系的合理性验证

构建的城市基本公共体育服务力评价指标体系是否合理，还需进行相应的检验，本书采用综合系数进行论证。

计算综合系数 F 的具体公式为

$$F = \frac{2K_1 + 1K_2 + 0K_3 - 1K_4 - 2K_5}{kN} \tag{4-1}$$

式中，N 表示最高等级分值；k 为样本数，各等级评分人数用 K_1、K_2、K_3、K_4、K_5 表示。

指标体系合理性验证综合系数对照见表 4-25。

表 4-25 指标体系合理性验证综合系数对照

F	0.8 以上	0.7~0.8	0.6~0.7	0.5~0.6	0.5 以下
满意度	非常满意	满意	比较满意	可以接受	不可以接受

本书邀请一线管理人员、体育领域专家共 27 名，从结构、完整性、权重（评价指标权重采用层次分析法）和总体 4 个方面对指标体系合理性进行论证，共发放问卷 27 份，具体情况见表 4-26。

表 4-26 指标体系合理性验证专家问卷结果

专家职称	发放	回收	有效	有效率
体育管理人员	8	8	7	87.50%
教授	14	14	12	85.71%

续表

专家职称	发放	回收	有效	有效率
副教授	5	5	4	80.00%

指标体系合理性验证调查结果见表4-27。

表4-27　指标体系合理性验证调查结果

系数	结构		完整性		权重		总体	
	人数	百分比	人数	百分比	人数	百分比	人数	百分比
+2	10	43.48	12	52.17	9	39.13	11	47.83
+1	12	52.17	9	39.13	13	56.52	11	47.83
0	1	4.35	2	8.70	1	4.35	1	4.35
−1								
−2								

指标体系合理性验证综合系数计算结果见表4-28。

表4-28　指标体系合理性验证综合系数计算结果

项目	结构	完整性	权重	总体
F	0.6957	0.7174	0.6739	0.7174

综合系数结果显示，城市基本公共体育服务力评价指标体系结构与权重方面的综合系数分别为0.6957和0.6739，表明专家在这2个方面持比较满意态度。在完整性和总体方面的得分都是0.7174，表明专家在这2个方面持满意态度。

CHAPTER5

第5章

基于层次分析法的综合评价及实证研究

层次分析法（analytic hierarchy process，AHP）是美国运筹学家托马斯·萨蒂等在20世纪提出的一种多目标决策方法。针对多目标决策问题的系统化和层次化特征，采用传统方法难以获得理想的效果，托马斯·萨蒂等发现解决多目标决策问题，不仅要考虑定量数据对决策结果的影响，还需要考虑定性因素对结果的影响。层次分析法是将评价人的经验判断定量化，增强了评价人对评价内容准确性的提高，对结构较复杂且数据统计有难度的指标更加实用。

5.1　指标权重确立

5.1.1　层次分析法原理

运用层次分析法对评价指标体系进行权重的确定，通过同一层次各级指标相对重要性进行比较来综合计算指标的权重系数，主要步骤如下。

（1）对系统中不同元素间的关系进行分析，并构建合理的递阶层次结构。

（2）两两判断矩阵的建立，是对同一层次的各元素关于上一层中某一准则的重要性进行相互比较后得出的。

（3）由判断矩阵计算被比较元素对于该准则的相对权重。

（4）计算各层元素对系统目标的合成权重，并进行排序。

检验各元素重要度之间是否协调，就需要进行一致性检验，其一致性指标的计算为

$$CI=\frac{\lambda_{max}-n}{n-1} \tag{5-1}$$

式中，λ_{max}为判断矩阵的最大特征值。

一致性比率的计算公式为

$$CR=\frac{CI}{RI} \tag{5-2}$$

当 CR<0.1 时，称判断矩阵具有满意的一致性，否则需要对判断矩阵进行相应的调整，使一致性比率具有满意的一致性。

对于 $n=1\sim11$，查找一致性指标 RI，见表 5-1。

表 5-1　平均随机一致性指标 RI

n	1	2	3	4	5	6	7	8	9	10	11
RI	0	0	0.52	0.89	1.12	1.26	1.36	1.41	1.46	1.49	1.52

5.1.2　建立判断矩阵及单排序

本书按照层次分析法确定权重的步骤，通过专家咨询，分别建立了一级指标及下属二级指标的判断矩阵，并计算各指标的单排序，具体计算结果如下。

一级指标判断矩阵、一致性检验及单排序见表 5-2。

表 5-2　一级指标判断矩阵、一致性检验及单排序

C	C1	C2	C3	C4	权重
C1	1	3	3	5	0.5194
C2	0.3333	1	1	3	0.2009
C3	0.3333	1	1	3	0.2009
C4	0.2	0.3333	0.3333	1	0.0789
$V_{max}=4.000$			CI=0.0145		
RI=0.90			CR=CI/RI=0.0161<0.1		

一级指标经费投入下属二级指标判断矩阵、一致性检验及单排序见表 5-3。

表 5-3 一级指标经费投入下属二级指标判断矩阵、一致性检验及单排序

C1	C11	C12	C13	权重
C11	1	3	5	0.6334
C12	0.3333	1	3	0.2605
C13	0.2	0.3333	1	0.1062
$V_{max}=3.54$		CI=0.0193		
RI=0.5796		CR=CI/RI=0.0333<0.1		

一级指标场地设施下属二级指标判断矩阵、一致性检验及单排序见表 5-4。

表 5-4 一级指标场地设施下属二级指标判断矩阵、一致性检验及单排序

C2	C21	C22	C23	C24	权重
C21	1	5	1	3	0.3564
C22	0.2	1	0.1429	0.2	0.0543
C23	1	7	1	5	0.4385
C24	0.3333	5	0.2	1	0.1509
$V_{max}=3.12$			CI=0.0711		
RI=0.091			CR=CI/RI=0.0789<0.1		

一级指标健身服务下属二级指标判断矩阵、一致性检验及单排序见表 5-5。

表 5-5 一级指标健身服务下属二级指标判断矩阵、一致性检验及单排序

C3	C31	C32	C33	C34	权重
C31	1	3	2	3	0.4341
C32	0.3333	1	0.2	0.5	0.0939
C33	0.5	5	1	2	0.3158
C34	0.333	2	0.5	1	0.1562
$V_{max}=3.68$		CI=0.0443			
RI=0.900		CR=CI/RI=0.0492<0.1			

一级指标满意度下属二级指标判断矩阵、一致性检验及单排序见表 5-6。

表 5-6　一级指标满意度下属二级指标判断矩阵、一致性检验及单排序

C4	C41	C42	C43	C44	权重
C41	1	3	3	5	0.4341
C42	0.3333	1	1	3	0.0939
C43	0.3333	1	1	3	0.3158
C44	0.2	0.3333	0.3333	1	0.1562
V_{max}=3.54			CI=0.0475		
RI=0.8996			CR=CI/RI=0.0528<0.1		

上述指标体系各级指标按照判断矩阵，分别计算指标单排序，并进行了一致性检验，检验结果显示各级指标都满足检验要求。由此进入下一步计算，即指标体系的总排序。

总排序权重计算结果见表 5-7。

表 5-7　公共体育服务力评价指标及权重系数

一级指标	二级指标	权重	总权重
C1 经费投入			0.5194
	C11 年人均公共体育服务经费	0.6334	0.3290
	C12 公共体育设施经费投入占体育经费支出比例	0.2604	0.1353
	C13 体育投入占 GDP 的比例	0.1062	0.0552
C2 场地设施			0.2009
	C21 人均公共体育场地面积	0.3564	0.0716
	C22 年人均新增公共体育服务场地面积	0.0543	0.0109
	C23 每万人拥有公共体育场（馆）数量	0.4385	0.0881
	C24 公共体育场地设施向社会开放率	0.1509	0.0303
C3 健身服务			0.2009
	C31 健身站点（全民健身路径）覆盖率	0.4341	0.0872
	C32 国民体质监测标准合格率	0.0939	0.0189
	C33 经常参加体育活动人数占总人口的比例	0.3158	0.0634
	C34 社会体育指导员的数量（个/十万人）	0.1562	0.0314

续表

一级指标	二级指标	权重	总权重
C4 满意程度			0.0788
	C41 群众对公共体育设施的满意度	0.1289	0.0102
	C42 群众对公共体育环境的满意度	0.5688	0.0448
	C43 群众对公共体育健身指导员的满意度	0.066	0.0052
	C44 群众对公共体育活动开展的满意度	0.2372	0.0187

5.2 综合评价指标体系建立

公共体育服务的评价指标体系是依托专家对指标体系的评价筛选及各个指标的权重建立，由此构建出公共体育服务力的评价指标体系（理论指标体系）。

5.3 评价数据收集

本书所涉及的核心数据为陕西省各地市基本公共体育服务力数据，包括资源获取、资源整合、资源配置和资源供给的数据。按照公共体育服务统计报表制度设计的统计指标进行数据收集，采集陕西省基本公共体育服务力统计数据。

5.4 综合评价结果与分析

本书对陕西省基本公共体育服务力的实证评价采用的是总指数法，其具体过程如下。

（1）通过一系列计算，得到评价指标的基础数据。

（2）对评价指标基础数据进行无量纲化处理，形成评价指标的比较值。

（3）用各指标的比值乘以相应的权重，得出单项指标数据。

本书根据公共体育服务力评价指标（设计指标），对陕西省 10 个地市的相关数据进行了收集和整理，建立了评价指标（实证指标体系）及权重系数，见表5-8。

表 5-8 公共体育服务力评价指标（实证指标体系）及权重系数

一级指标	权重	二级指标	权重	总权重
C1 经费投入	0.5194	C11 年人均群众体育投入经费	0.6334	0.3290
		C12 公共体育设施经费投入占体育经费支出比例	0.2604	0.1353
		C13 体育投入占 GDP 的比重	0.1062	0.0552
C2 场地设施	0.2009	C21 人均体育场馆面积	0.3768	0.0757
		C22 每万人拥有公共体育场（馆）数量	0.4636	0.0931
		C23 公共体育场地设施向社会开放程度	0.1595	0.0321
C3 健身服务	0.2009	C31 健身站点（全民健身路径）覆盖率	0.4341	0.0872
		C32 国民体质监测标准合格率	0.0939	0.0189
		C33 经常参加体育活动人数占总人口的比例	0.3158	0.0634
		C34 社会体育指导员的累计数量	0.1562	0.0314
C4 满意程度	0.0788	C4 总体满意度	1	0.0788

注：C2 场地设施中，年人均新增公共体育服务场地面积数据，各地市对当年新增场地统计口径不一致，实证研究中未纳入该指标。满意程度指标使用总体满意度数据。

5.4.1 评价指标数据

各指标数据见表 5-9。

表 5-9 各指标数据

地区	C11	C12	C13	C21	C22	C23	C31	C32	C33	C34
西安	1.77	15.82%	1.63	1.48	16.27	81.15%	98.22%	91.68%	43.00%	22.24
铜川	0.84	41.26%	6.89	0.88	21.58	73.58%	83.24%	83.54%	43.08%	20.02
宝鸡	1.79	17.68%	3.29	1.27	14.81	76.33%	86.85%	90.08%	38.41%	8.75
咸阳	0.89	25.44%	2.14	1.00	8.49	74.25%	72.54%	85.21%	35.60%	14.35
渭南	1.52	41.02%	5.06	0.74	5.78	78.31%	77.28%	89.14%	40.05%	4.55

续表

地区	C11	C12	C13	C21	C22	C23	C31	C32	C33	C34
延安	1.49	35.33%	3.11	1.09	16.30	68.75%	81.85%	86.89%	35.51%	14.48
汉中	0.86	41.28%	7.43	1.51	11.68	78.44%	84.12%	92.75%	38.00%	7.30
榆林	0.61	29.53%	2.47	1.41	11.60	67.28%	71.55%	85.21%	40.50%	13.97
安康	0.49	39.79%	4.59	0.79	8.86	73.54%	79.28%	89.11%	36.11%	9.29
商洛	0.38	47.25%	6.08	0.74	8.90	76.12%	78.67%	91.02%	37.28%	8.79

5.4.2 归一化处理

标准化分数据的计算公式为

$$Y = \frac{x}{\sum x} \tag{5-3}$$

标准化分数据见表5-10。

表5-10 标准化分数据

地区	C11	C12	C13	C21	C22	C23	C31	C32	C33	C34
西安	0.166	0.047	0.038	0.136	0.131	0.109	0.121	0.104	0.111	0.180
铜川	0.079	0.123	0.161	0.081	0.174	0.098	0.102	0.094	0.111	0.162
宝鸡	0.169	0.053	0.077	0.116	0.119	0.102	0.107	0.102	0.099	0.071
咸阳	0.083	0.076	0.050	0.091	0.068	0.099	0.089	0.096	0.092	0.116
渭南	0.143	0.123	0.119	0.068	0.047	0.105	0.095	0.101	0.103	0.037
延安	0.140	0.106	0.073	0.100	0.131	0.092	0.101	0.098	0.092	0.117
汉中	0.080	0.123	0.174	0.138	0.094	0.105	0.103	0.105	0.098	0.059
榆林	0.057	0.088	0.058	0.129	0.093	0.090	0.088	0.096	0.105	0.113
安康	0.046	0.119	0.107	0.072	0.071	0.098	0.097	0.101	0.093	0.075
商洛	0.036	0.141	0.142	0.068	0.072	0.102	0.097	0.103	0.096	0.071

5.4.3 计算综合评分及排名

综合评分的计算公式为

$$综合评分=标准化分\times权重系数 =Y\times权系数 \qquad (5-4)$$

由表5-11的评价结果，可排出陕西各地市公共体育服务经费的评价结果由高到低依次为：西安、宝鸡、延安、铜川、渭南、汉中、咸阳、榆林、商洛、安康。

表5-11 综合评分数据

地区	C11	C12	C13	C21	C22	C23	C31	C32	C33	C34	得分	排名
权系数	0.3290	0.1353	0.0552	0.0757	0.0931	0.0321	0.0872	0.0189	0.0634	0.0314		
西安	0.0547	0.0064	0.0021	0.0103	0.0122	0.0035	0.0105	0.0020	0.0070	0.0056	0.115	1
铜川	0.0260	0.0167	0.0089	0.0061	0.0162	0.0032	0.0089	0.0018	0.0071	0.0051	0.101	4
宝鸡	0.0555	0.0072	0.0043	0.0088	0.0111	0.0033	0.0093	0.0019	0.0063	0.0022	0.109	2
咸阳	0.0274	0.0103	0.0028	0.0069	0.0064	0.0032	0.0078	0.0018	0.0058	0.0036	0.077	7
渭南	0.0469	0.0166	0.0065	0.0052	0.0043	0.0034	0.0083	0.0019	0.0066	0.0012	0.100	5
延安	0.0461	0.0143	0.0040	0.0076	0.0122	0.0029	0.0088	0.0019	0.0058	0.0037	0.107	3
汉中	0.0264	0.0167	0.0096	0.0105	0.0088	0.0034	0.0090	0.0020	0.0062	0.0019	0.093	6
榆林	0.0188	0.0119	0.0032	0.0098	0.0087	0.0029	0.0077	0.0018	0.0066	0.0035	0.075	8
安康	0.0153	0.0161	0.0059	0.0055	0.0066	0.0032	0.0085	0.0019	0.0059	0.0024	0.071	10
商洛	0.0119	0.0191	0.0079	0.0052	0.0067	0.0033	0.0084	0.0019	0.0061	0.0022	0.072	9

5.4.4 按一级指标分类评价

（1）经费投入。由表5-12对一级指标经费投入的评价结果，可排出陕西各地市公共体育服务经费的评价结果由高到低依次为：渭南、宝鸡、延安、西安、汉中、铜川、咸阳、商洛、安康、榆林。

表 5-12 C1 经费投入综合评价结果

序号	地区	C11 年人均公共体育服务经费	C12 公共体育设施经费投入占体育经费支出比例	C13 体育投入占 GDP 的比例	合计	排序
1	西安	0.0547	0.0064	0.0021	0.0632	4
2	铜川	0.0260	0.0167	0.0089	0.0516	6
3	宝鸡	0.0555	0.0072	0.0043	0.0669	2
4	咸阳	0.0274	0.0103	0.0028	0.0405	7
5	渭南	0.0469	0.0166	0.0065	0.0700	1
6	延安	0.0461	0.0143	0.0040	0.0644	3
7	汉中	0.0264	0.0167	0.0096	0.0527	5
8	榆林	0.0188	0.0119	0.0032	0.0339	10
9	安康	0.0153	0.0161	0.0059	0.0373	9
10	商洛	0.0119	0.0191	0.0079	0.0389	8

（2）场地设施。由表 5-13 对一级指标场地设施的评价结果，可排出陕西各地市公共体育服务经费的评价结果由高到低依次为：西安、铜川、宝鸡、延安、汉中、榆林、咸阳、安康、商洛、渭南。

表 5-13 C2 场地设施综合评价结果

序号	地区	C21 人均公共体育场地面积	C22 每万人拥有公共体育场（馆）数量	C23 公共体育场地设施向社会开放率	合计	排序
1	西安	0.0103	0.0122	0.0035	0.0259	1
2	铜川	0.0061	0.0162	0.0032	0.0255	2
3	宝鸡	0.0088	0.0111	0.0033	0.0232	3
4	咸阳	0.0069	0.0064	0.0032	0.0165	7
5	渭南	0.0052	0.0043	0.0034	0.0129	10
6	延安	0.0076	0.0122	0.0029	0.0227	4
7	汉中	0.0105	0.0088	0.0034	0.0226	5
8	榆林	0.0098	0.0087	0.0029	0.0214	6

续表

序号	地区	C21 人均公共体育场地面积	C22 每万人拥有公共体育场（馆）数量	C23 公共体育场地设施向社会开放率	合计	排序
9	安康	0.0055	0.0066	0.0032	0.0152	8
10	商洛	0.0052	0.0067	0.0033	0.0151	9

（3）健身服务。由表 5-14 对一级指标健身服务的评价结果，可排出陕西各地市公共体育服务经费的评价结果由高到低依次为：西安、铜川、延安、宝鸡、榆林、汉中、咸阳、安康、商洛、渭南。

表 5-14　C1 健身服务综合评价结果

序号	地区	C31 健身站点	C32 国民体质监测标准合格率	C33 经常参加体育活动人数占总人口的比例	C34 社会体育指导员的数量	合计	排序
1	西安	0.0105	0.0020	0.0070	0.0056	0.0251	1
2	铜川	0.0089	0.0018	0.0071	0.0051	0.0229	2
3	宝鸡	0.0093	0.0019	0.0063	0.0022	0.0197	4
4	咸阳	0.0078	0.0018	0.0058	0.0036	0.0190	7
5	渭南	0.0083	0.0019	0.0066	0.0012	0.0180	10
6	延安	0.0088	0.0019	0.0058	0.0037	0.0202	3
7	汉中	0.0090	0.0020	0.0062	0.0019	0.0191	6
8	榆林	0.0077	0.0018	0.0066	0.0035	0.0196	5
9	安康	0.0085	0.0019	0.0059	0.0024	0.0187	8
10	商洛	0.0084	0.0019	0.0061	0.0022	0.0186	9

CHAPTER6

第6章

基于模糊综合评价法的综合评价实证研究

模糊综合评价法是针对模糊现象与模糊事物的不肯定性和不精确性特征，以模糊数学领域的隶属度理论和“模糊集合”论为理论基础，将定性问题转化为定量问题，对受到多种因素制约的事物或对象，采用多个指标刻画其本质与特征，并应用模糊关系合成一个总体评价的方法。模糊综合评价法的系统性强，评价结果具有易于解释的特点，对难以量化的模糊对象的评价具有较好的适应性。

6.1　基本原理和优缺点

（1）模糊综合评价法的基本原理：①依据评价目标和评价对象实际，筛选出能反映评判对象基本特征的指标集（因素集），根据专家意见或者已有数据的情况确定适当的评价（等级）集；②基于定量赋权或者定性赋权方法，将各个因素的权重予以确立，并计算各个指标（因素）的隶属度向量，建立模糊评判矩阵；③将模糊评判矩阵和指标权重进行模糊运算，将模糊计算结果进行归一化，合成模糊综合评价结果。

（2）模糊综合评价法的优点：数学模型简单，容易掌握，对多因素、多层次的复杂问题的评判效果较好，是其他数学分支和模型难以代替的方法，有利于克服传统数学方法中“唯一解”的弊端。这种模型应用广泛，根据不同可能性得出多个层次的问题题解，具备可扩展性，符合现代管理中“柔性管理”的思想。在许多方面，采用模糊综合评法的实用模型取得了很好的经济效益和社会效益。模糊综合评价法的缺点：各因素权重的确定也带有一定的主观性，而且不能解决评价指标间相关造成的评价信息重复问题，尤其是多目标评价模型，要对每个目标、每个指标确定隶属度函数，过于烦琐，实用性不强。

6.2 数据来源

本书中经费投入和健身服务中的相关数据来源于陕西省体育事业统计年报数据。场地设施数据来源于 2017 年陕西省体育场地抽样调查数据。

6.3 确定评价因素集

设 u_1，u_2，…，u_n为评价对象的 m 种因素（评价指标）；m 由具体的指标体系决定，为评价指标的个数。建立评判对象因素集 $U=\{u_1, u_2, \cdots, u_n\}$，因素就是对象的各种属性或性能，在不同场合，也被称为参数指标或质量指标，它们能综合地反映出对象的质量，因而可由这些因素来评价对象。

正是基于城市基本公共体育服务力状况所固有的模糊特性及传统数学方法的局限性，以下选择模糊数学中的综合评判法来定量地评价城市基本公共体育服务力。

城市基本公共体育服务力状况最终表现在城市经费投入、场地设施、健身服务和满意程度 4 个方面（由于满意程度指标的主观性较强，且容易受抽样等因素的影响，本章使用前 3 个方面的指标），而每个方面又由若干评价指标决定。相应地，评价指标分为 2 个层次：第一层为 $U=(U_1, U_2, U_3)$；第二层为 $U_1=(U_{11}, U_{12}, U_{13})$、$U_2=(U_{21}, U_{22}, U_{23}, U_{24})$、$U_3=(U_{31}, U_{32}, U_{33}, U_{34})$等。城市基本公共体育服务力评价指标的具体含义及权重见表 6-1。

表 6-1 评价指标的具体含义及权重

一级指标	权重	二级指标	权重	总权重
U_1 经费投入	0.5194	U_{11}年人均公共体育服务经费	0.6334	0.3290
		U_{12}公共体育设施经费投入占体育经费支出比例	0.2604	0.1353
		U_{13}体育投入占 GDP 的比例	0.1062	0.0552

续表

一级指标	权重	二级指标	权重	总权重
U_2 场地设施	0.2009	U_{21}人均公共体育场地面积	0.3564	0.0716
		U_{22}年人均新增公共体育服务场地面积	0.0543	0.0109
		U_{23}每万人拥有公共体育场（馆）数量	0.4385	0.0881
		U_{24}公共体育场地设施向社会开放率	0.1509	0.0303
U_3 健身服务	0.2009	U_{31}健身站点（全民健身路径）覆盖率	0.4341	0.0872
		U_{32}国民体质监测标准合格率	0.0939	0.0189
		U_{33}经常参加体育活动人数占总人口的比例	0.3158	0.0634
		U_{34}社会体育指导员的数量（个/十万人）	0.1562	0.0314

6.4 建立指标权重集

权数是表征因素相对重要性大小的量度值。在评价问题中，赋权数是极其重要的。由于对 U 中各个因素有不同的侧重，需要对每个因素赋予不同的权重，它可表示为 U 上的一个模糊子集 $A=(a_1, a_2, \cdots, a_n)$，且规定 $\sum_{i=1}^{n} a_i = 1$。

目前确定权重的方法有主观赋权法和客观赋权法两类。主观赋权法主要由专家根据经验主观判断而得到，如 AHP、德尔菲法等，这种方法被人们研究较早，也较为成熟，但客观性较差。客观赋权法的原始数据由各指标在评价中的实际数据组成，它不依赖于人的主观判断，因而此类方法的客观性较强，如变异系数法、方差倒数加权法、复相关系数倒数加权法、主成分分析法和因子分析法等。城市基本公共体育服务力的权重集采用层次分析法确定。

6.5 建立评价集

$V=\{v_1, v_2, \cdots, v_n\}$ 为刻画每种因素所处状态的 n 种决断（评价等级）；n 为评语个数，一般划分为 3~5 个等级。城市基本公共体育服务力的评价，评判集是 4 个水平程度的集合。

根据城市基本公共体育服务力的特点，建立评价指标的评语集，$V=\{v_1,$

v_2，v_3，$v_4\}$ ＝ {高，较高，中，低}。将每个子因素分别做出综合评判。以上指标有定量指标，也有定性指标，在具体评价时，把定量指标分成不同的区间段，定性指标分成不同的水平等级，并给出统一的标准分值，见表 6-2。

表 6-2　评价指标的标准分值

区间（或等级）	定量指标	定性指标	评语集
1	1	1	低
2	3	3	中等
3	5	5	较高
4	7	7	高

6.6　建立模糊评价矩阵

对因素集中的单因素 u_i（$i=1$，2，3，…，n）做单因素评判，即建立一个从 U 到 F（V）的模糊映射。

$$f: U \rightarrow F(V),\ \forall u_i \in U \tag{6-1}$$

$$u_i \mapsto f(u_i)=\frac{r_{i1}}{v_1}+\frac{r_{i2}}{v_2}+\cdots+\frac{r_{im}}{v_m}\ (0 \leqslant r_{ij} \leqslant 1,\ 1 \leqslant i \leqslant n,\ 1 \leqslant j \leqslant m) \tag{6-2}$$

由 f 可以诱导出模糊关系，得到模糊矩阵

$$\boldsymbol{R}=(r_{ij})_{m \times n}=\begin{bmatrix} r_{11} & r_{12} & \cdots & r_{1n} \\ r_{21} & r_{22} & \cdots & r_{2n} \\ \cdots & \cdots & \cdots & \cdots \\ r_{m1} & r_{m2} & \cdots & r_{mn} \end{bmatrix}\ (i=1,\ 2,\ \cdots m;\ j=1,\ 2,\ \cdots,\ n) \tag{6-3}$$

称 $\boldsymbol{R}$ 为单因素评判矩阵，于是（U，V，R）构成一个单因素综合评判模型。其中，r_{ij}表示针对因素 u_i，被评为 v_j的隶属度。具体地说，r_{ij}表示第 i 个因素 u_i在第 j 个评语 v_j上的频率分布，一般将其归一化，使之满足 $\sum r_{ij}=1$。这样，$\boldsymbol{R}$ 矩阵本身就是没有量纲的，不需做专门处理。

按上述评价指标体系的标准分值及评语集对陕西不同城市中基本公共体育服务力包含的各个指标进行评判，并进行归一化处理，得到相应的模糊评判矩阵。

西安城市基本公共体育服务力模糊综合评价归一化处理矩阵见表6-3。

表6-3　西安城市基本公共体育服务力模糊综合评价归一化处理矩阵

二级指标	优	中	良	差
U_{11}年人均公共体育服务经费	0.23	0.31	0.36	0.10
U_{12}公共体育设施经费投入占体育经费支出比例	0.26	0.19	0.42	0.13
U_{13}体育投入占GDP的比例	0.20	0.29	0.33	0.17
U_{21}人均公共体育场地面积	0.13	0.21	0.20	0.46
U_{22}年人均新增公共体育服务场地面积	0.09	0.29	0.32	0.30
U_{23}每万人拥有公共体育场（馆）数量	0.08	0.31	0.33	0.28
U_{24}公共体育场地设施向社会开放率	0.05	0.32	0.19	0.43
U_{31}健身站点（全民健身路径）覆盖率	0.27	0.36	0.12	0.26
U_{32}国民体质监测标准合格率	0.30	0.22	0.19	0.29
U_{33}经常参加体育活动人数占总人口的比例	0.24	0.34	0.29	0.13
U_{34}社会体育指导员的数量（个/十万人）	0.27	0.30	0.31	0.12

渭南城市基本公共体育服务力模糊综合评价归一化处理矩阵见表6-4。

表6-4　渭南城市基本公共体育服务力模糊综合评价归一化处理矩阵

二级指标	优	中	良	差
U_{11}年人均公共体育服务经费	0.16	0.28	0.32	0.24
U_{12}公共体育设施经费投入占体育经费支出比例	0.18	0.17	0.38	0.26
U_{13}体育投入占GDP的比例	0.15	0.27	0.30	0.28
U_{21}人均公共体育场地面积	0.12	0.19	0.28	0.41
U_{22}年人均新增公共体育服务场地面积	0.08	0.27	0.29	0.36
U_{23}每万人拥有公共体育场（馆）数量	0.07	0.28	0.30	0.35
U_{24}公共体育场地设施向社会开放率	0.05	0.29	0.27	0.40
U_{31}健身站点（全民健身路径）覆盖率	0.19	0.26	0.30	0.25
U_{32}国民体质监测标准合格率	0.22	0.16	0.36	0.27
U_{33}经常参加体育活动人数占总人口的比例	0.17	0.25	0.28	0.30
U_{34}社会体育指导员的数量（个/十万人）	0.19	0.22	0.23	0.36

咸阳城市基本公共体育服务力模糊综合评价归一化处理矩阵见表6-5。

表6-5 咸阳城市基本公共体育服务力模糊综合评价归一化处理矩阵

二级指标	优	中	良	差
U_{11}年人均公共体育服务经费	0.18	0.24	0.28	0.30
U_{12}公共体育设施经费投入占体育经费支出比例	0.20	0.15	0.33	0.32
U_{13}体育投入占GDP的比例	0.16	0.23	0.26	0.35
U_{21}人均公共体育场地面积	0.10	0.16	0.25	0.48
U_{22}年人均新增公共体育服务场地面积	0.07	0.23	0.25	0.45
U_{23}每万人拥有公共体育场（馆）数量	0.06	0.24	0.26	0.44
U_{24}公共体育场地设施向社会开放率	0.04	0.25	0.23	0.48
U_{31}健身站点（全民健身路径）覆盖率	0.17	0.22	0.26	0.35
U_{32}国民体质监测标准合格率	0.19	0.14	0.31	0.37
U_{33}经常参加体育活动人数占总人口的比例	0.15	0.21	0.34	0.30
U_{34}社会体育指导员的数量（个/十万人）	0.17	0.19	0.29	0.35

汉中城市基本公共体育服务力模糊综合评价归一化处理矩阵见表6-6。

表6-6 汉中城市基本公共体育服务力模糊综合评价归一化处理矩阵

二级指标	优	中	良	差
U_{11}年人均公共体育服务经费	0.20	0.15	0.34	0.30
U_{12}公共体育设施经费投入占体育经费支出比例	0.16	0.24	0.27	0.33
U_{13}体育投入占GDP的比例	0.18	0.20	0.21	0.40
U_{21}人均公共体育场地面积	0.11	0.17	0.16	0.57
U_{22}年人均新增公共体育服务场地面积	0.07	0.24	0.26	0.44
U_{23}每万人拥有公共体育场（馆）数量	0.06	0.25	0.27	0.43
U_{24}公共体育场地设施向社会开放率	0.04	0.26	0.24	0.47
U_{31}健身站点（全民健身路径）覆盖率	0.24	0.14	0.24	0.38
U_{32}国民体质监测标准合格率	0.24	0.17	0.16	0.43
U_{33}经常参加体育活动人数占总人口的比例	0.24	0.22	0.14	0.40
U_{34}社会体育指导员的数量（个/十万人）	0.24	0.32	0.17	0.27

延安城市基本公共体育服务力模糊综合评价归一化处理矩阵见表6-7。

表6-7 延安城市基本公共体育服务力模糊综合评价归一化处理矩阵

二级指标	优	中	良	差
U_{11}年人均公共体育服务经费	0.20	0.26	0.31	0.23
U_{12}公共体育设施经费投入占体育经费支出比例	0.22	0.17	0.36	0.25
U_{13}体育投入占GDP的比例	0.18	0.25	0.29	0.28
U_{21}人均公共体育场地面积	0.12	0.18	0.27	0.44
U_{22}年人均新增公共体育服务场地面积	0.08	0.25	0.28	0.39
U_{23}每万人拥有公共体育场（馆）数量	0.07	0.26	0.29	0.38
U_{24}公共体育场地设施向社会开放率	0.04	0.28	0.25	0.43
U_{31}健身站点（全民健身路径）覆盖率	0.26	0.15	0.15	0.44
U_{32}国民体质监测标准合格率	0.26	0.18	0.17	0.39
U_{33}经常参加体育活动人数占总人口的比例	0.26	0.24	0.15	0.35
U_{34}社会体育指导员的数量（个/十万人）	0.26	0.35	0.18	0.21

宝鸡城市基本公共体育服务力模糊综合评价归一化处理矩阵见表6-8。

表6-8 宝鸡城市基本公共体育服务力模糊综合评价归一化处理矩阵

二级指标	优	中	良	差
U_{11}年人均公共体育服务经费	0.27	0.35	0.19	0.19
U_{12}公共体育设施经费投入占体育经费支出比例	0.20	0.26	0.3	0.24
U_{13}体育投入占GDP的比例	0.22	0.17	0.35	0.26
U_{21}人均公共体育场地面积	0.10	0.28	0.22	0.40
U_{22}年人均新增公共体育服务场地面积	0.07	0.23	0.25	0.45
U_{23}每万人拥有公共体育场（馆）数量	0.06	0.24	0.26	0.44
U_{24}公共体育场地设施向社会开放率	0.04	0.25	0.23	0.48
U_{31}健身站点（全民健身路径）覆盖率	0.08	0.26	0.28	0.38
U_{32}国民体质监测标准合格率	0.06	0.27	0.25	0.42
U_{33}经常参加体育活动人数占总人口的比例	0.27	0.16	0.16	0.41
U_{34}社会体育指导员的数量（个/十万人）	0.25	0.33	0.17	0.25

铜川城市基本公共体育服务力模糊综合评价归一化处理矩阵见表6-9。

表6-9 铜川城市基本公共体育服务力模糊综合评价归一化处理矩阵

二级指标	优	中	良	差
U_{11}年人均公共体育服务经费	0.15	0.24	0.26	0.35
U_{12}公共体育设施经费投入占体育经费支出比例	0.18	0.25	0.23	0.34
U_{13}体育投入占GDP的比例	0.25	0.14	0.14	0.47
U_{21}人均公共体育场地面积	0.25	0.17	0.16	0.42
U_{22}年人均新增公共体育服务场地面积	0.07	0.24	0.26	0.42
U_{23}每万人拥有公共体育场（馆）数量	0.06	0.25	0.27	0.41
U_{24}公共体育场地设施向社会开放率	0.04	0.26	0.24	0.45
U_{31}健身站点（全民健身路径）覆盖率	0.26	0.15	0.15	0.44
U_{32}国民体质监测标准合格率	0.26	0.18	0.17	0.39
U_{33}经常参加体育活动人数占总人口的比例	0.26	0.24	0.15	0.35
U_{34}社会体育指导员的数量（个/十万人）	0.26	0.35	0.18	0.21

榆林城市基本公共体育服务力模糊综合评价归一化处理矩阵见表6-10。

表6-10 榆林城市基本公共体育服务力模糊综合评价归一化处理矩阵

二级指标	优	中	良	差
U_{11}年人均公共体育服务经费	0.13	0.31	0.15	0.41
U_{12}公共体育设施经费投入占体育经费支出比例	0.12	0.32	0.14	0.42
U_{13}体育投入占GDP的比例	0.11	0.38	0.14	0.37
U_{21}人均公共体育场地面积	0.08	0.26	0.20	0.46
U_{22}年人均新增公共体育服务场地面积	0.05	0.21	0.23	0.51
U_{23}每万人拥有公共体育场（馆）数量	0.04	0.22	0.24	0.50
U_{24}公共体育场地设施向社会开放率	0.02	0.23	0.21	0.54
U_{31}健身站点（全民健身路径）覆盖率	0.23	0.12	0.12	0.53
U_{32}国民体质监测标准合格率	0.23	0.15	0.14	0.48
U_{33}经常参加体育活动人数占总人口的比例	0.23	0.21	0.12	0.44
U_{34}社会体育指导员的数量（个/十万人）	0.23	0.31	0.15	0.31

安康城市基本公共体育服务力模糊综合评价归一化处理矩阵见表6-11。

表6-11 安康城市基本公共体育服务力模糊综合评价归一化处理矩阵

二级指标（15个）	优	中	良	差
U_{11}年人均公共体育服务经费	0.16	0.21	0.25	0.37
U_{12}公共体育设施经费投入占体育经费支出比例	0.18	0.13	0.30	0.39
U_{13}体育投入占GDP的比例	0.14	0.21	0.23	0.42
U_{21}人均公共体育场地面积	0.09	0.14	0.23	0.54
U_{22}年人均新增公共体育服务场地面积	0.06	0.20	0.21	0.53
U_{23}每万人拥有公共体育场（馆）数量	0.05	0.21	0.23	0.50
U_{24}公共体育场地设施向社会开放率	0.04	0.22	0.21	0.53
U_{31}健身站点（全民健身路径）覆盖率	0.19	0.25	0.29	0.27
U_{32}国民体质监测标准合格率	0.21	0.16	0.34	0.29
U_{33}经常参加体育活动人数占总人口的比例	0.17	0.24	0.27	0.32
U_{34}社会体育指导员的数量（个/十万人）	0.19	0.21	0.22	0.39

商洛城市基本公共体育服务力模糊综合评价归一化处理矩阵见表6-12。

表6-12 商洛城市基本公共体育服务力模糊综合评价归一化处理矩阵

二级指标	优	中	良	差
U_{11}年人均公共体育服务经费	0.15	0.20	0.23	0.42
U_{12}公共体育设施经费投入占体育经费支出比例	0.16	0.12	0.27	0.44
U_{13}体育投入占GDP的比例	0.13	0.19	0.21	0.47
U_{21}人均公共体育场地面积	0.08	0.13	0.21	0.58
U_{22}年人均新增公共体育服务场地面积	0.05	0.18	0.20	0.57
U_{23}每万人拥有公共体育场（馆）数量	0.05	0.20	0.21	0.54
U_{24}公共体育场地设施向社会开放率	0.03	0.21	0.19	0.57
U_{31}健身站点（全民健身路径）覆盖率	0.17	0.23	0.27	0.33
U_{32}国民体质监测标准合格率	0.19	0.14	0.32	0.35
U_{33}经常参加体育活动人数占总人口的比例	0.15	0.22	0.25	0.38
U_{34}社会体育指导员的数量（个/十万人）	0.17	0.19	0.20	0.44

6.7 构建综合评价模型及应用

根据指标各自的权重 A 和单因素模糊评价判断矩阵 R，得出综合评价模型为 B。

$$B=A\times R=(B_1, B_2, B_3, \cdots, B_n) \tag{6-4}$$

模糊综合评价结果合成是指 R 中不同的行反映了某个被评价事物从不同的单因素来看对各等级模糊子集的隶属度程度，用模糊权向量 $\boldsymbol{A}$ 将不同的行进行综合，就可以得到该评价对象从总体上看对各等级模糊子集的隶属程度，即模糊综合评价结果向量。模糊综合评价合成包含选择适当的合成算法和计算评判指标两个步骤。

选择适当的合成算法是构建综合评价模型的重要组成部分。常用算法是最大隶属原则算法、加权平均原则算法和模糊向量单值化算法。

（1）最大隶属原则算法。模糊评判集 $\boldsymbol{S}=(\boldsymbol{S}_1, \boldsymbol{S}_2, \cdots, \boldsymbol{S}_n)$ 中，$\boldsymbol{S}_i$ 为等级 v_i 对模糊评判集 $\boldsymbol{S}$ 的隶属度，按最大隶属度原则做出综合结论，即

$$M=\max(\boldsymbol{S}_1, \boldsymbol{S}_2, \cdots, \boldsymbol{S}_n) \tag{6-5}$$

M 所对应的元素为综合评价结果。该方法虽简单易行，但只考虑隶属度最大的点，没有考虑其他点，损失的信息较多。

（2）加权平均原则算法。基于将等级看作一种相对位置，使其连续化的思想，为了能定量处理，不妨用“1，2，…，n”依次表示各等级，并称其为各等级的秩。然后用 $\boldsymbol{S}$ 中对应的分量将各等级的秩加权求和，得到被评事物的相对位置。这就是加权平均原则算法，可表示为

$$u^{*}=\frac{\sum_{i=1}^{n}\mu(v_i)\cdot s_i^k}{\sum_{i=1}^{n}s_i^k} \tag{6-6}$$

式中，k 表示待定系数（$k=1$ 或 $k=2$），目的是控制较大的 s_i 所起的作用。可以证明，当 $k\to\infty$ 时，加权平均原则就是最大隶属原则。

（3）模糊向量单值化算法。给等级赋予分值，然后用 $\boldsymbol{S}$ 中对应的隶属度将分值加权求平均就可以得到一个点值，便于比较排序。

设给 n 个等级依次赋予分值 $c_1, c_2, \cdots, c_n$，一般情况下（等级由高到低或

由好到差)，$c_1 > c_2 > \cdots > c_n$ ，且间距相等，则模糊向量可单值化为

$$c = \frac{\sum_{i=1}^{n} c_i \cdot s_i^k}{\sum_{i=1}^{n} s_i^k} \tag{6-7}$$

式中，k 的含义与作用同式（6-6）中的 k 相同，多个被评事物可以依据式(6-7)由大到小排出次序。

以上 3 种方法可以依据评价目的来选用，如果需要序化，可选用后两种方法，如果只需给出某事物一个总体评价结论，则用第一种方法。

6.7.1 西安多级模糊综合评价结果

西安多级模糊综合评价结果的计算是根据各级指标各自的权重和单因素模糊评价判断矩阵，构建上一级指标模糊综合评价模型，并依次得出综合评价结果的过程。首先，根据第二级指标各自的权重和单因素模糊评价判断矩阵，构建 U_1 经费投入第一级模糊综合评价模型，并得出综合评价结果。

依据上述计算方法，可得出西安城市基本公共体育服务力一级指标模糊综合评价结果，见表 6-13。

表 6-13 西安城市基本公共体育服务力一级指标模糊综合评价结果

因素	高	较高	中	低
U_1 经费投入	0.2343	0.2758	0.3723	0.1175
U_2 场地设施	0.0941	0.2728	0.2621	0.3711
U_3 健身服务	0.2609	0.3301	0.2074	0.2016

将上述评价向量作为总目标模糊评价矩阵，构建出西安城市基本公共体育服务力模糊综合评价模型，并得出综合评价结果。

6.7.2 渭南多级模糊综合评价结果

与西安采用同样的算法，可得出渭南城市基本公共体育服务力一级指标模糊综合评价结果，见表 6-14。

表 6-14　渭南城市基本公共体育服务力一级指标模糊综合评价结果

因素	高	较高	中	低
U_1 经费投入	0.1641	0.2500	0.3375	0.2483
U_2 场地设施	0.0853	0.2473	0.2870	0.3806
U_3 健身服务	0.1891	0.2393	0.2881	0.2834

将上述评价向量作为总目标模糊评价矩阵，构建出渭南城市基本公共体育服务力模糊综合评价模型，并得出综合评价结果。

6.7.3　咸阳多级模糊综合评价结果

咸阳城市基本公共体育服务力一级指标模糊综合评价结果见表 6-15。

表 6-15　咸阳城市基本公共体育服务力一级指标模糊综合评价结果

因素	高	较高	中	低
U_1 经费投入	0.1828	0.2152	0.2905	0.3115
U_2 场地设施	0.0734	0.2128	0.2519	0.4619
U_3 健身服务	0.1628	0.2060	0.2952	0.3361

将上述评价向量作为总目标模糊评价矩阵，构建出咸阳城市基本公共体育服务力模糊综合评价模型，并得出综合评价结果。

6.7.4　汉中多级模糊综合评价结果

汉中城市基本公共体育服务力一级指标模糊综合评价结果见表 6-16。

表 6-16　汉中城市基本公共体育服务力一级指标模糊综合评价结果

因素	高	较高	中	低
U_1 经费投入	0.1919	0.1803	0.3061	0.3216

续表

因素	高	较高	中	低
U_2 场地设施	0.0752	0.2182	0.2217	0.4849
U_3 健身服务	0.2438	0.1959	0.1863	0.3740

将上述评价向量作为总目标模糊评价矩阵，构建出汉中城市基本公共体育服务力模糊综合评价模型，并得出综合评价结果。

6.7.5　延安多级模糊综合评价结果

延安城市基本公共体育服务力一级指标模糊综合评价结果见表6-17。

表6-17　延安城市基本公共体育服务力一级指标模糊综合评价结果

因素	高	较高	中	低
U_1 经费投入	0.2019	0.2376	0.3207	0.2398
U_2 场地设施	0.0810	0.2350	0.2744	0.4096
U_3 健身服务	0.2625	0.2110	0.1539	0.3726

将上述评价向量作为总目标模糊评价矩阵，构建出延安城市基本公共体育服务力模糊综合评价模型，并得出综合评价结果。

6.7.6　宝鸡多级模糊综合评价结果

宝鸡城市基本公共体育服务力一级指标模糊综合评价结果见表6-18。

表6-18　宝鸡城市基本公共体育服务力一级指标模糊综合评价结果

因素	高	较高	中	低
U_1 经费投入	0.2465	0.3074	0.2356	0.2105
U_2 场地设施	0.0718	0.2552	0.2394	0.4337
U_3 健身服务	0.1647	0.2403	0.2221	0.3729

将上述评价向量作为总目标模糊评价矩阵，构建出宝鸡城市基本公共体育服务力模糊综合评价模型，并得出综合评价结果。

6.7.7 铜川多级模糊综合评价结果

铜川城市基本公共体育服务力一级指标模糊综合评价结果见表 6-19。

表 6-19 铜川城市基本公共体育服务力一级指标模糊综合评价结果

因素	高	较高	中	低
U_1 经费投入	0.1684	0.2320	0.2394	0.3601
U_2 场地设施	0.1271	0.2238	0.2274	0.4218
U_3 健身服务	0.2625	0.2110	0.1539	0.3726

将上述评价向量作为总目标模糊评价矩阵，构建出铜川城市基本公共体育服务力模糊综合评价模型，并得出综合评价结果。

6.7.8 榆林多级模糊综合评价结果

榆林城市基本公共体育服务力一级指标模糊综合评价结果见表 6-20。

表 6-20 榆林城市基本公共体育服务力一级指标模糊综合评价结果

因素	高	较高	中	低
U_1 经费投入	0.1253	0.3200	0.1463	0.4084
U_2 场地设施	0.0518	0.2352	0.2194	0.4937
U_3 健身服务	0.2300	0.1809	0.1266	0.4625

将上述评价向量作为总目标模糊评价矩阵，构建出榆林城市基本公共体育服务力模糊综合评价模型，并得出综合评价结果。

6.7.9　商洛多级模糊综合评价结果

商洛城市基本公共体育服务力一级指标模糊综合评价结果见表6-21。

表6-21　商洛城市基本公共体育服务力一级指标模糊综合评价结果

因素	高	较高	中	低
U_1 经费投入	0.1505	0.1772	0.2392	0.4331
U_2 场地设施	0.0588	0.1724	0.2081	0.5608
U_3 健身服务	0.1676	0.2121	0.2553	0.3651

将上述评价向量作为总目标模糊评价矩阵，构建出商洛城市基本公共体育服务力模糊综合评价模型，并得出综合评价结果。

6.7.10　安康多级模糊综合评价结果

安康城市基本公共体育服务力一级指标模糊综合评价结果见表6-22。

表6-22　安康城市基本公共体育服务力一级指标模糊综合评价结果

因素	高	较高	中	低
U_1 经费投入	0.1639	0.1930	0.2605	0.3826
U_2 场地设施	0.0640	0.1878	0.2266	0.5217
U_3 健身服务	0.1825	0.2309	0.2780	0.3085

将上述评价向量作为总目标模糊评价矩阵，构建出安康城市基本公共体育服务力模糊综合评价模型，并得出综合评价结果。

6.8　计算评判指标结果

陕西城市基本公共体育服务力模糊综合评价结果见表6-23。

表 6-23　陕西城市基本公共体育服务力模糊综合评价结果

地区	高	较高	中	低
西安	0. 2113	0. 2816	0. 3157	0. 1916
宝鸡	0. 1905	0. 2733	0. 2380	0. 2982
延安	0. 1896	0. 2278	0. 2767	0. 3060
铜川	0. 1815	0. 2226	0. 2250	0. 3709
汉中	0. 1784	0. 1906	0. 2633	0. 3678
渭南	0. 1567	0. 2093	0. 2844	0. 3497
咸阳	0. 1580	0. 2071	0. 2831	0. 3518
榆林	0. 1351	0. 2624	0. 1668	0. 4358
安康	0. 1475	0. 1964	0. 2562	0. 4000
商洛	0. 1354	0. 1803	0. 2353	0. 4491

6. 9　模糊综合评价结果向量分析

为了对陕西城市基本公共体育服务力的综合情况进行比较，采用最大隶属原则算法进行评价，并对其进行排序。对陕西 10 个城市基本公共体育服务力的综合情况进行比较，采用模糊向量单值化算法，给等级赋予分值，设给评语集 V =（高，较高，中，低）4 个等级依次赋予分值 S=（100，75，50，25），然后用 S 中对应的隶属度将分值加权求平均，得出不同地区模糊综合评价得分。

$$U_{\text{西安}} = \frac{\sum_{i=1}^{n} c_i \cdot s_i}{\sum_{i=1}^{n} s_i} = \frac{100 \times 0.2113 + 75 \times 0.2816 + 50 \times 0.3157 + 25 \times 0.1916}{0.2113 + 0.2816 + 0.3157 + 0.1916} = 62.814$$

同理，可分别得出其他城市模糊综合评价得分，并依此进行排序，见表 6-24。

表 6-24　陕西城市基本公共体育服务力模糊向量单值化结果及排序

地区	得分	排序
西安	62. 814	1
宝鸡	58. 902	2

续表

地区	得分	排序
延安	57.524	3
铜川	55.366	4
汉中	54.489	5
渭南	54.323	6
咸阳	54.285	7
榆林	52.418	8
安康	52.281	9
商洛	50.050	10

由上述的评价结果，可排出各城市基本公共体育服务力综合评价结果由高到低依次为：西安、宝鸡、延安、铜川、汉中、渭南、咸阳、榆林、安康和商洛。

CHAPTER7

第7章

基于熵权TOPSIS分析法的综合评价及实证研究

熵权法是一种客观赋值法，TOPSIS 法是一种多目标决策分析方法。熵权 TOPSIS 法是先用熵权法根据已知评价指标的数值来确定指标的权重，再利用 TOPSIS 法对各评价对象进行评价。本书对陕西的 10 个地市的指标数据，依据城市公共体育服务力评价指标体系，采用熵权 TOPSIS 法进行综合评价。

7.1 建立原始数据矩阵

设有 m 个评价对象、n 个评价指标，第 i 个评价对象第 j 个指标值为 y_{ij}，可以得到原始数据矩阵为 $\boldsymbol{Y}=(y_{ij})_{m\times n}$。对于给定的 j，y_{ij} 差异越大，则不同评估对象间指标值的相对差距越大，指标对评估对象的比较作用也越大，携带和传递的信息就越多。

$$\boldsymbol{Y}=\begin{matrix} A_1 \\ A_2 \\ \vdots \\ A_m \end{matrix}\begin{bmatrix} y_{11} & y_{12} & \cdots & y_{1n} \\ y_{21} & y_{22} & \cdots & y_{2n} \\ \vdots & \vdots & \vdots & \vdots \\ y_{m1} & y_{m2} & \cdots & y_{mn} \end{bmatrix} \tag{7-1}$$

式中，A_i 表示第 i 个评价对象；y_{ij}表示第 i 个评价对象第 j 个指标的数值。

考虑到指标的可获得性和客观性，评价指标包括经费投入、场地设施、健身服务 3 个一级指标和 10 个二级指标，作为城市公共体育服务力评价的实证指标体系，见表 7-1 和表 7-2。

表 7-1　城市公共体育服务力评价指标（实证指标体系）

一级指标	二级指标（实证指标）
C1 经费投入	C11 年人均群众体育投入经费
	C12 公共体育设施经费投入占体育经费支出比例
	C13 体育投入占 GDP 的比例
C2 场地设施	C21 人均体育场馆面积
	C22 每万人拥有公共体育场（馆）数量
	C23 公共体育场地设施向社会开放程度
C3 健身服务	C31 健身站点（全民健身路径）覆盖率
	C32 国民体质监测标准合格率
	C33 经常参加体育活动人数占总人口的比例
	C34 社会体育指导员的累计数量

表 7-2　各指标数据

地区	C11	C12	C13	C21	C22	C23	C31	C32	C33	C34
西安	1.77	15.82%	1.63	1.48	16.27	81.15%	98.22%	91.68%	43.00%	22.24
铜川	0.24	41.26%	6.89	0.88	21.58	73.58%	83.24%	83.54%	43.08%	20.02
宝鸡	1.79	17.68%	3.29	1.27	14.81	76.33%	86.85%	90.08%	38.41%	8.75
咸阳	0.89	25.44%	2.14	1.00	8.49	74.25%	72.54%	85.21%	35.60%	14.35
渭南	1.52	41.02%	5.06	0.74	5.78	78.31%	77.28%	89.14%	40.05%	4.55
延安	1.49	35.33%	3.11	1.09	16.30	68.75%	81.85%	86.89%	35.51%	14.48
汉中	0.86	41.28%	7.43	1.51	11.68	78.44%	84.12%	92.75%	38.00%	7.30
榆林	0.61	29.53%	2.47	1.41	11.60	67.28%	71.55%	85.21%	40.50%	13.97
安康	0.49	39.79%	4.59	0.79	8.86	73.54%	79.28%	89.11%	36.11%	9.29
商洛	0.38	47.25%	6.08	0.74	8.90	76.12%	78.67%	91.02%	37.28%	8.79

若评价指标为低优指标（即该指标值越低，表示越好），常用倒数法（$y'_{ij}=\frac{1}{y_{ij}}$）转化，使所有指标的变化方向一致。本例均为高优指标。

归一化处理公式为

$$Z'_{ij} = \frac{y_{ij}}{\sum_{i=1}^{m} y_{ij}} \tag{7-2}$$

Z' 矩阵为

$$Z' = \begin{vmatrix} 0.1762 & 0.0473 & 0.0382 & 0.1356 & 0.1309 & 0.1085 & 0.1207 & 0.1036 & 0.1110 & 0.1797 \\ 0.0239 & 0.1234 & 0.1614 & 0.0809 & 0.1737 & 0.0984 & 0.1023 & 0.0944 & 0.1112 & 0.1618 \\ 0.1787 & 0.0529 & 0.0770 & 0.1164 & 0.1192 & 0.1021 & 0.1067 & 0.1018 & 0.0991 & 0.0707 \\ 0.0884 & 0.0761 & 0.0502 & 0.0912 & 0.0683 & 0.0993 & 0.0892 & 0.0963 & 0.0919 & 0.1160 \\ 0.1511 & 0.1227 & 0.1185 & 0.0682 & 0.0465 & 0.1047 & 0.0950 & 0.1008 & 0.1033 & 0.0368 \\ 0.1484 & 0.1057 & 0.0728 & 0.0999 & 0.1312 & 0.0919 & 0.1006 & 0.0982 & 0.0916 & 0.1170 \\ 0.0852 & 0.1234 & 0.1740 & 0.1382 & 0.0940 & 0.1049 & 0.1034 & 0.1048 & 0.0981 & 0.0590 \\ 0.0606 & 0.0883 & 0.0579 & 0.1294 & 0.0933 & 0.0900 & 0.0879 & 0.0963 & 0.1045 & 0.1129 \\ 0.0492 & 0.1190 & 0.1075 & 0.0720 & 0.0713 & 0.0983 & 0.0974 & 0.1007 & 0.0932 & 0.0751 \\ 0.0383 & 0.1413 & 0.1424 & 0.0682 & 0.0717 & 0.1018 & 0.0967 & 0.1029 & 0.0962 & 0.0711 \end{vmatrix}$$

7.2 用熵权法确定指标权重

按照熵的思想，在决策中获得信息的多少和质量是决策的精度和可靠性大小的决定因素之一。计算出的熵权可以作为指标权重，熵权越大，权重越大，对应的指标就越重要。

第 j 项指标的熵为

$$H_j = -\sum_{i=1}^{m} Z'_{ij} \ln Z'_{ij} \tag{7-3}$$

计算指标差异度：

$$K_j = 1 - \frac{H_j}{\ln m} \tag{7-4}$$

计算熵权：

$$W_j = \frac{k_j}{\sum_{j=1}^{m} k_j} \tag{7-5}$$

则

H_j	2.1389	2.2511	2.1969	2.2671	2.2369	2.3011	2.2987	2.3020	2.3002	2.2084
K_j	0.0711	0.0223	0.0459	0.0154	0.0285	0.0007	0.0017	0.0002	0.0010	0.0409
W_j	0.3121	0.0981	0.2015	0.0677	0.1253	0.0029	0.0074	0.0011	0.0045	0.1796

7.3 建立归一化矩阵

归一化矩阵为

$$Z_{ij} = \frac{y_{ij}}{\sqrt{\sum_{i=1}^{m}(y_{ij})^2}} \text{（原始数据是高优指标）} \tag{7-6}$$

$$Z_{ij} = \frac{y'_{ij}}{\sqrt{\sum_{i=1}^{m}(y'_{ij})^2}} \text{（原始数据是低优指标）} \tag{7-7}$$

$$Z = \begin{bmatrix} z_{11} & z_{12} & \cdots & z_{1n} \\ z_{21} & z_{22} & \cdots & z_{2n} \\ \vdots & \vdots & \vdots & \vdots \\ z_{m1} & z_{m2} & \cdots & z_{mn} \end{bmatrix} \tag{7-8}$$

Z 值表见表 7-3。

表 7-3 Z 值表

地区	C11	C12	C13	C21	C22	C23	C31	C32	C33	C34
西安	0.4869	0.1430	0.1099	0.4145	0.3890	0.3427	0.3802	0.3275	0.3500	0.5211
铜川	0.0660	0.3730	0.4643	0.2472	0.5159	0.3107	0.3223	0.2985	0.3507	0.4693
宝鸡	0.4936	0.1598	0.2217	0.3556	0.3540	0.3223	0.3362	0.3218	0.3127	0.2050
咸阳	0.2442	0.2300	0.1445	0.2787	0.2029	0.3135	0.2808	0.3044	0.2898	0.3363
渭南	0.4174	0.3708	0.3411	0.2083	0.1382	0.3307	0.2992	0.3185	0.3260	0.1068
延安	0.4100	0.3194	0.2096	0.3052	0.3897	0.2903	0.3169	0.3104	0.2891	0.3395
汉中	0.2353	0.3732	0.5006	0.4223	0.2792	0.3312	0.3257	0.3314	0.3093	0.1710

续表

地区	C11	C12	C13	C21	C22	C23	C31	C32	C33	C34
榆林	0. 1673	0. 2670	0. 1666	0. 3952	0. 2773	0. 2841	0. 2770	0. 3044	0. 3297	0. 3275
安康	0. 1360	0. 3597	0. 3093	0. 2201	0. 2117	0. 3105	0. 3069	0. 3184	0. 2940	0. 2177
商洛	0. 1059	0. 4272	0. 4098	0. 2084	0. 2129	0. 3214	0. 3046	0. 3252	0. 3035	0. 2061

7.4 计算加权矩阵

加权矩阵为

$$X= (x_{ij})_{m\times n}= [w_j\times z_{ij}] \tag{7-9}$$

$$X=\begin{bmatrix} x_{11} & x_{12} & \cdots & x_{1n} \\ x_{21} & x_{22} & \cdots & x_{2n} \\ \vdots & \vdots & \vdots & \vdots \\ x_{m1} & x_{m2} & \cdots & x_{mn} \end{bmatrix} \tag{7-10}$$

加权矩阵 X 值表见表 7-4。

表 7-4 *X* 值表

地区	C11	C12	C13	C21	C22	C23	C31	C32	C33	C34
西安	0. 1519	0. 0140	0. 0221	0. 0281	0. 0487	0. 0010	0. 0028	0. 0003	0. 0016	0. 0936
铜川	0. 0206	0. 0366	0. 0936	0. 0167	0. 0646	0. 0009	0. 0024	0. 0003	0. 0016	0. 0843
宝鸡	0. 1540	0. 0157	0. 0447	0. 0241	0. 0443	0. 0009	0. 0025	0. 0003	0. 0014	0. 0368
咸阳	0. 0762	0. 0226	0. 0291	0. 0189	0. 0254	0. 0009	0. 0021	0. 0003	0. 0013	0. 0604
渭南	0. 1303	0. 0364	0. 0687	0. 0141	0. 0173	0. 0009	0. 0022	0. 0003	0. 0015	0. 0192
延安	0. 1279	0. 0313	0. 0422	0. 0207	0. 0488	0. 0008	0. 0024	0. 0003	0. 0013	0. 0610
汉中	0. 0734	0. 0366	0. 1009	0. 0286	0. 0350	0. 0009	0. 0024	0. 0004	0. 0014	0. 0307
榆林	0. 0522	0. 0262	0. 0336	0. 0268	0. 0347	0. 0008	0. 0021	0. 0003	0. 0015	0. 0588
安康	0. 0424	0. 0353	0. 0623	0. 0149	0. 0265	0. 0009	0. 0023	0. 0003	0. 0013	0. 0391
商洛	0. 0331	0. 0419	0. 0826	0. 0141	0. 0267	0. 0009	0. 0023	0. 0003	0. 0014	0. 0370

7.5 确定正理想解 x^+ 和负理想解 x^-

正理想解和负理想解为

$$x_j^+ = \max(x_{1j}, x_{2j}, \cdots, x_{mj}) \quad (j=1, 2, \cdots, n) \tag{7-11}$$

$$x_j^- = \min(x_{1j}, x_{2j}, \cdots, x_{mj}) \quad (j=1, 2, \cdots, n) \tag{7-12}$$

7.6 计算各评价对象指标值与正理想解 x^+ 和负理想解 x^- 的距离

计算公式为

$$D_i^+ = \sqrt{\sum_{j=1}^{n}(x_{ij} - x_j^+)^2} \quad (i = 1, 2, \cdots, m) \tag{7-13}$$

$$D_i^- = \sqrt{\sum_{j=1}^{n}(x_{ij} - x_j^-)^2} \quad (i = 1, 2, \cdots, m) \tag{7-14}$$

7.7 计算各评价对象的综合评价指数

计算各评价对象的综合评价指数，并按综合评价指标由大到小排列方案的优劣次序。计算公式为

$$C_i = \frac{D_i^-}{D_i^+ + D_i^-} \quad (i=1, 2, \cdots, m) \tag{7-15}$$

C_i 的取值范围为［0，1］，C_i 值越接近 1，表明评价对象越接近正理想解；C_i 值越接近 0，表明评价对象越接近负理想解。

熵权 TOPSIS 综合评价结果见表 7-5。

表 7-5 熵权 TOPSIS 综合评价结果

地区	D^+	D^-	C	排序
西安	0.0456	0.1275	0.7366	1
铜川	0.0856	0.0674	0.4403	5
宝鸡	0.0456	0.1268	0.7353	2
咸阳	0.0925	0.0483	0.3430	7

续表

地区	D^+	D^-	C	排序
渭南	0.0514	0.1055	0.6724	4
延安	0.0389	0.1042	0.7281	3
汉中	0.0881	0.0598	0.4042	6
榆林	0.1114	0.0340	0.2340	9
安康	0.1210	0.0340	0.2196	10
商洛	0.1297	0.0428	0.2481	8

由此得出，陕西各地市公共体育服务力的评价结果由高到低依次为：西安、宝鸡、延安、渭南、铜川、汉中、咸阳、商洛、榆林和安康。

第2部分　子课题报告

CHAPTER8

第8章

4个直辖市基本公共体育服务力发展现状

城市基本公共体育服务是社会主义精神文明建设的重要组成部分，是社会主义现代化建设的重要方面，也是全面建设小康社会的重要内容。繁荣和发展城市基本公共体育服务，对于满足人民日益增长的体育需求，增强人民体质，提高人民生活质量，增强国家综合国力，具有不可替代的作用。城市基本公共体育服务体系是体育事业的重要组成部分，城市基本公共体育服务力是衡量城市基本公共体育发展规模和发展水平的基本标志。

8.1　经费投入

经费投入是反映基本公共体育服务力的核心内容，经费投入的多少直接影响基本公共体育服务的供给数量和供给质量。2016 年 4 个直辖市中，北京在体育领域的投入为 227609. 84 万元，居 4 个直辖市的首位；其次是上海在体育领域的投入，为 176144. 91 万元；再次是天津在体育领域的投入，为 92970. 92 万元；重庆在体育领域投入的经费最少，仅为 69547. 48 万元，见表 8-1。

表 8-1　2016 年体育投入　　（万元）

年份	项目	北京	天津	上海	重庆
2016 年	体育总投入 其中：	227609. 84	92970. 92	176144. 91	69547. 48
	体育竞赛	3635. 36	613. 22	7317. 02	12382. 29
	体育场馆	24376. 17	28945. 18	52270. 5	18557. 77
	群众体育	25682. 59	5186. 72	26719. 22	8180. 20

续表

年份	项目	北京	天津	上海	重庆
2015 年	体育总投入 其中:	223752. 37	78896. 57	108511. 99	64361. 55
	体育竞赛	15643. 63	769. 423	7453. 36	4648. 59
	体育场馆	23163. 96	20547. 17	30536. 53	17121. 52
	群众体育	23347. 15	4220. 23	14091. 95	5929. 48

从 2016 年较 2015 年变化来看，4 个直辖市的经费投入都有所增长，其中上海经费投入增加值最高，达到 67632. 92 万元；北京经费投入增加值最低，仅为 3857. 47 万元，见表 8-2。

表 8-2　2016 年较 2015 年变化情况

类别	项目	北京	天津	上海	重庆
增加值（万元）	体育总投入	3857. 47	14074. 35	67632. 92	5185. 93
	其中：体育竞赛	-12008. 27	-156. 203	-136. 34	7733. 7
	体育场馆	1212. 21	8398. 01	21733. 97	1436. 25
	群众体育	2335. 44	966. 49	12627. 27	2250. 72
增长率（%）	体育总投入	1. 72	17. 84	62. 33	8. 06
	其中：体育竞赛	-76. 76	-20. 30	-1. 83	166. 37
	体育场馆	5. 23	40. 87	71. 17	8. 39
	群众体育	10. 00	22. 90	89. 61	37. 96

从体育投入的结构来看，北京经费投入的重点是体育场馆和群众体育，天津、上海和重庆经费投入的重点都是体育场馆。

2016 年，体育竞赛、体育场馆、群众体育 3 个项目占体育投入的比例见表 8-3。

表 8-3　2016 年各项目占体育投入的比例（%）

项目	北京	天津	上海	重庆
体育竞赛	1. 60	0. 66	4. 15	17. 80
体育场馆	10. 71	31. 13	29. 67	26. 68

续表

项目	北京	天津	上海	重庆
群众体育	11.28	5.58	15.17	11.76

从全民健身路径工程投入情况（表8-4）看，2016年，北京为6152.5万元，居第一位，较2015年增加1953.03万元，增长46.51%。2016年，天津为4046.58万元，居第二位，较2015年增加2386.31万元，增长143.73%。2016年，上海为3819.00万元，居第三位，较2015年增加1162.76万元，增长43.77%。2016年，重庆为3045.99万元，居第四位，较2015年增加66.84万元，增长2.24%。综上所述，在4个直辖市全民健身路径工程投入方面，北京投入的总额最高，天津年增加值和年增长率最高，而重庆在总值、增加值与年增长率方面都明显低于其他3个直辖市。

表8-4　全民健身路径工程投入情况（万元）

地区	2015年	2016年	增加值	增长率（%）
北京	4199.47	6152.5	1953.03	46.51
天津	1660.27	4046.58	2386.31	143.73
上海	2656.24	3819.00	1162.76	43.77
重庆	2979.15	3045.99	66.84	2.24

为了进一步考察经费投入的均衡性特征，本书选取了年人均群众体育投入经费、体育场馆经费投入占体育经费支出比例、体育投入占GDP的比例和年人均全民健身路径工程投资额4个指标进行考察。在年人均群众体育投入经费中，北京为18.97元，居第一位；上海以18.48元居第二位；天津和重庆相对较低，分别为5.01元和2.42元。在体育场馆经费投入占体育经费支出比例中，天津为31.13%，居第一位；上海为29.67%，居第二位；重庆为26.68%，居第三位。在体育投入占GDP的比例中，北京为8.87‰，居第一位；上海为6.25‰，居第二位；天津为5.20‰，居第三位。在年人均全民健身路径工程投资额中，北京为4.54元/人，居第一位；天津为3.91元/人，居第二位；上海为2.64元/人，居第三位，见表8-5。

表 8-5　2016 年经费投入均衡性分析

指标	北京	天津	上海	重庆
年人均群众体育投入经费（元）	18.97	5.01	18.48	2.42
体育场馆经费投入占体育经费支出比例（%）	10.71	31.13	29.67	26.68
体育投入占 GDP 的比例（万分比）	8.87	5.20	6.25	3.92
年人均全民健身路径工程投资额（元/人）	4.54	3.91	2.64	0.90

图 8-1～图 8-7 是各直辖市体育投入相关统计图。

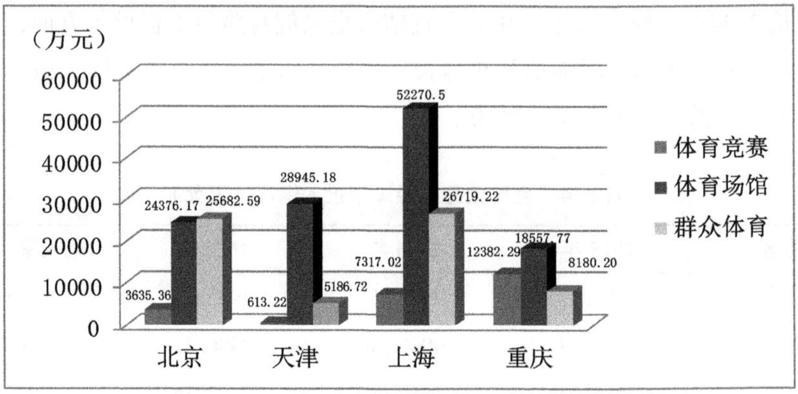

图 8-1　2016 年直辖市体育投入的无量纲化水平

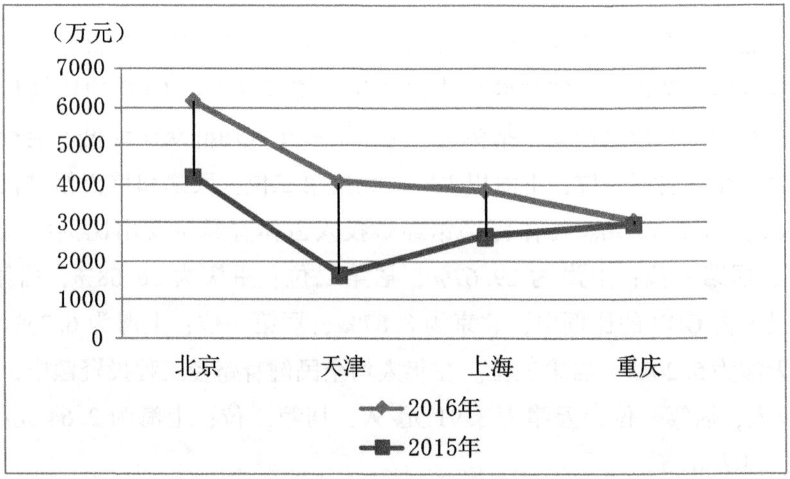

图 8-2　各直辖市全民健身路径工程投入原始数据比较

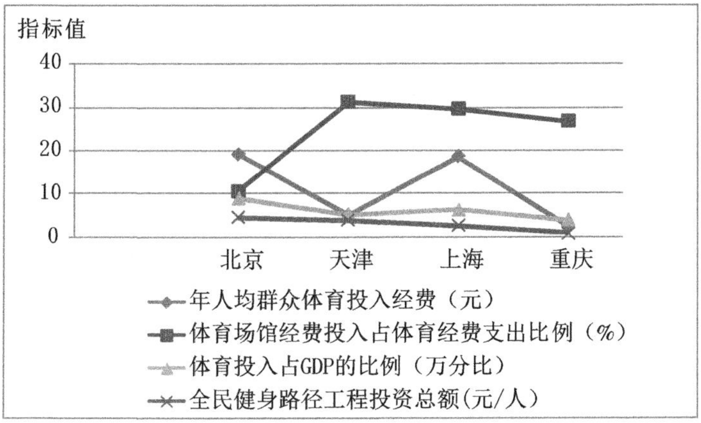

图 8-3　2016 年各直辖市经费投入的无量纲化水平

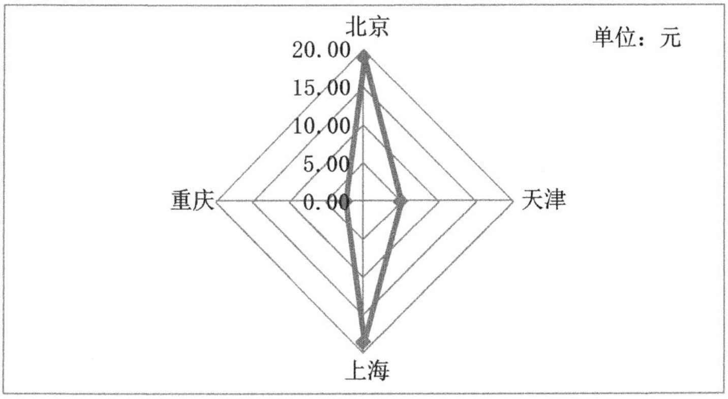

图 8-4　年人均群众体育投入经费

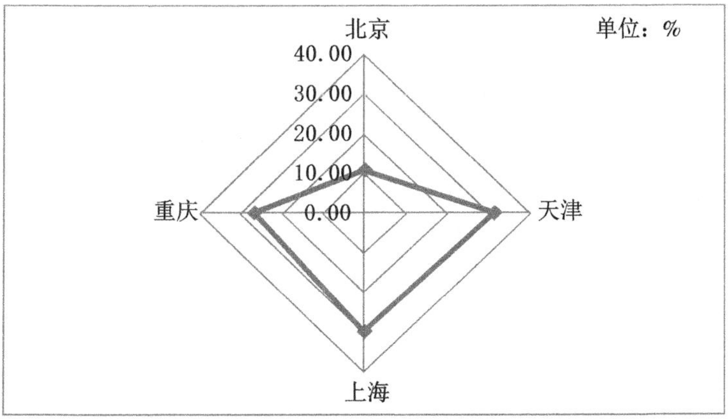

图 8-5　体育场馆经费投入占体育经费支出比例

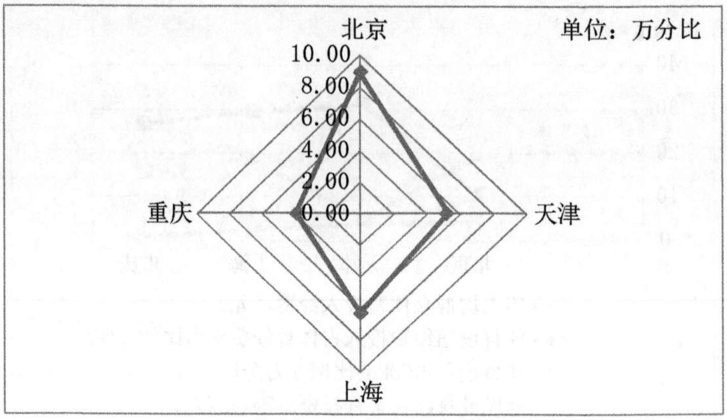

图 8-6 体育投入占 GDP 的比例

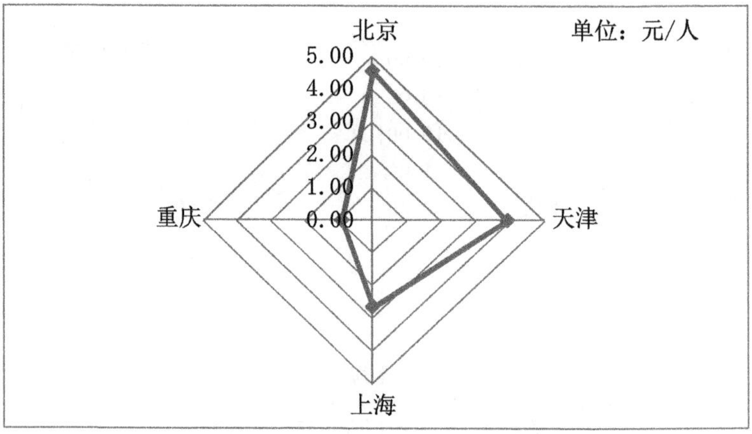

图 8-7 全民健身路径工程投资总额

8.2 场地设施

表 8-6 全民健身场地面积情况显示，2016 年北京为 390967.57m²，居第一位；重庆为 363844.56m²，居第二位；天津为 197240.2m²，居第三位；上海为 184433m²，居第四位。

表 8-6 2016 年全民健身场地面积情况

指标	北京	天津	上海	重庆
全民健身场地面积（m^2）	390967.57	197240.2	184433	363844.56
人均（m^2/万人）	288.75	190.39	127.55	107.58

注：全民健身场地面积=路径工程+活动中心+户外场地。

表 8-7 全民健身路径工程显示，2016 年北京为 1190 个，居第二位；天津为 791 个，居第三位；上海为 755 个，居第四位；重庆市为 1250 个，居第一位。

表 8-7 全民健身路径工程情况

项目	北京	天津	上海	重庆
数量（个）	1190	791	755	1250
器材件数（件）	14524	12690	5755	9176
场地面积（m^2）	341368	195295	76555	231411.06

表 8-8 中，2016 年人均体育场馆面积显示，2016 年北京为 2.25m^2/人，居第一位；天津为 2.15m^2/人，居第二位；上海为 1.83m^2/人，居第三位；重庆为 1.7m^2/人，居第四位。2016 年人均全民健身场地面积显示，北京为 288.75m^2/万人，居第一位；天津为 190.39m^2/万人，居第二位；上海为 127.55m^2/万人，居第三位；重庆为 107.58m^2/万人，居第四位。

表 8-8 2016 年人均场地设施情况

指标	北京	天津	上海	重庆
人均体育场馆面积（m^2/人）	2.25	2.15	1.83	1.7
人均全民健身场地面积（m^2/万人）	288.75	190.39	127.55	107.58
全民健身路径工程数量（个/十万人）	8.79	7.64	5.22	3.70

图 8-8～图 8-11 是各直辖市体育场地设施相关统计图。

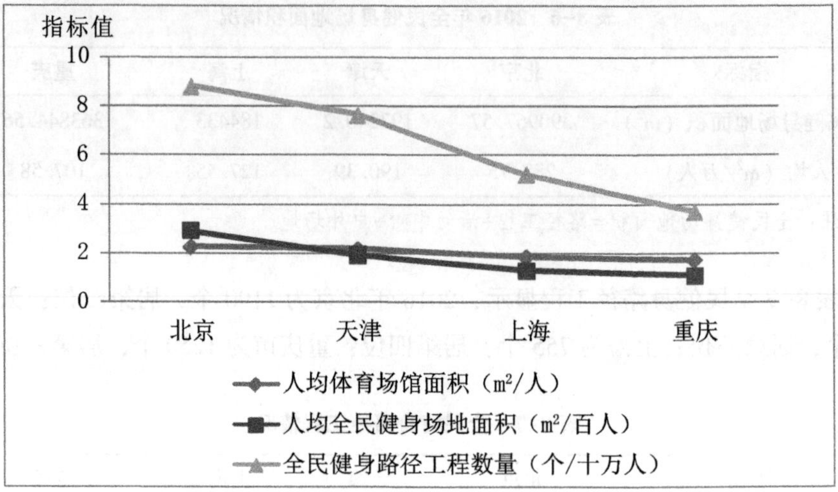

图 8-8 2016 年各直辖市场地设施的无量纲化水平

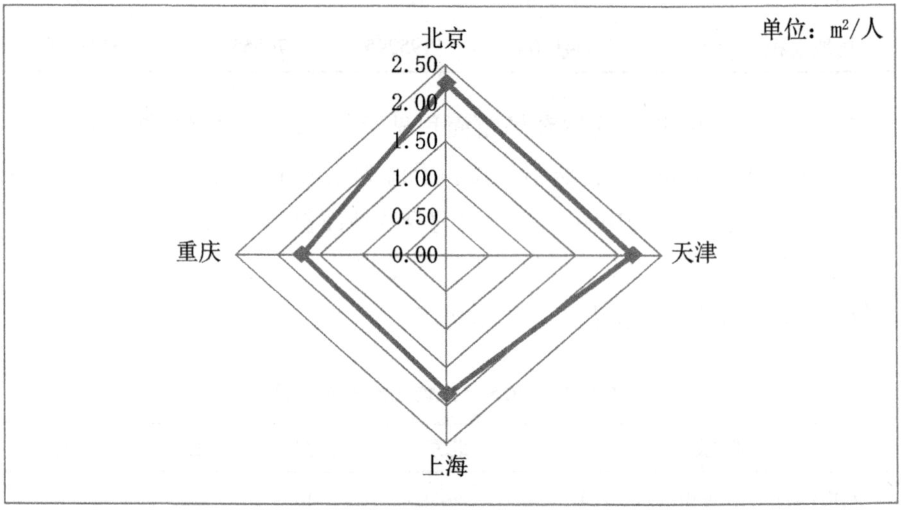

图 8-9 人均体育场馆面积

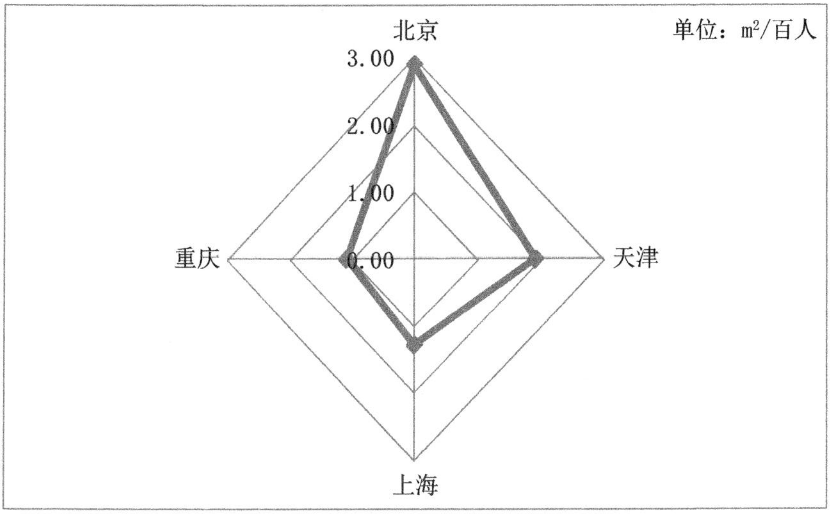

图 8-10　人均全民健身场地面积

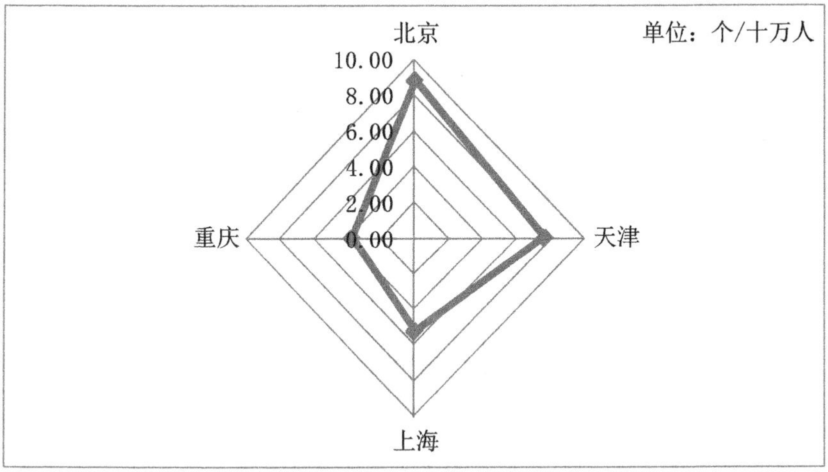

图 8-11　全民健身路径工程数量

8.3　健身服务

2016 年分技术等级社会体育指导员累计发展人数（表 8-9）显示，北京为 54285 人，居第一位；上海为 52454 人，居第二位；重庆为 50951 人，居第三位；天津为 20891 人，居第四位。

表 8-9　2016 年分技术等级社会体育指导员累计发展人数

地区	国家级	一级	二级	三级	合计
北京	1078	6792	19623	26792	54258
天津	—	5540	6481	8870	20891
上海	353	1075	9217	41809	52454
重庆	298	5392	15832	29429	50951

2016 年国民体质监测合格率显示，上海为 95.8%，居第一位；天津为 93.0%，居第二位；重庆为 92.7%，居第三位；北京为 89.2%，居第四位，见表 8-10。

表 8-10　2016 年健身服务评价指标数据

指标	北京	天津	上海	重庆
国民体质监测标准合格率（%）	89.2	93.0	95.8	92.7
经常参加体育活动人数占总人口的比例（%）	49.8	42.0	42.2	44.0
社会体育指导员的累计数量（个/十万人）	40.07	20.17	36.28	15.07

图 8-12～图 8-15 是各直辖市健身服务相关统计图。

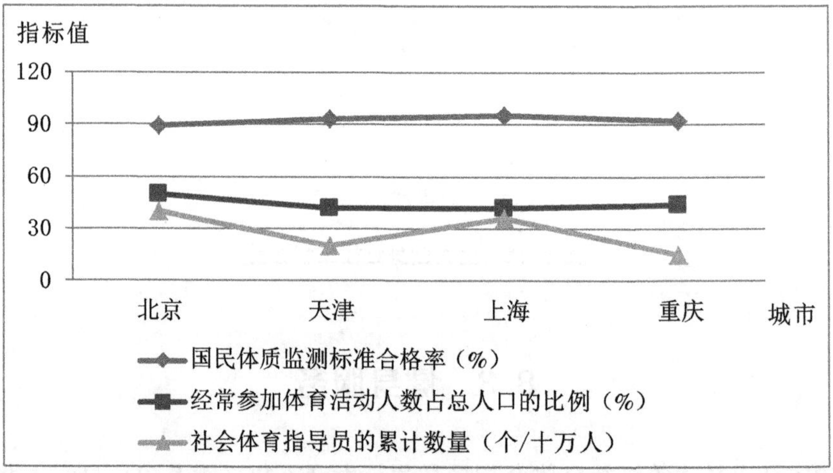

图 8-12　2016 年各直辖市健身服务的无量纲化水平

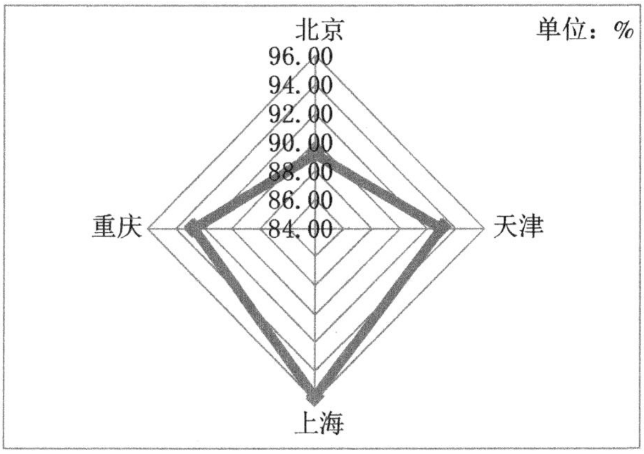

图 8-13　国民体质监测标准合格率

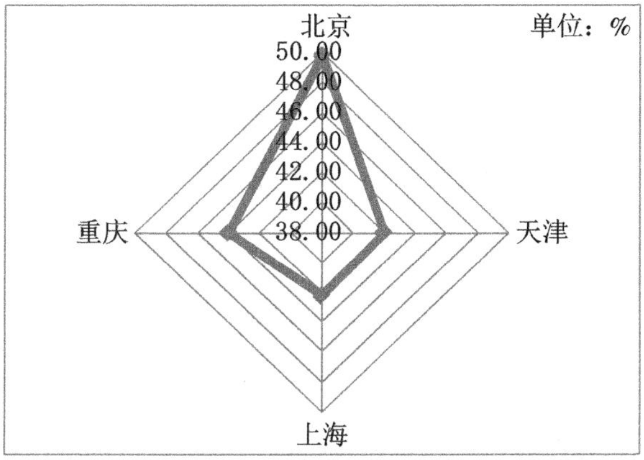

图 8-14　经常参加体育活动人数占总人口的比例

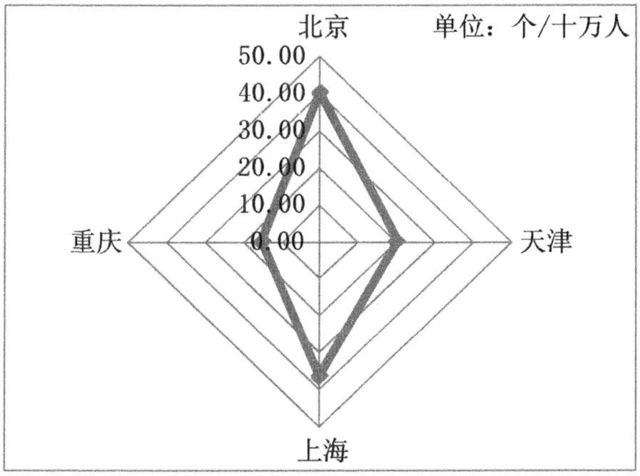

图 8-15　社会体育指导员的累计数量

CHAPTER9

第9章

4个直辖市基本公共体育服务力综合评价

建立城市基本公共体育服务力综合评价体系，分别从公共体育服务评价指标、权重确立、评价方法、评价数据获取等方面进行深入的研究，比较各种综合方法对公共体育服务综合评价的适应程度及其效果，建立恰当地反映评价指标权重的模型，从而最大限度地提高评价指标权重的科学性。熵权 TOPSIS 法是一种基于多目标决策分析的客观赋值方法，本书先用熵权法对 4 个直辖市基本公共体育服务力综合评价指标的数值确定指标的权重，再利用 TOPSIS 法对 4 个直辖市进行综合评价。

9.1 基本原理

TOPSIS 法的基本思路是定义决策问题的理想解和负理想解，然后在可行方案中找到一个方案，使其距理想解的距离最近，而距负理想解的距离最远。理想解一般是设想最好的方案，它所对应的各个属性至少达到各个方案中的最好值；负理想解是假定最坏的方案，其对应的各个属性至少不优于各个方案中的最劣值。方案排队的决策规则，是把实际可行解和正理想解与负理想解做比较，通过计算某一方案与最好方案和最劣方案间的加权欧氏距离，得出该方案与最好方案的接近程度，以此作为评价各方案优劣的依据。若某个可行解最靠近理想解，同时又最远离负理想解，则此解是方案集的满意解。

9.2 指标选择

正是基于城市基本公共体育服务力状况所固有的特征，本书选择基于熵权的

TOPSIS 综合评判法来定量地评价城市基本公共体育服务力。城市基本公共体育服务力状况最终表现在城市经费投入、场地设施、健身服务和满意程度 4 个方面。具体指标体系见表 9-1。

表 9-1 城市基本公共体育服务力综合评价指标体系

一级指标	二级指标	单位
C1 经费投入	C11 年人均群众体育投入经费	元
	C12 体育场馆经费投入占体育经费支出比例	%
	C13 体育投入占 GDP 的比重	%
	C14 全民健身路径工程投资总额	元/人
C2 场地设施	C21 人均体育场馆面积	m^2/人
	C22 人均全民健身场地面积	m^2/万人
	C23 全民健身路径工程数量	个/十万人
C3 健身服务	C31 国民体质监测标准合格率	%
	C32 经常参加体育活动人数占总人口的比例	%
	C33 社会体育指导员的累计数量	个/十万人
C4 满意程度	总体满意度	%

9.3 数据来源

相关数据来源于《体育事业统计年鉴（2016 年数据）》《中国城市统计年鉴—2017》《中国城市基本公共服务力评价（2017）》。

9.4 综合评价步骤及结果

9.4.1 无量纲化处理

9.4.1.1 建立原始数据矩阵

设有 m 个评价对象、n 个评价指标，第 i 个评价对象第 j 个指标值为 y_{ij}，可以得到原始数据矩阵为：$\boldsymbol{Y}=(y_{ij})_{m\times n}$。对于给定的 j，y_{ij} 差异越大，则不同评估对象间指标值的相对差距越大，指标对评估对象的比较作用也越大，携带和传递的信息就越多。

$$\boldsymbol{Y}=\begin{matrix} A_1 \\ A_2 \\ \vdots \\ A_m \end{matrix}\begin{bmatrix} y_{11} & y_{12} & \cdots & y_{1n} \\ y_{21} & y_{22} & \cdots & y_{2n} \\ \vdots & \vdots & \vdots & \vdots \\ y_{m1} & y_{m2} & \cdots & y_{mn} \end{bmatrix} \tag{9-1}$$

式中，A_{ij} 表示第 i 个评价对象；y_{ij} 表示第 i 个评价对象第 j 个指标的数值。

4 个直辖市的原始数据见表 9-2。

表 9-2　4 个直辖市的原始数据

地区	C11	C12	C13	C14	C21	C22	C23	C31	C32	C33	C4
北京	18.97	10.71	8.87	4.54	2.25	288.75	8.79	89.2	49.8	40.07	59.64
天津	5.01	31.13	5.20	3.91	2.15	190.39	7.64	93.00	42.00	20.17	59.94
上海	18.48	29.67	6.25	2.64	1.83	127.55	5.22	95.80	42.20	36.28	71.30
重庆	2.42	26.68	3.92	0.90	1.70	107.58	3.70	92.70	44.00	15.07	61.84

原始数据矩阵为

$$\boldsymbol{Y}=\begin{bmatrix} 18.97 & 10.71 & 8.87 & 4.54 & 2.25 & 288.75 & 8.79 & 89.20 & 49.80 & 40.07 & 59.64 \\ 5.01 & 31.13 & 5.20 & 3.91 & 2.15 & 190.39 & 7.64 & 93.00 & 42.00 & 20.17 & 59.94 \\ 18.48 & 29.67 & 6.25 & 2.64 & 1.83 & 127.55 & 5.22 & 95.80 & 42.20 & 36.28 & 71.30 \\ 2.42 & 26.68 & 3.92 & 0.90 & 1.70 & 107.58 & 3.70 & 92.70 & 44.00 & 15.07 & 61.84 \end{bmatrix}$$

9.4.1.2　指标同趋势化

在综合评价过程中，有些评价指标是高优指标（该指标值越高表示越好），有些评价指标是低优指标（该指标值越低表示越好）。在进行评价时，要求所有指标的变化方向一致，即同趋势化，也就是将所有指标都转化为高优指标或低优指标。常见的转化方法有倒数法、差值法。

倒数法的计算公式为

$$y_{ij}^{'}=\frac{1}{y_{ij}} \tag{9-2}$$

差值法的计算公式为

$$y_{ij}^{'}=\frac{y_{ij}-y_{ij}^{\min}}{y_j^{\max}-y_j^{\min}}\quad (j=1,\ 2,\ \cdots,\ m) \tag{9-3}$$

采用差值法计算的矩阵为

$$\boldsymbol{Y}^{'}=\begin{bmatrix} 0.9981 & 0.0100 & 0.9934 & 0.9852 & 0.9286 & 0.9986 & 0.9978 & 0.0286 & 0.9765 & 0.9989 & 0.0512 \\ 0.1570 & 0.9826 & 0.2596 & 0.8174 & 0.7857 & 0.4582 & 0.7760 & 0.5714 & 0.0588 & 0.2058 & 0.0752 \\ 0.9686 & 0.9131 & 0.4702 & 0.4845 & 0.3286 & 0.1129 & 0.3118 & 0.9714 & 0.0824 & 0.8476 & 0.9840 \\ 0.0011 & 0.7706 & 0.0040 & 0.0265 & 0.1429 & 0.0032 & 0.0185 & 0.5286 & 0.2941 & 0.0026 & 0.2272 \end{bmatrix}$$

9.4.1.3　归一化处理

$$\boldsymbol{Z}_{ij}^{'}=\frac{y_{ij}}{\sum_{i=1}^{m} y_{ij}} \tag{9-4}$$

$\boldsymbol{Z}^{'}$ 矩阵为

$$\boldsymbol{Z}^{'}=\begin{bmatrix} 0.4697 & 0.0037 & 0.5751 & 0.4259 & 0.4248 & 0.6349 & 0.4742 & 0.0136 & 0.6917 & 0.4861 & 0.0383 \\ 0.0739 & 0.3671 & 0.1503 & 0.3533 & 0.3595 & 0.2913 & 0.3688 & 0.2721 & 0.0417 & 0.1001 & 0.0562 \\ 0.4558 & 0.3412 & 0.2722 & 0.2094 & 0.1503 & 0.0718 & 0.1482 & 0.4626 & 0.0583 & 0.4125 & 0.7356 \\ 0.0005 & 0.2880 & 0.0023 & 0.0114 & 0.0654 & 0.0020 & 0.0088 & 0.2517 & 0.2083 & 0.0013 & 0.1699 \end{bmatrix}$$

9.4.2　用熵权法确定指标权重

按照熵的思想，计算出的熵权可以作为指标权重，熵权越大，权重越大，对应指标就越重要。

第 j 项指标的熵为

$$\boldsymbol{H}_j=\sum_{i=1}^{m} Z_{ij}^{'}\ln Z_{ij}^{'} \tag{9-5}$$

指标差异度为

$$\boldsymbol{K}_j=\frac{1-H_j}{\ln m} \tag{9-6}$$

熵权为

$$\boldsymbol{W}_j=\frac{k_j}{\sum_{i=1}^{m} k_j} \tag{9-7}$$

$$\begin{matrix} H \\ K \\ W_j \\ W \end{matrix}\begin{bmatrix} 0.9096 & 1.1141 & 0.9714 & 1.1097 & 1.1946 & 0.8494 & 1.0462 & 1.1165 & 0.8800 & 0.9548 & 0.8137 \\ 0.3439 & 0.1963 & 0.2993 & 0.1995 & 0.1383 & 0.3873 & 0.2453 & 0.1946 & 0.3652 & 0.3112 & 0.4130 \\ 0.3310 & 0.1890 & 0.2880 & 0.1920 & 0.1794 & 0.5024 & 0.3183 & 0.2234 & 0.4193 & 0.3573 & 1.0000 \\ 0.1719 & 0.0981 & 0.1496 & 0.0997 & 0.0360 & 0.1009 & 0.0639 & 0.0449 & 0.0842 & 0.0718 & 0.0788 \end{bmatrix}$$

9.4.3 建立归一化矩阵 Z

$$Z_{ij} = \frac{y_{ij}}{\sqrt{\sum_{i=1}^{m} (y_{ij})^2}}\text{（原始数据是高优指标）} \tag{9-8}$$

$$Z_{ij} = \frac{y_{ij}^{'}}{\sqrt{\sum_{i=1}^{m} (y_{ij}^{'})^2}}\text{（原始数据是低优指标）} \tag{9-9}$$

$$Z = \begin{bmatrix} z_{11} & z_{12} & \cdots & z_{1n} \\ z_{21} & z_{22} & \cdots & z_{2n} \\ \vdots & \vdots & \vdots & \vdots \\ z_{m1} & z_{m2} & \cdots & z_{mn} \end{bmatrix} \tag{9-10}$$

本书中，**Z** 矩阵为

$$Z = \begin{bmatrix} 0.7010 & 0.2070 & 0.7008 & 0.6874 & 0.5638 & 0.7519 & 0.6616 & 0.4811 & 0.5581 & 0.6721 & 0.4706 \\ 0.1850 & 0.6018 & 0.4108 & 0.5909 & 0.5388 & 0.4958 & 0.5748 & 0.5016 & 0.4707 & 0.3382 & 0.4730 \\ 0.6829 & 0.5736 & 0.4940 & 0.3996 & 0.4586 & 0.3321 & 0.3931 & 0.5167 & 0.4730 & 0.6084 & 0.5627 \\ 0.0894 & 0.5158 & 0.3098 & 0.1363 & 0.4260 & 0.2802 & 0.2782 & 0.5000 & 0.4931 & 0.2527 & 0.4880 \end{bmatrix}$$

9.4.4 计算加权矩阵

$$X = (x_{ij})_{m\times n} = [x_j \times z_{ij}] \tag{9-11}$$

$$X = \begin{bmatrix} x_{11} & x_{12} & \cdots & x_{1n} \\ x_{21} & x_{22} & \cdots & x_{2n} \\ \vdots & \vdots & \vdots & \vdots \\ x_{m1} & x_{m2} & \cdots & x_{mn} \end{bmatrix} \tag{9-12}$$

$$X=\begin{bmatrix} 0.1205 & 0.0203 & 0.1048 & 0.0686 & 0.0203 & 0.0759 & 0.0423 & 0.0216 & 0.0470 & 0.0482 & 0.0371 \\ 0.0318 & 0.0591 & 0.0615 & 0.0589 & 0.0194 & 0.0500 & 0.0367 & 0.0225 & 0.0397 & 0.0243 & 0.0373 \\ 0.1174 & 0.0563 & 0.0739 & 0.0399 & 0.0165 & 0.0335 & 0.0251 & 0.0232 & 0.0398 & 0.0437 & 0.0443 \\ 0.0154 & 0.0506 & 0.0464 & 0.0136 & 0.0154 & 0.0283 & 0.0178 & 0.0224 & 0.0415 & 0.0181 & 0.0385 \end{bmatrix}$$

9.4.5　确定正理想解 x^+ 和负理想解 x^-

$$x_j^+=\max\ (x_{1j},\ x_{2j},\ \cdots,\ x_{mj})\ (j=1,\ 2,\ \cdots,\ n) \tag{9-13}$$

$$x_j^-=\min\ (x_{1j},\ x_{2j},\ \cdots,\ x_{mj})\ (j=1,\ 2,\ \cdots,\ n) \tag{9-14}$$

9.4.6　计算各评价对象指标值与正理想解 x^+ 和负理想解 x^- 的距离

$$D_j^+=\sqrt{\sum_{j=1}^{n}(x_{ij}-x_j^+)^2}\ (i=1,\ 2,\ \cdots,\ m) \tag{9-15}$$

$$D_j^-=\sqrt{\sum_{j=1}^{n}(x_{ij}-x_j^-)^2}\ (i=1,\ 2,\ \cdots,\ m) \tag{9-16}$$

9.4.7　计算各评价对象的综合评价指数

计算各评价对象的综合评价指数，并按综合评价指标由大到小排列方案的优劣次序。

$$C_i=\frac{D_i^-}{D_i^++D_i^-}\ (i=1,\ 2,\ \cdots,\ m) \tag{9-17}$$

C_i 的取值范围为［0，1］，C_i 值越接近 1，表明评价对象越接近正理想解；C_i 值越接近 0，表明评价对象越接近负理想解。

熵权 TOPSIS 综合评价结果见表 9-3。

表 9-3　熵权 TOPSIS 综合评价结果

地区	D^+	D^-	C	排序
北京	0.0395	0.1461	0.7874	1
天津	0.1059	0.0703	0.3990	3
上海	0.0631	0.1181	0.6519	2

续表

地区	D^+	D^-	C	排序
重庆	0.1464	0.0304	0.1720	4

从表 9-3 可以看出，4 个直辖市公共体育服务力的评价结果由高到低依次为北京、上海、天津和重庆。

CHAPTER10

第10章

我国体育场地发展的动态特征分析

体育场地是增强人民体质、丰富人民群众文化生活和提高竞技体育水平的物质基础，体育场地的数量和质量直接关系到我国竞技体育水平和全民健身活动的开展，党和政府历来重视体育场地建设。中华人民共和国成立以来6次全国范围的体育场地普查所收集到的丰富数据为学者研究我国体育场地发展奠定了基础，也产生了较为丰富的研究成果。纵观已有研究，对历次场地普查数据已有一定程度的开发，并产生了一定的有参考价值的成果，但也普遍存在“就普查指标而论普查指标”现象，较少关注普查指标之间的关联，且未系统深入挖掘我国体育场地发展特征，可能造成历次场地普查数据资料的信息流失，降低了场地普查应有的经济效益和社会效益。基于此，选取第4次（1995年）、第5次（2003年）、第6次（2013年）体育场地普查数据，从体育场地发展水平（整体情况）、发展方式（投资结构）、发展品质、土地利用集约度及场地“流失”5个方面，选取了21个指标，对其进行深入挖掘，以期能够全面、系统地探明我国体育场地发展的动态特征，为我国今后更好地发展体育场地提供参考。

10.1　概念界定、指标选取和数据来源

10.1.1　概念界定

体育场地简称场地，主要基于3次普查数据挖掘视角，探索中国体育场地发展的动态特征。依据3次普查实施方案中的指标解释内容，将体育场地界定为专门用于体育训练、比赛和健身活动的，有一定投资性、公益性或经营性的体育设

施，包括必要的附属功能用房。

10.1.2 指标选取

发展常指事物由小到大、由简单到复杂、由低级到高级的变化。这里的变化既包含量的变化，也包含质的变化。因此，评价体育场地的发展状况，不能只关注体育场地数量与面积的变化问题，还需关注体育场地的发展方式（投资结构）、发展品质、土地利用集约度及场地“流失”等问题。只有综合考虑上述各种因素，才能对体育场地的发展状况作出较为客观的评价。基于此，将从体育场地发展水平（整体情况）、发展方式（投资结构）、发展品质、土地利用集约度及场地“流失”5个方面，探索我国体育场地发展的动态特征。5个方面具体指标选取情况如下。

（1）众所周知，不同时段场地数量和场地面积的变化情况是社会关注的重点，如果再结合两者相对量（人均场地数量、人均场地面积和单个场地面积）的变化情况，应能更好地反映出体育场地的整体发展水平。

（2）体育场地建设需要大量资金投入，需要从多种渠道进行筹资。从“场地普查”数据看，体育场地建设筹资渠道主要包括财政拨款、单位自筹、社会捐赠、体彩公益金等几个部分。不同时段内，各渠道所筹资金的占比变化，应能较好地体现出不同时段体育场地发展方式的变化特征。

（3）一般而言，在相同条件下，单位场地面积的投资金额（简称投资比）大的体育场地，其品质相对较高。单位场地面积的建筑面积（简称建筑比）大的，反映其附属配套设施相对更为完善，也说明其室内场地面积相对更多，因此，选取上述两个指标来反映体育场地发展的品质。

（4）从理论上讲，如果相同的用地面积所容纳的场地面积更多，则表示该区域体育场地发展的土地利用集约度更高。因此，选择单位用地面积的场地面积（简称场地容积率）指标来反映体育场地发展的土地利用集约度。

（5）在体育场地发展过程中，场地“流失”问题一直是政府和社会关注的重点。通过对第4~6次场地普查中分年建成数的变化分析，可以推算出不同时段内场地“流失”数量的变化特征，也能进一步推算出“流失”场地实际使用年限的变化特点。具体指标及计算方式见表10-1。

表 10-1　体育场地发展评价指标及计算方式

类型	指标	计算方式
体育场地发展水平	场地数量	累积场地数量
	场地面积	累积场地面积
	人均场地数量	累积场地数量/当前常住人口
	人均场地面积	累积场地面积/当前常住人口
	单个场地面积	累积场地面积/累积场地数量
体育场地发展方式	投资金额	累积投资金额
	财政拨款占比	财政拨款累积/累积投资金额
	单位自筹占比	单位自筹累积额/累积投资金额
	社会捐赠占比	社会捐赠累积额/累积投资金额
	体彩公益金占比	体彩公益金累积额/累积投资金额
	其他占比	其他累积额/累积投资金额
体育场地发展品质	单位场地面积的投资金额（简称投资比）	累积投资金额/累积场地面积
	单位场地面积的建筑面积（简称建筑比）	累积建筑面积/累积场地面积
体育场地土地利用集约度	单位用地面积的场地面积（简称场地容积率）	累积场地面积/累积用地面积
体育场地发展过程中的“流失”问题	分年建成数	“3 次普查”各分年建成数
	1996—2003 年减少量	1995 年分年建成数至 2003 年分年建成数
	1996—2003 年减少量占比	（1996—2003 年）减少量/第 4 次普查场地数量
	1996—2003 年实际使用年限	2003 年-场地建成年份
	2004—2013 年减少量	2003 年分年建成数至 2013 年分年建成数
	2004—2013 年减少量占比	（2004—2013 年）减少量/第 5 次普查场地数量
	2004—2013 年实际使用年限	2013 年-场地建成年份

10.1.3　数据来源

研究数据来源于第 4 次全国体育场地普查资料、第 5~6 次全国体育场地普查数据汇编、《2004 年中国统计年鉴》《2014 年中国统计年鉴》。

10.2 结果与分析

10.2.1 我国体育场地发展水平的特征分析

一般来说，体育场地发展过程中，场地数量增长率与场地面积增长率之间理应存在“同步关系”。但是，由于体育场地类型的多样性，以及不同类型体育场地的单个场地面积存在较大差异，场地数量增长率与场地面积增长率之间可能会失去平衡。如果场地数量增长率高于场地面积增长率，表明该时期新增场地类型相比原有场地更倾向“小型化”。反之，如果场地数量增长率低于场地面积增长率，则表明该时期新增场地类型相比原有场地更倾向“大型化”。从表 10-2 可知，我国体育场地的数量与面积（绝对量）均呈增长态势，但二者在不同时段的增长率存在差异，且呈现出“此消彼长”的变化特征。1996—2003 年，场地面积增长率为 69.81%，而场地数量增长率只有 31.90%。2004—2013 年，两者的增长率出现逆转，场地数量增长率高达 102.24%，远远高于场地面积增长率（47.13%）。这表明，1996—2003 年，我国新增体育场地相比原有场地更倾向“大型化”类型；2004—2013 年，新增体育场地相比原有场地则更倾向“小型化”类型。从相对量指标的增长率变化看，也反映出同样趋势。1996—2003 年，人均场地数量增长率为 26.00%，低于 2004—2013 年的 91.59%；人均场地面积和单个场地面积两个指标 1996—2003 年的增长率均高于 2004—2013 年的增长率。体育场地发展的上述转变可能与我国体育事业发展方向的变化有关，即更加重视群众体育工作。2000 年底颁布的《2001—2010 年体育改革与发展纲要》提到，体育改革与发展的主要目标之一就是明显提高大众体育普及程度。经常参加体育活动的人数从现有基础上增加到占总人口的 40% 左右。城市社区和乡镇建有方便居民进行健身活动的体育设施。切实把工作重点放在增强人民体质这项基本任务上，着力解决群众体育工作中面临的困难和问题，抓身边组织，建身边场地，搞身边活动。农村体育以乡镇为重点，城市体育以社区为重点，应当注重社区体育设施的规划和建设，积极为居民提供方便、实用的身体锻炼场所。重点加强中小型体育场馆和便于广大人民群众健身活动的体育场所的建设。

表 10-2 我国体育场地发展水平各指标值

类型	指标名称	1995 年	2003 年	2013 年	1996—2003 年增长率（%）	2004—2013 年增长率（%）
绝对量	场地数量（个）	615693	812118	1642410	31.90	102.24
	场地面积（m^2）	780000000	1324495427	1948773324	69.81	47.13
相对量	人均场地数量（个/人）	0.0005	0.00063	0.00121	26.00	91.59
	人均场地面积（m^2/人）	0.65	1.02	1.43	57.68	39.73
	单个场地面积（m^2/个）	1266.87	1630.91	1186.53	28.74	-27.25

随后为配合农村体育工作开展，2002 年出台了《农村体育工作暂行规定》。同时，为帮助革命老区、边疆少数民族地区、贫困地区、资源枯竭和下岗职工较多的地区、受灾受损严重的地区开展全民健身工作，国家体育总局开展了“雪炭工程”，对上述地区实施援建全民健身设施，援建项目坚持“从实际出发、量力而行、因地制宜、以人为本、小型多样、经济实用、讲求效用、服务群众”的原则，不搞统一模式。2006 年，国家体育总局在全国组织实施“农民体育健身工程”中提到，“农村公共体育场地设施建设的基本标准是：一块混凝土标准篮球场，配备一副标准篮球架和两张室外乒乓球台”。2012 年，国家发展和改革委员会、国家体育总局联合发布了《“十二五”公共体育设施建设规划》，其中基本原则之一就是面向基础、服务群众。以群众喜闻乐见、普遍参与的项目为重点，积极支持基层公共体育设施建设，方便城乡居民就近参加体育健身活动。这些政策的实施都为体育场地建设朝“小型化”方向发展起到积极的促进作用。

10.2.2 我国体育场地发展方式的特征分析

体育场地建设需要投入大量资金，利用多种渠道进行筹资是体育场地可持续发展的必然选择。因此，筹资方式的改变，一定意义上可认为是体育场地的发展方式发生变化。从表 10-3 可知，两个阶段中，我国场地建设筹资渠道发生最显著的变化是，财政拨款与单位自筹两大主要来源呈现“此消彼长”特征。2003 年，财政拨款占比为 34.68%，到 2013 年，大幅提高至 52.56%，成为我国场地建设最主要的资金来源。单位自筹则出现快速下滑态势，由 2003 年的 54.08%下滑至 2013 年的 35.88%。这表明 2004—2013 年，我国场地建设的资金来源趋向单一化，越来越依赖财政拨款，多渠道筹资机制尚未完全形成。

表 10-3　我国体育场地发展方式的各指标数值

类型	指标名称	1995 年	2003 年	2013 年	1996—2003 年增长率（%）	2004—2013 年增长率（%）
绝对量	投资金额（万元）	3720000	19066578	117037967	412.54	513.84
	财政拨款	—	6613049.8	61517148	—	830.24
	单位自筹	—	10312037	41992821	—	307.22
	社会捐赠	—	455692.63	3278880	—	619.54
	体彩公益金	—	248443.68	3836219	—	1444.1
	其他	—	1437354.7	6412899	—	346.16
相对量	财政拨款占比（%）	—	34.68	52.56	—	51.54
	单位自筹占比（%）	—	54.08	35.88	—	-33.66
	社会捐赠占比（%）	—	2.39	2.80	—	17.22
	体彩公益金占比（%）	—	1.30	3.28	—	151.55
	其他占比（%）	—	7.54	5.48	—	-27.32

同时也应看到，体彩公益金在我国场地建设中发挥着越来越重要的作用。从表 10-3 可知，体彩公益金占比由 2003 年的 1.30%提高至 2013 年的 3.28%，已超过社会捐赠占比（2.80%）。但是，从体彩公益金的使用性质看，利用体彩公益金来发展体育场地还有进一步提升的空间。根据《体育彩票公益金管理暂行办法》规定，将从体育彩票销售总额中按不低于 30%的比例提取的资金作为体彩公益金，体彩公益金主要用于落实《全民健身计划纲要》《2011—2020 年奥运争光计划纲要》以下范围的开支：资助开展全民健身活动；弥补大型体育运动会比赛经费不足；修整和增建体育设施；体育扶贫工程专项支出。我国体彩事业发展良好，体彩销售额从 1995 年的 100000 万元增长到 2013 年的近 1328 亿元，相应地，体彩公益金也迅猛增加，2003 年和 2013 年分别提取体彩公益金数额为 2480396.42 万元和 21441428.69 万元。2003 年和 2013 年，体育场地建设资金来

源于体彩公益金只有 248443.68 万元和 3836219 万元，只占到同时期体彩公益金总额的 10.02%和 17.89%。从这角度看，今后利用体彩公益金来发展体育场地还有进一步提升的空间。

10.2.3　我国体育场地发展品质的特征分析

场地普查统计的建筑面积是指室内体育场地和场地附属设施房屋的面积。建筑比（单位场地面积的建筑面积）的提高意味着室内体育场地的增加，或场地的附属设施配套更为齐全。我国体育场地发展品质的各指标值见表 10-4。

表 10-4　我国体育场地发展品质的各指标值

指标名称	1995 年	2003 年	2013 年	1996—2003 年增长率（%）	2004—2013 年增长率（%）
场地面积（m^2）	780000000	1324495427	1948773324	69.81	47.13
建筑面积（m^2）	77000000	74884546	259156182	−2.75	246.07
投资金额（万元）	3720000	19066578	117037967	412.54	513.84
建筑比（m^2/m^2）	0.10	0.06	0.12	−40.00	100.00
投资比（元/ m^2）	47.69	143.95	600.57	201.85	317.21

从表 10-4 可知，1995 年，建筑比为 0.10m^2/m^2，2003 年建筑比出现下滑，降至 0.06m^2/m^2，2013 年建筑比虽提高至 0.12m^2/m^2，但也只略高于 1995 年建筑比。可见，整体而言，我国体育场地建筑比增长较为缓慢，并且在部分时段出现了负增长。这表明我国在发展体育场地时，不太重视配套附属设施，同时，室内场地建设也比较缓慢。从该角度看，未来我国体育场地的品质还需进一步提升。然而，如果从投资金额角度看，我国体育场地发展的投资比呈快速增长态势。1995 年，投资比只有 47.69 元/m^2，2003 年则增长至 143.95 元/m^2，增长率约为 201.85%，到 2013 年，快速增长至 600.57 元/m^2，增长率则攀升至约 317.21%。投资比的大幅提高可能与下列因素有关。

（1）新建或改扩建的体育场地使用了更好的材质。室外篮球场的面层材质可以是简单的水泥或沥青面层，也可选择塑胶面层，其中塑胶面层还可进一步细分为硅 PU、丙烯酸、纯 PU 等种类。由于选择不同材质建造，我国体育场地发展的动态特征分析价格差异较大。同样，跑道面层材质也有多种选择，如煤渣、塑胶，其中塑胶还分为透气型、混合型、复合型、预制型、自结纹型等种类的跑道面层。使用不同的材质，价格差异也比较大。理论上讲，功能越好的材质，其价格一般越高，当然由其所建造的体育场地，使用效果也会更理想。从这个角度看，投资比的大幅提高，可能是由于我国新建或改扩建的体育场地使用了更好的材质，意味着我国新建或改扩建的体育场地品质在提升。

（2）物价上涨。伴随我国经济的持续增长，国内物价水平也在不断上升。固定资产投资价格指数 1995 年为 186.9（1990 年为 100），到 2013 年达到 275.2。其中与体育场地建设密切相关的建筑安装工程价格指数增长更快，1995 年为 194.5（1990 年为 100），到 2013 年则达到 344.9。可见，物价上涨是我国体育场地建设投资比大幅提高的重要原因之一，但由此引起的投资比大幅提高对于体育场地品质的提升并没有帮助。

（3）造价昂贵的体育场地快速增加。数据显示，2013 年，投资比排名前 10 名的场地类型分别为自行车赛车馆、壁球房（馆）、室内冰球场（含短道速滑和花样滑冰）、体育馆、室内速滑场、跳水馆、室内冰壶场、室内滑雪场、室内曲棍球场、游泳馆（表 10-5）。上述 10 种类型场地的投资总和为 16005769 万元，占我国全部场地投资总额的 13.68%，但其场地面积只占全国总场地面积的 0.65%，场地数量也只占全国总场地数量的 0.52%。这些造价昂贵的体育场地数量的快速增加，拉高了场地建设的投资比，但对于提升我国体育场地整体品质所起的作用并不大。由此也可以发现，在我国体育场地建设发展过程中，投资比的大幅增长并非完全由场地品质的提升所致。

表 10-5　1995—2015 年投资比排名前 10 名的体育场地数量

场地类型	场地数量			投资比（元/m²）	投资比排名
	1995 年	2003 年	2013 年		
自行车赛车馆	0	0	8	24772.59	1
壁球房（馆）	0	175	124	21249.25	2
室内冰球场（含短道速滑和花样滑冰）	9	7	42	16113.09	3
体育馆	883	1650	3026	15261.94	4
室内速滑场	1	11	44	14031.38	5
跳水馆	0	22	50	12544.82	6

续表

场地类型	场地数量			投资比（元/m²）	投资比排名
	1995 年	2003 年	2013 年		
室内冰壶场	0	0	5	12461.67	7
室内滑雪场	0	0	8	12225.64	8
室内曲棍球场	0	4	1	9292.63	9
游泳馆	621	2245	5278	8966.00	10

10.2.4 我国体育场地发展土地利用集约度的特征分析

集约化利用土地是我国体育场地可持续发展的重要举措之一。然而，在我国以往体育场地建设过程中，集约化利用土地的成效并不显著。从表 10-6 可知，1996—2003 年，我国场地面积增长率为 69.81%，用地面积增长率达到 109.95%，用地面积增长率高于场地面积增长率。这表明在此期间，我国场地建设在土地利用方面存在比较粗放的问题，不太重视土地集约化利用。2004—2013 年，用地面积增长率（75.04%）仍然高于场地面积增长率（47.13%），但用地面积增长率与场地面积增长率的差值在缩小（1996—2003 年，用地面积增长率与场地面积增长率的差值为 40.14%；2004—2013 年的差值则缩小为 27.91%），表明 2004—2013 年，我国体育场地建设土地利用比较粗放的问题仍然存在，但已开始重视集约化利用土地问题。从场地容积率的变化看，也反映出上述同样问题。1995 年，场地容积率为 1.37m^2/m^2，2003 年则提高至 1.70m^2/m^2，增长率约为 24.09%。2013 年，场地容积率进一步提高至 2.02m^2/m^2，但增长率略有下降（18.82%）。

表 10-6 我国体育场地发展的土地利用集约度指标值

指标名称	1995 年	2003 年	2013 年	1996—2003 年增长率（%）	2004—2013 年增长率（%）
场地面积（m^2）	780000000	1324495427	1948773324	69.81	47.13
用地面积（m^2）	1070000000	2246485343	3932245914	109.95	75.04
场地容积率（m^2/m^2）	1.37	1.70	2.02	24.09	18.82

上述变化可能与国家逐渐重视土地集约化利用有关。我国人多地少，耕地资源稀缺，随着工业化、城镇化的快速发展，建设用地供需矛盾十分突出。为此，2008 年，国务院发布了《关于促进节约集约用地的通知》，强调要“切实保护耕地，大力促进节约集约用地，走出一条建设占地少、利用效率高的符合我国国情的土地利用新路子”。上述结果表明，我国体育场地发展顺应时代要求，开始重视集约化利用土地问题，但在具体实施过程中，效果还不太显著。

10.2.5　我国体育场地发展的场地“流失”问题分析

利用 3 次普查得到的分年建成数，推算出我国 1996—2003 年和 2004—2013 年两个时段内“流失”的场地数量（表 10-7）。从 3 次普查我国场地分年建成数的具体数值变化来看，我国体育场地的“流失”问题较为严重，从而造成场地建设资金的使用效益较低，可能存在大量浪费现象。第 4 次普查（1995 年）数据显示，中华人民共和国成立前至 1995 年，我国累计建成 590601 个体育场地，累计投入资金为 372 亿元。到 2003 年第 5 次普查时，上述体育场地只剩下 311921 个，8 年间共减少了 278680 个，减少量占比达 47. 19%。到 2013 年第 6 次普查时，中华人民共和国成立前至 1995 年建成的体育场地又减少了 204876 个，减少量占比为 65. 68%。如果将上述两个时期的减少量汇总，即从第 4 次普查到第 6 次普查的 18 年间，中华人民共和国成立前至 1995 年建成的体育场地的减少量占比高达 81. 88%，也就是说，中华人民共和国成立前至 1995 年建成的体育场地到 2013 年时只剩下 18. 12%（107045 个）。1995 年之后建成的体育场地又是如何呢？第 5 次普查的统计数据显示，1996—2003 年，我国累计建成 500197 个体育场地，到第 6 次普查时，这些体育场地已有 262113 个消失，减少量占比高达 52. 40%。同时，我们还应该清楚地认识到，上述统计的体育场地减少量，实际上还未包括那些新建的体育场地还未到下一轮普查就已经消失的部分，这意味着我国体育场地的减少量实际上要比上述统计的还要多。

表 10-7 3次普查我国场地分年建成数及相关指标

建成年份	第4次普查（1995年）（个）	第5次普查（2003年）（个）	第6次普查（2013年）（个）	1996—2003年减少量（个）	1996—2003年减少量占比（%）	1996—2013年SJNX	2004—2013年减少量（个）	2004—2013年减少量占比（%）	2004—2013年SJNX	1996—2013年减少量（个）	1996—2013年减少量占比（%）
中华人民共和国成立前	2855	2272	1964	583	20.42		308	13.56		891	31.21
1949	1070	672	354	398	37.20	54	318	47.32	64	716	66.92
1950	1930	1060	468	870	45.08	53	592	55.85	63	1462	75.75
1951	798	478	207	320	40.10	52	271	56.69	62	591	74.06
1952	1429	793	495	636	44.51	51	298	37.58	61	934	65.36
1953	1135	646	493	489	43.08	50	153	23.68	60	642	56.56
1954	1416	701	382	715	50.49	49	319	45.51	59	1034	73.02
1955	1156	486	338	670	57.96	48	148	30.45	58	818	70.76
1956	2754	1537	789	1217	44.19	47	748	48.67	57	1965	71.35
1957	1558	811	431	747	47.95	46	380	46.86	56	1127	72.34
1958	5443	2477	1313	2966	54.49	45	1164	46.99	55	4130	75.88
1959	1565	640	312	925	59.11	44	328	51.25	54	1253	80.06
1960	3931	1620	621	2311	58.79	43	999	61.67	53	3310	84.20
1961	1230	475	161	755	61.38	42	314	66.11	52	1069	86.91
1962	2651	1145	396	1506	56.81	41	749	65.41	51	2255	85.06

续表

建成年份	第 4 次普查（1995 年）（个）	第 5 次普查（2003 年）（个）	第 6 次普查（2013 年）（个）	1996—2003 年减少量（个）	1996—2003 年减少量占比（%）	1996—2013 年 SJNX	2004—2013 年减少量（个）	2004—2013 年减少量占比（%）	2004—2013 年 SJNX	1996—2013 年减少量（个）	1996—2013 年减少量占比（%）
1963	2282	1004	389	1278	56. 00	40	615	61. 25	50	1893	82. 95
1964	3628	1448	494	2180	60. 09	39	954	65. 88	49	3134	86. 38
1965	4878	2038	808	2840	58. 22	38	1230	60. 35	48	4070	83. 44
1966	2268	815	282	1453	64. 07	37	533	65. 40	47	1986	87. 57
1967	2319	783	239	1536	66. 24	36	544	69. 48	46	2080	89. 69
1968	5821	2360	785	3461	59. 46	35	1575	66. 74	45	5036	86. 51
1969	4197	1481	511	2716	64. 71	34	970	65. 50	44	3686	87. 82
1970	12581	4506	1267	8075	64. 18	33	3239	71. 88	43	11314	89. 93
1971	6027	1787	436	4240	70. 35	32	1351	75. 60	42	5591	92. 77
1972	11325	4481	1120	6844	60. 43	31	3361	75. 01	41	10205	90. 11
1973	8259	2651	829	5608	67. 90	30	1822	68. 73	40	7430	89. 96
1974	8906	2908	707	5998	67. 35	29	2201	75. 69	39	8199	92. 06
1975	14058	5017	1359	9041	64. 31	28	3658	72. 91	38	12699	90. 33
1976	12364	4891	1416	7473	60. 44	27	3475	71. 05	37	10948	88. 55
1977	4803	1563	485	3240	67. 46	26	1078	68. 97	36	4318	89. 90
1978	17086	6819	1824	10267	60. 09	25	4995	73. 25	35	15262	89. 32

续表

建成年份	第4次普查（1995年）（个）	第5次普查（2003年）（个）	第6次普查（2013年）（个）	1996—2003年减少量（个）	1996—2003年减少量占比（%）	1996—2013年SJNX	2004—2013年减少量（个）	2004—2013年减少量占比（%）	2004—2013年SJNX	1996—2013年减少量（个）	1996—2013年减少量占比（%）
1979	11055	3503	994	7552	68. 31	24	2509	71. 62	34	10061	91. 01
1980	24212	11352	3412	12860	53. 11	23	7940	69. 94	33	20800	85. 91
1981	11926	4026	1057	7900	66. 24	22	2969	73. 75	32	10869	91. 14
1982	18018	8850	2357	9168	50. 88	21	6493	73. 37	31	15661	86. 92
1983	15605	6899	2290	8706	55. 79	20	4609	66. 81	30	13315	85. 33
1984	21113	10917	2898	10196	48. 29	19	8019	73. 45	29	18215	86. 27
1985	29991	15677	5032	14314	47. 73	18	10645	67. 90	28	24959	83. 22
1986	25974	14525	4499	11449	44. 08	17	10026	69. 03	27	21475	82. 68
1987	24062	11747	3483	12315	51. 18	16	8264	70. 35	26	20579	85. 52
1988	25400	13021	3812	12379	48. 74	15	9209	70. 72	25	21588	84. 99
1989	30255	14421	4386	15834	52. 34	14	10035	69. 59	24	25869	85. 50
1990	43148	24210	8704	18938	43. 89	13	15506	64. 05	23	34444	79. 83
1991	29778	12356	4336	17422	58. 51	12	8020	64. 91	22	25442	85. 44
1992	35131	23557	8530	11574	32. 95	11	15027	63. 79	21	26601	75. 72
1993	29365	18002	7140	11363	38. 70	10	10862	60. 34	20	22225	75. 69
1994	27301	23478	7902	3823	14. 00	9	15576	66. 34	19	19399	71. 06

续表

建成年份	第4次普查（1995年）（个）	第5次普查（2003年）（个）	第6次普查（2013年）（个）	1996—2003年减少量（个）	1996—2003年减少量占比（%）	1996—2013年SJNX	2004—2013年减少量（个）	2004—2013年减少量占比（%）	2004—2013年SJNX	1996—2013年减少量（个）	1996—2013年减少量占比（%）
1995	**36544**	**35015**	**14538**	**1529**	**4.18**	**8**	**20477**	**58.48**	**18**	**22006**	**60.22**
中华人民共和国成立前至1995年累计	**590601**	**311921**	**107045**	**278680**	**47.19**	**—**	**204876**	**65.68**		**483556**	**81.88**
1996	—	46856	17445	—	—	—	29411	62.77	17	—	—
1997	—	44748	16940	—	—	—	27808	62.14	16	—	—
1998	—	64789	27108	—	—	—	37681	58.16	15	—	—
1999	—	49747	19678	—	—	—	30069	60.44	14	—	—
2000	—	70746	42449	—	—	—	28297	40.00	13	—	—
2001	—	61701	28524	—	—	—	33177	53.77	12	—	—
2002	—	73704	38932	—	—	—	34772	47.18	11	—	—
2003	—	87906	47008	—	—	—	40898	46.52	10	—	—
1996—2003年累计	**—**	**500197**	**238084**	**—**	**—**	**—**	**262113**	**52.40**	**—**	**—**	**—**
2004	—	—	50215	—	—	—	—	—	—	—	—
2005	—	—	65168	—	—	—	—	—	—	—	—

续表

建成年份	第4次普查（1995年）（个）	第5次普查（2003年）（个）	第6次普查（2013年）（个）	1996—2003年减少量（个）	1996—2003年减少量占比（%）	1996—2013年SJNX	2004—2013年减少量（个）	2004—2013年减少量占比（%）	2004—2013年SJNX	1996—2013年减少量（个）	1996—2013年减少量占比（%）
2006	—	—	78393	—	—	—	—	—	—	—	—
2007	—	—	85674	—	—	—	—	—	—	—	—
2008	—	—	138803	—	—	—	—	—	—	—	—
2009	—	—	150647	—	—	—	—	—	—	—	—
2010	—	—	180261	—	—	—	—	—	—	—	—
2011	—	—	153547	—	—	—	—	—	—	—	—
2012	—	—	203602	—	—	—	—	—	—	—	—
2013	—	—	190971	—	—	—	—	—	—	—	—
2004—2013年累计	**—**	**—**	**1297281**	**—**	**—**	**—**	**—**	**—**	**—**	**—**	**—**

注：①1996—2003年减少量占比=1996—2003年减少量/第4次普查场地数量；2004—2013年减少量占比=2004—2013年减少量/第5次普查场地数量。

②1996—2003年SJNX表示1996—2003年所减少的体育场地的实际使用年限；2004—2013年SJNX表示2004—2013年所减少的体育场地的实际使用年限。

③1995年进行第4次普查，因此，体育场地分年建成数的数据只到1995年；同理，第5次普查（2003年）分年建成数的数据只到2003年；第6次普查（2013年）分年建成数的数据到2013年。表中“—”表示该处数据处于普查年份之后，因此，未能收集到相应数据。

我国体育场地减少量比例过大可能与下面两个因素有关。

(1) 体育场地类型的本身特点。我国体育场地类型结构不太合理。例如，第4次普查时，数量排在前5名的篮球场、排球场、小运动场、门球场和灯光球场的数量占总场地数量的93.51%；第5次普查时，数量排在前5名的篮球场、小运动场、排球场、门球场和健身房的数量占总场地数量的84.95%；第6次普查时，数量排在前5名的篮球场、全民健身路径、乒乓球场、其他类体育场地和小运动场的数量占总场地数量的79.25%。上述几种类型的体育场地有许多属于简易场地，其建设设计的使用年限本身就不长，5~10年就可能自行报废，这是造成我国体育场地数量的减少量比例过大的主要原因之一。

(2) 中小学“撤并校”。我国大量体育场地设置与学校统计数据显示，第4次普查、第5次普查、第6次普查期间，学校体育场地数量分别占全国各种体育场地总数的67%、68.7%、40.2%。随着我国人口年龄结构的改变，国家实施“撤并校”政策，使得大量中小学缩减，特别是小学被撤或被并，小学数量显著减少。1995年，我国共有668685所小学，2003年减少到425846所，2013年，只剩下213529所。从第4次普查到第6次普查的18年间，我国小学共减少了超过45万所，而隶属于这些学校的体育场地事后得不到有效维护，出现大量场地被“占用、改用、弃用”的现象，这也是造成我国体育场地数量的减少量比例过大的主要原因之一。

体育场地减少量比例较大现象，间接引发了我国体育场地使用成本较高的问题。第4次普查时，从中华人民共和国成立前到1995年累计投入体育场地建设的资金为372亿元。上述结果显示，利用这些资金建成的体育场地数量到2003年时已减少了47.19%，这意味着1996—2003年，372亿元中已有175.55亿元被损耗，年均损耗达约21.94亿元（假定每个场地的建设成本均等，可以得出，372×47.19%=175.55亿元）。

从第5次普查数据看，中华人民共和国成立前到2003年，我国累计投入体育场地建设的资金为1914.5亿元，再加上第4次普查时已损耗的175.55亿元，中华人民共和国成立到2003年，我国累计投入场地建设的实际资金为2090.05亿元。扣除第4次普查时累计投入的372亿元（截至1995年），我国1996—2003年累计投入场地建设的资金为1718.05亿元。然而，花费如此之多的资金建成的体育场地，2003—2013年竟有高达52.40%的体育场地不复存在，这也意味着2004—2013年，1718.05亿元的体育场地建设资金已有900.26亿元被损耗，年均损耗高达约 90.03 亿元（假定每个场地的建设成本均等，可以得出，1718.05×52.40%≈900.26 亿元）。体育场地具有准公共产品属性，各级政府部门有责任和义务为公众提供体育场地。但是，公众也应该充分意识到，其所使用体育场地的成本还是比较高的。与此同时，还应该注意，上述测算尚未包含场地建设资金的机会成本（或者称为利息成本）。如果上述测算再加上建设资金的机会成本，我国公众使用体育场地成本较大的问题还会更加突出。

另外，如果从体育场地减少量（绝对量）的实际使用年限分布（图 10-1）看，发现在第 5 次普查至第 6 次普查期间减少的体育场地中，实际使用年限低于 30 年的数量比第 4 次普查至第 5 次普查期间多，并且随着实际使用年限的降低，两者之间的差距迅速扩大。从体育场地实际使用年限的减少量占比（相对数）分布（图 10-2）看，第 5 次普查至第 6 次普查期间，各实际使用年限的减少量占比基本高于第 4 次普查至第 5 次普查期间。这说明我国体育场地的“新陈代谢”能力在加强，即整体实际使用年限在缩短。

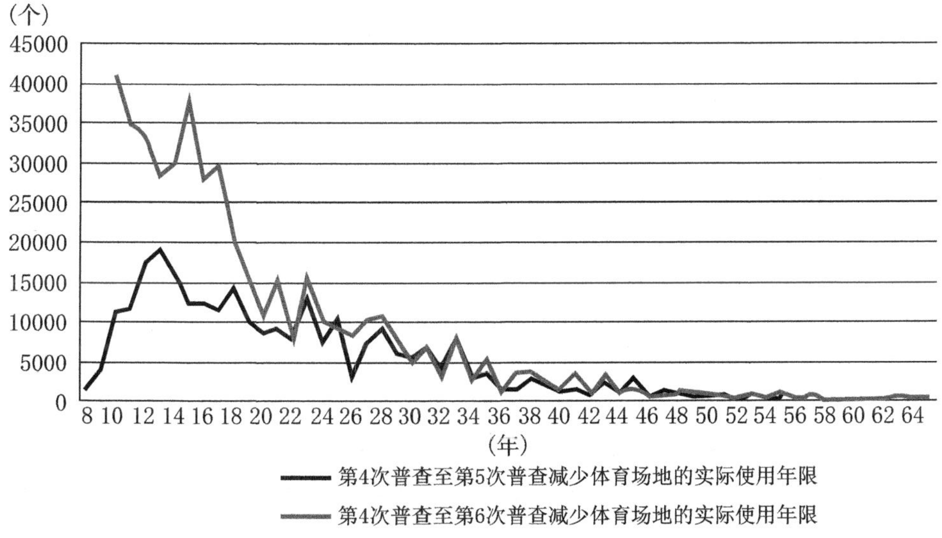

图 10-1　体育场地减少量的实际使用年限分布

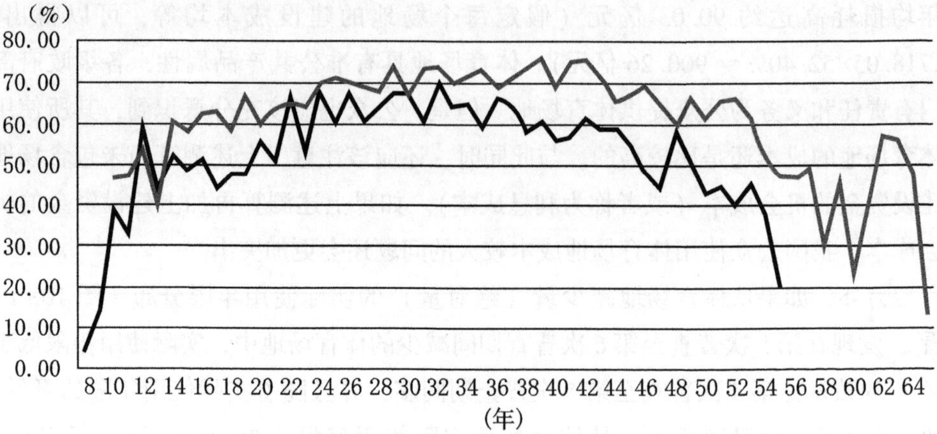

图 10-2　体育场地实际使用年限的减少量占比分布

10.3　结论与建议

10.3.1　结论

(1) 从发展水平看，1996—2003 年，我国新增体育场地相比原有场地更倾向“大型化”类型。2004—2013 年，新增体育场地相比原有场地则更倾向“小型化”类型。

(2) 从发展方式看，我国场地建设的资金来源趋向单一化，越来越依赖财政拨款，多渠道筹资机制尚未完全形成。体彩公益金发挥着越来越重要的作用，但是，利用体彩公益金来发展体育场地还有进一步提升的空间。

(3) 从发展品质看，虽然我国体育场地建设的投资比大幅提高，但并未使我国体育场地品质全面提升，提升品质仍然是我国体育场地发展需重点关注的问题之一。

(4) 从土地集约化利用看，我国体育场地建设一直存在土地利用比较粗放的问题，近年来开始重视土地集约化利用，但效果还不太明显。

(5) 从场地“流失”看，我国存在体育场地减少量比例较大现象，间接引发我国体育场地使用成本较高的问题；2004—2013 年，我国体育场地的“新陈代谢”能力在加强，即整体实际使用年限在缩短。

10.3.2 建议

10.3.2.1 拓宽筹资渠道，控制场地建设资金成本

近年来，我国场地建设资金越来越依赖财政拨款，财政拨款占比大幅提升，单位自筹能力明显下滑。体育场地建设的这种筹资方式违背了我国体育事业改革的初衷。1995 年颁布，2009 年和 2016 年修正的《中华人民共和国体育法》第三条规定“国家推进体育管理体制改革。国家鼓励企业事业组织、社会团体和公民兴办和支持体育事业”。2000 年出台的《2001—2010 年体育改革与发展纲要》强调“市场对体育资源配置发挥越来越重要的基础性作用”。我国的场地建设资金却越来越依赖财政拨款，市场的作用逐步减弱。因此，应该积极拓宽筹资渠道，促成多渠道筹资机制完全形成。

10.3.2.2 转变场地发展方式，注重场地品质提升

1996—2013 年，尽管我国的场地数量、场地面积均有较大幅度增长，但仍难以满足未来我国全面建成小康社会后，人民群众对于体育文化和健身等全方面和多层次的不同需求。长期以来，我国在发展体育场地时不太重视配套附属设施，同时，室内场地建设也比较缓慢。2013 年，单位场地面积的建筑面积（建筑比）只有 $0.12m^2/m^2$，处于较低水平。因此，我国应转变场地发展方式，由过去只重视场地数量、场地面积发展转向在稳定场地数量、增长场地面积的基础上重视场地品质的提升，加大室内场地建设力度，完善附属配套设施。

10.3.2.3 加强场地的“立体化”空间开发，提高土地利用的集约度

我国原本就人多地少，耕地资源稀缺，随着工业化、城镇化的快速发展，建设用地供需矛盾十分突出，这就要求我国各行各业都要节约利用土地。我国的体育场地建设一直存在土地利用比较粗放的问题，虽然近年来已开始重视集约化利用土地，但效果还不太显著。加强场地的“立体化”空间开发是提高土地利用集约度的有效手段。目前，由于城区学校发展体育场地受制于地面空间，利用空中、地下空间“立体化”建设体育场地的学校逐步增多，这为场地“立体化”

空间的开发积累了一定的实践经验。但对场地进行“立体化”空间开发与一般的体育场地建设还存在一定差异，尤其是利用空中空间建设体育场地的相关标准和要求要远远高于普通的体育场地。目前，国家尚未出台相应的标准和要求，这也制约了我国体育场地的“立体化”空间开发。因此，国家应尽快出台利用空中、地下空间建设体育场地的相关安全技术标准和要求。例如，对防护墙、护栏、楼层承载力、最大承重人数等进行规范，以指导各地利用空中、地下空间建设、发展体育场地。

10.3.2.4 加强执法力度，扭转场地过度流失，延长实际使用年限

长期以来，党和政府十分重视体育场地建设，投入了大量人力、物力、财力。然而，一边在投入巨资建设体育场地，另一边却是大量的体育场地被“占用、改用、弃用”，场地流失问题极为严重，有时流失的速度甚至超过建设的速度，造成极大浪费。虽然已有法律法规对体育场地的保护问题作出明确规定，然而，现实中存在执法不严现象，体育场地流失问题依然严重。因此，要加大相关法律、法规的执法力度，扭转场地过度流失的局面。另外，也要注重对场地建设质量的监督，提高场地建设工程的质量，有效延长场地的实际使用年限。

CHAPTER11

第11章

我国省域体育场地发展水平的空间特征及其格局演化

体育场地是增强人民体质、丰富人民群众精神文化生活和提高竞技运动水平的重要物质基础，是政府提供社会公共体育服务的必备硬件条件。因此，各级政府及社会各界都十分重视其建设与发展。探索性空间数据分析（exploratory spatial data analysis，ESDA）是空间统计学近年发展起来的方法。它将统计学原理和图形表达相结合，对空间信息的性质进行分析、鉴别，用以引导确定性模型的结构和解法。

11.1 ESDA应用于省域体育场地发展水平研究的理论基础

已有研究表明，体育场地发展受所在地区的经济社会发展水平、自然条件、教育、人口、体育事业发展水平等多种因素的影响[①-③]。我国幅员辽阔，区域经济社会发展水平、自然条件、教育、人口、体育等方面均存在较大差异[④-⑦]。因

① 魏华，权德庆，雷福民，等.中国群众体育场地发展变化及驱动力研究［J］.体育科学，2012，32（7）：3-8.

② 方爱莲.区域经济发展与体育文化设施建设：台州市体育场地调查与分析［J］.北京体育大学学报，2006，29（5）：614-616.

③ 刘佳章.新农村体育场地设施发展因素的系统动力学分析［D］.南京：南京师范大学，2012.

④ 李丁，冶小梅，汪胜兰，等.基于ESDA-GIS的县域经济空间差异演化及驱动力分析：以兰州—西宁城镇密集区为例［J］.经济地理，2013，33（5）：31-36，23.

⑤ 刘家君，魏伟，张建清.基于ESDA的湖北省区域经济发展空间格局分析［J］.统计与决策，2014（13）：134-137.

⑥ 魏德样，王健.我国学校体育场地动态发展的特征分析：基于全国体育场地“五普、六普”的数据挖掘视角［J］.体育科学，2017，37（2）：16-27.

⑦ 魏德样，魏胜敏，雷雯.建国以来省域竞技体育实力的空间集聚演变——基于ESDA方法分析［J］.成都体育学院学报，2015，41（5）：77-81.

此，区域体育场地呈“非均衡”方式发展成为可能。只有充分认识区域体育场地发展的空间特征，把握区域体育场地发展的总体走向，才能合理地制定出区域体育场地发展战略。

ESDA 的本质是一系列空间数据分析方法和技术的集合，以空间关联测度为核心，通过对事物或现象空间分布格局的描述与可视化，发现空间集聚和空间异常，揭示研究对象之间的空间相互作用机制，可作为研究区域体育场地发展水平空间差异的有力工具①。同时，研究区域体育场地发展水平的空间分布特征必然会涉及研究尺度这一重要问题。研究尺度过大可能掩盖一些关键信息，尺度过小则可能遗漏重要信息。在区域经济研究中，研究尺度问题也一直受到人们的重视②。有学者对此问题进行梳理后发现，国内已有的区域经济差异研究主要基于省级单元研究、全国性区域差异和基于县域单元研究省内或经济区差异③。基于此，本书借鉴区域经济研究范式，以省域为研究尺度，选取第 4 次普查、第 5 次普查、第 6 次普查相关数据，运用 ESDA 方法，对我国省域体育场地发展水平的空间特征及其演化规律进行探索，以期为我国区域体育场地均衡可持续发展提供理论支持。

11. 2　概念界定、指标选取、研究方法及数据来源

11. 2. 1　概念界定

本章中省域体育场地是指在省级（含自治区、直辖市，以下通称省）行政区范围内，专门用于体育训练、比赛和健身活动的，有一定投资的、公益性或经营性的，各系统、各行业、各种所有制形式的各类体育设施。凡不以体育活动为主的场所，如各种休闲娱乐广场、音乐广场、农村院坝、温泉洗浴场、幼儿园的游戏场地等，以及临时用于开展体育活动的场所，如会议室、礼堂、仓库等均不属于本书的研究范畴。

发展水平是指时间数列中的每项具体指标值，它反映了社会、经济现象在各个时期所达到的规模和发展的程度。本书中的省域体育场地发展水平是指省级行

① 靳诚，陆玉麟．基于县域单元的江苏省经济空间格局演化［J］．地理学报，2009，64（6）：713-724.
② 李小建．经济地理学研究中的尺度问题［J］．经济地理，2005，25（4）：433-436.
③ 陈培阳，朱喜钢．基于不同尺度的中国区域经济差异［J］．地理学报，2012，67（8）：1085-1097.

政区范围内体育场地发展的规模及其发展的程度。

11.2.2 指标选取

一般来说，发展水平测量需要综合考虑规模（存量）和速度（增量）两个方面的因素，其中规模还需进一步细分为绝对规模和相对规模。同理，速度也应考虑绝对规模发展速度与相对规模发展速度。场地数量和场地面积是社会最为关注的两个重要指标。因此，本书中测量省域体育场地发展水平时所选指标为：①发展规模指标有场地数量、场地面积（绝对规模）；万人拥有量、人均场地面积（相对规模）。②发展速度指标有场地数量增长率、场地面积增长率（绝对规模）；万人拥有量增长率、人均场地面积增长率（相对规模），具体见表 11-1。

表 11-1 省域体育场地发展水平评价指标

因素	类型	指标	计算方式
发展规模	绝对规模	场地数量	累积场地数量
		场地面积	累积场地面积
	相对规模	万人拥有量	累积场地数量/（当年年末人口/10000）
		人均场地面积	累积场地面积/（当年年末人口）
发展速度	绝对规模	场地数量增长率	$(T_2-T_1)/T_1\times100\%$
		场地面积增长率	$(T_2-T_1)/T_1\times100\%$
	相对规模	万人拥有量增长率	$(T_2-T_1)/T_1\times100\%$
		人均场地面积增长率	$(T_2-T_1)/T_1\times100\%$

注：①增长率计算公式中 T_2 表示本期数据，T_1 表示前一期数据；

②《中国统计年鉴》发布的分地区年末人口数据，从 2005 年开始为常住人口口径统计数据。

11.2.3 研究方法

ESDA 方法通过描述数据的空间依赖性和空间异质性来挖掘事物的空间分布

特征，通过空间权重矩阵的定义来解释区域之间的空间关系，进而从复杂的社会经济现象中抽取出其在空间上的联系与演化规律。ESDA 方法一般采用两个步骤进行分析：第一步，分析空间数据在整个系统内表现出的分布特征，即全局空间关联特征，用来判断事物或属性值在空间上是否存在聚集特性，一般用 Global Moran's I 和 Geary 指数 C 测度，但 Global Moran's I 在实际中被应用得更多；第二步，当空间数据存在全局空间关联特征时，应进一步分析局域的空间关联特征，而 Getis-Ord Gi* 指数是分析局域空间关联特征的较好方法。因此，本书引入 Global Moran's I 和 Getis-Ord Gi* 指数来测度全局和局域的空间关联特征，Global Moran's I 指数用于探测整个研究区的空间关联结构模式，Getis-Ord Gi* 指数用于识别不同空间位置上的高值簇与低值簇，即热点区（hot spots）与冷点区（cold spots）的空间分布[①-③]。

（1）Global Moran's I 指数，其计算公式为

$$\text{Global Moran's I} = \frac{\sum_{i=1}^{n}\sum_{j\neq i}^{n} W_{ij}(x_i - \bar{x})(x_j - \bar{x})}{S^2 \sum_{i=1}^{n}\sum_{j=1}^{n} W_{ij}} \tag{11-1}$$

式中，n 表示研究区内地区总数；W_{ij}表示空间权重（如以区域 i 和区域 j 是否相邻设定 W_{ij}：区域 i 和区域 j 相邻时，$W_{ij}=1$；区域 i 和区域 j 不相邻时，$W_{ij}=0$）；x_i 和 x_j 分别是区域 i 和区域 j 的属性；$\bar{x}=\frac{1}{n}\sum_{i=1}^{n}x_i$ 表示属性的平均值；$S^2=\frac{1}{n}\sum_{i=1}^{n}(x_i-\bar{x})^2$ 表示属性的方差。

对 Global Moran's I 结果进行统计检验，我们采用 Z 检验：

$$Z(I) = \frac{I-E(I)}{\sqrt{\mathrm{Var}(I)}}$$

式中，$E(I)$ 表示数学期望；$\mathrm{Var}(I)$ 表示变异数。

Global Moran's I 的取值一般为-1~1，大于 0 表示正相关，值接近 1 时表明具有相似的属性集聚在一起（高值与高值相邻、低值与低值相邻）；小于 0 表示负

① 靳诚，陆玉麟．基于县域单元的江苏省经济空间格局演化［J］．地理学报，2009，64（6）：713-724.

② Anselin L. Local indicators of spatial association：LISA［J］. Geographical Analysis，1995，27（2）：93-115.

③ Getis A，Ord J K. The analysis of spatial association by the use of distance statistics［J］. Geographical Analysis，1992，24（3）：189-206.

相关，值接近-1时表明具有相异的属性集聚在一起（高值与低值相邻、低值与高值相邻）。如果 Clobal Moran's I 接近 0，则表示属性是随机分布的，或者不存在空间自相关①。

（2）Getis-Ord Gi*，其计算公式为

$$G_i^*(d) = \sum_{j=1}^{n} W_{ij}(d)X_j \Big/ \sum_{j=1}^{n} X_j \tag{11-2}$$

便于解释和比较，对 $G_i^*(d)$ 进行标准化处理：

$$Z(G_i^*) = \frac{G_i^* - E(G_i^*)}{\sqrt{\mathrm{Var}(G_i^*)}} \tag{11-3}$$

式中，$E(G_i^*)$、$\mathrm{Var}(G_i^*)$ 分别表示 G_i^* 的数学期望和变异数；$W_{ij}(d)$ 表示空间权重。如果 $Z(G_i^*)$ 为正，且显著，表明位置 i 周围的值相对较高（高于均值），属于高值空间集聚（热点区）；反之，如果 $Z(G_i^*)$ 为负，且显著，则表明位置 i 周围的值相对较低（低于均值），属于低值空间集聚（冷点区）②。

11.2.4　数据来源

中国省域体育场地数量、场地面积数据来源于第 4 次（1995 年）、第 5 次（2003 年）、第 6 次（2013 年）全国体育场地普查数据汇编。省域人口数据来源于 1996 年、2004 年、2014 年《中国统计年鉴》。其他相关数据由上述基础数据计算所得，具体见表 11-2 和表 11-3。

① 沈体雁，冯等田，孙铁山．空间计量经济学［M］．北京：北京大学出版社，2010：40-43.

② 靳诚，陆玉麟．基于县域单元的江苏省经济空间格局演化［J］．地理学报，2009，64（6）：713-724.

表 11-2　1995 年、2003 年、2013 年中国省域体育场地发展水平评价基础数据（绝对规模）

省域	场地数量及增长率（个，%）					场地面积及增长率（m^2，%）					场地数量与面积增长率之差（%）	
	1995 年	2003 年	2013 年	1995—2003 年	2003—2013 年	1995 年	2003 年	2013 年	1995—2003 年	2003—2013 年	1995—2003 年	2003—2013 年
北京	4618	12106	20083	162.15	65.89	14977297	31918550	47691632	113.11	49.42	49.04	16.48
天津	4633	8948	16233	93.14	81.41	8509592	23002196	31186973	170.31	35.58	−77.17	45.83
河北	23010	39484	64770	71.59	64.04	51133333	89452098	102280329	74.94	14.34	−3.34	49.70
山西	14289	17716	63715	23.98	259.65	21744130	27098105	46988999	24.62	73.40	−0.64	186.24
内蒙古	20172	21094	25367	4.57	20.26	41260909	58114306	41607096	40.85	−28.40	−36.28	48.66
辽宁	30118	26859	51901	−10.82	93.24	44770000	60933248	78993198	36.10	29.64	−46.92	63.60
吉林	23083	17517	21176	−24.11	20.89	51871910	39297086	40843353	−24.24	3.93	0.13	16.95
黑龙江	22652	26558	27777	17.24	4.59	33420984	47288997	45140728	41.49	−4.54	−24.25	9.13
上海	3390	14425	38505	325.52	166.93	5650000	29261689	41556935	417.91	42.02	−92.39	124.91
江苏	30915	40743	122247	31.79	200.04	42156818	69578532	156902596	65.05	125.50	−33.26	74.54
浙江	16358	35869	124944	119.27	248.33	17218947	68546822	81234678	298.09	18.51	−178.81	229.82
安徽	13991	23443	53189	67.56	126.89	18249130	37046202	69314612	103.00	87.10	−35.44	39.78
福建	14836	30002	62736	102.22	109.11	19351304	41171062	59847193	112.76	45.36	−10.53	63.74
江西	12590	22743	66515	80.64	192.46	12183871	22565891	64141118	85.21	184.24	−4.57	8.22
山东	34016	47362	101165	39.23	113.60	61054359	107757289	172853047	76.49	60.41	−37.26	53.19
河南	31402	37192	82670	18.44	122.28	35888000	50479069	89080564	40.66	76.47	−22.22	45.81
湖北	31723	33123	79347	4.41	139.55	34606909	54040285	74736961	56.15	38.30	−51.74	101.25

续表

省域	场地数量及增长率（个，%）					场地面积及增长率（m^2，%）					场地数量与面积增长率之差（%）	
	1995年	**2003年**	**2013年**	**1995—2003年**	**2003—2013年**	**1995年**	**2003年**	**2013年**	**1995—2003年**	**2003—2013年**	**1995—2003年**	**2003—2013年**
湖南	29185	29338	57565	0.52	96.21	31722826	43539424	72903012	37.25	67.44	-36.73	28.77
广东	42111	77589	146719	84.25	89.10	62130984	152011196	214426407	144.66	41.06	-60.41	48.04
广西	40430	43268	74182	7.02	71.45	31798876	36272409	55761810	14.07	53.73	-7.05	17.72
海南	9596	9362	12202	-2.44	30.34	10101053	21950925	29986910	117.31	36.61	-119.75	-6.27
重庆	—	17351	40648	—	134.27	—	15932077	40612746	—	154.91	0.00	-20.64
四川	37559	44633	67735	65.03	51.76	34144545	45163514	66747699	78.93	47.79	-13.90	3.97
贵州	11956	21531	32162	80.09	49.38	10549412	15804624	27117000	49.82	71.58	30.27	-22.20
云南	23040	40989	59640	77.90	45.50	19862069	33800461	57722463	70.18	70.77	7.73	-25.27
西藏	253	1057	6064	317.79	473.70	460000	2182795	4313983	374.52	97.64	-56.73	376.06
陕西	18394	19225	40103	4.52	108.60	17686538	33227010	40377755	87.87	21.52	-83.35	87.08
甘肃	24450	21900	30282	-10.43	38.27	22005000	22345537	28917443	1.55	29.41	-11.98	8.86
青海	2759	3635	7978	31.75	119.48	4474054	4555266	9290345	1.82	103.95	29.94	15.53
宁夏	4252	6943	11547	63.29	66.31	5122892	7895429	13529287	54.12	71.36	9.17	-5.04
新疆	14839	20113	29638	35.54	47.36	21434111	32263333	40977255	50.52	27.01	-14.98	20.35
最大值	**42111**	**77589**	**146719**	**325.52**	**473.70**	**62130984**	**152011196**	**214426407**	**417.91**	**184.24**	**49.04**	**376.06**
最小值	**253**	**1057**	**6064**	**-24.11**	**4.59**	**460000**	**2182795**	**4313983**	**-24.24**	**-28.40**	**-178.81**	**-25.27**
变异系数	**60.29%**	**60.12%**	**67.67%**	**132.25%**	**83.12%**	**65.22%**	**72.56%**	**73.57%**	**108.66%**	**79.04%**		

表 11-3　1995 年、2003 年、2013 年中国省域体育场地发展水平评价基础数据（相对规模）

省域	万人拥有量及增长率（个/万人，%）					人均场地面积及增长率（m^2/人，%）				
	1995 年	2003 年	2013 年	1995—2003 年	2003—2013 年	1995 年	2003 年	2013 年	1995—2003 年	2003—2013 年
北京	3.70	8.55	9.5	131.08	11.11	1.20	2.26	2.26	88.33	0.00
天津	4.90	9.39	11.03	91.63	17.47	0.90	2.41	2.12	167.78	-12.03
河北	3.60	5.86	8.83	62.78	50.68	0.80	1.33	1.39	66.25	4.51
山西	4.60	5.39	17.55	17.17	225.60	0.70	0.82	1.29	17.14	57.32
内蒙古	8.80	8.86	10.16	0.68	14.67	1.80	2.44	1.67	35.56	-31.56
辽宁	7.40	6.43	11.82	-13.11	83.83	1.10	1.46	1.8	32.73	23.29
吉林	8.90	6.47	7.7	-27.30	19.01	2.00	1.45	1.48	-27.50	2.07
黑龙江	6.10	6.96	7.24	14.10	4.02	0.90	1.24	1.18	37.78	-4.84
上海	2.40	8.13	15.94	238.75	96.06	0.40	1.65	1.72	312.50	4.24
江苏	4.40	5.43	15.4	23.41	183.61	0.60	0.93	1.98	55.00	112.90
浙江	3.80	7.37	22.73	93.95	208.41	0.40	1.41	1.48	252.50	4.96
安徽	2.30	3.82	8.82	66.09	130.89	0.30	0.6	1.15	100.00	91.67
福建	4.60	8.56	16.62	86.09	94.16	0.60	1.17	1.59	95.00	35.90
江西	3.10	5.34	14.71	72.26	175.47	0.30	0.53	1.42	76.67	167.92
山东	3.90	5.19	10.39	33.08	100.19	0.70	1.18	1.78	68.57	50.85
河南	3.50	3.97	8.78	13.43	121.16	0.40	0.54	0.95	35.00	75.93
湖北	5.50	5.82	13.68	5.82	135.05	0.60	0.95	1.29	58.33	35.79
湖南	4.60	4.7	8.6	2.17	82.98	0.50	0.7	1.09	40.00	55.71
广东	6.10	8.76	13.78	43.61	57.31	0.90	1.72	2.01	91.11	16.86
广西	8.90	9.32	15.72	4.72	68.67	0.70	0.78	1.18	11.43	51.28
海南	13.30	11.53	13.63	-13.31	18.21	1.40	2.70	3.35	92.86	24.07
重庆	—	6.3	13.69	—	117.30	—	0.58	1.37	—	136.21
四川	3.30	5.42	8.36	58.39	54.24	0.30	0.55	0.82	71.73	49.09
贵州	3.40	5.68	9.18	67.06	61.62	0.30	0.42	0.77	40.00	83.33
云南	5.80	9.33	12.73	60.86	36.44	0.50	0.77	1.23	54.00	59.74
西藏	1.10	3.87	19.43	251.82	402.07	0.20	0.8	1.38	300.00	72.50
陕西	5.20	5.24	10.65	0.77	103.24	0.50	0.9	1.07	80.00	18.89

续表

省域	万人拥有量及增长率（个/万人，%）					人均场地面积及增长率（m^2/人，%）				
	1995年	2003年	2013年	1995—2003年	2003—2013年	1995年	2003年	2013年	1995—2003年	2003—2013年
甘肃	10.00	8.64	11.73	-13.60	35.76	0.90	0.88	1.12	-2.22	27.27
青海	3.70	6.8	13.81	83.78	103.09	0.60	0.85	1.61	41.67	89.41
宁夏	8.30	11.92	17.65	43.61	48.07	1.00	1.36	2.07	36.00	52.21
新疆	9.00	10.31	13.09	14.56	26.96	1.30	1.65	1.81	26.92	9.70
最大值	**13.30**	**11.92**	**22.73**	**251.82**	**402.07**	**2.00**	**2.70**	**3.35**	**312.50**	**167.92**
最小值	**1.10**	**3.82**	**7.24**	**-27.30**	**4.02**	**0.20**	**0.42**	**0.77**	**-27.50**	**-31.56**
变异系数	**50.03%**	**30.98%**	**29.68%**	**130.39%**	**88.32%**	**57.99%**	**51.37%**	**33.47%**	**102.40%**	**101.93%**

注：①重庆直辖市于设立于1997年6月18日，在1995年第4次普查之后。因此，第4次普查时，重庆数据缺，用“—”表示。

②由于重庆是从原四川划出的，因此，在计算四川1995—2003年的场地数量增长率与面积增长率时，2003年的数据将重庆并入四川计算，即场地数量增长率=［(2003年四川场地数量+2003年重庆场地数量）-1995年四川场地数量］/1995年四川场地数量×100%；场地面积增长率=［2003年四川场地面积+2003年重庆场地面积）-1995年重庆场地面积］/1995年重庆场地面积×100%。

11.3　结果与分析

11.3.1　我国省域体育场地发展水平概况分析

11.3.1.1　我国省域体育场地发展规模概况分析

（1）绝对规模分析。不管是场地数量，还是场地面积，省域体育场地规模都存在较大差异。例如，1995年，场地数量最多的省域达42111个（广东），最少的只有253个（西藏），两者差异达到约166倍。到2003年、2013年，这种状况仍然没有改变，场地数量最多的还是广东（分别为77589个、146719个），最少的是西藏（分别为1057个、6064个）。省域场地面积的差异情况与场地数量类似，3个年份中场地面积最大的省域均为广东，最小的均为西藏。从两个指标

3 个年份的变异系数（图 11-1）看，场地数量和场地面积这两个绝对规模指标的变异系数均呈增大趋势，表明省域间体育场地绝对规模的差异呈扩大趋势。

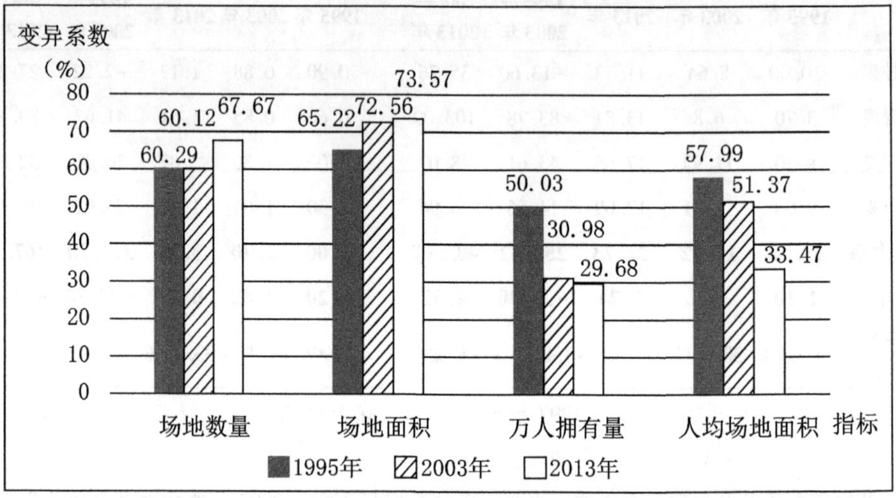

图 11-1　1995 年、2003 年、2013 年省域体育场地规模各指标变异系数值

（2）相对规模分析。省域间万人拥有量和人均场地面积两个指标也存在较大差异。例如，1995 年，万人拥有量最多的省域为 13.30 个（海南），最少的只有 1.10 个（西藏）。2003 年，万人拥有量最多和最少的省域发生变化，即最多的省域为宁夏（11.92 个），最少的省域为安徽（3.82 个）。2013 年，万人拥有量最多与最少的省域又发生改变，最多的省域为浙江（22.73 个），最少的为黑龙江（7.24 个）。然而，3 个年份中人均场地面积最大与最小的省域没有同万人拥有量最多与最少的省域对应。1995 年，人均场地面积最大的是吉林（2.00 m^2），最小的是西藏（0.20 m^2）。2003 年，人均场地面积最大的省域转为海南（2.70 m^2），最小的省域是贵州（0.42 m^2）。2013 年，人均场地面积最大的仍为海南（3.35 m^2），最小的仍为贵州（0.77 m^2）。

3 个年份中人均场地面积最大与最小的省域没有同万人拥有量最多与最少的省域对应的这种现象，背后隐含着省域发展体育场地的方式存在差异，即有些省域重视场地数量，场地建设趋向“小型化”类型；有些省域重视场地面积，场地建设趋向“大型化”类型。另外，上述现象反映出省域人口数量的变化趋势也不尽相同，这提示我们各级政府在制定区域体育场地发展规划时，必须考虑所在区域人口数量的变化趋势。

从两个指标3个年份的变异系数来看，万人拥有量和人均场地面积这两个相对规模指标的变异系数均呈减小趋势，这表明省域间体育场地相对规模的差异呈缩小趋势。

11.3.1.2 我国省域体育场地发展速度概况分析

（1）绝对规模发展速度分析。有4个省域的场地数量增长率在1995—2003年出现负增长（辽宁为-10.82%、吉林为-24.11%、海南为-2.44%、甘肃为-10.43%），这表明这4个省域在1995—2003年，新建的场地数量抵不上“流失”的场地数量。然而，同时期，上述4个省域的场地面积增长率有3个省域出现正增长（辽宁为36.10%、海南为117.31%、甘肃为1.55%），特别是海南，其场地数量与场地面积的增长率反差最大，说明海南这一时期新增的场地“大型化”特征突出。2003—2013年，各省域的场地数量增长率均为正增长，但场地面积指标仍有2个省域为负增长，即内蒙古（-28.40%）和黑龙江（-4.54%）。从变异系数（图11-2）看，绝对规模速度2个指标第二阶段的变异系数均小于第一阶段，这说明省域绝对规模发展速度的差异趋向缩小。

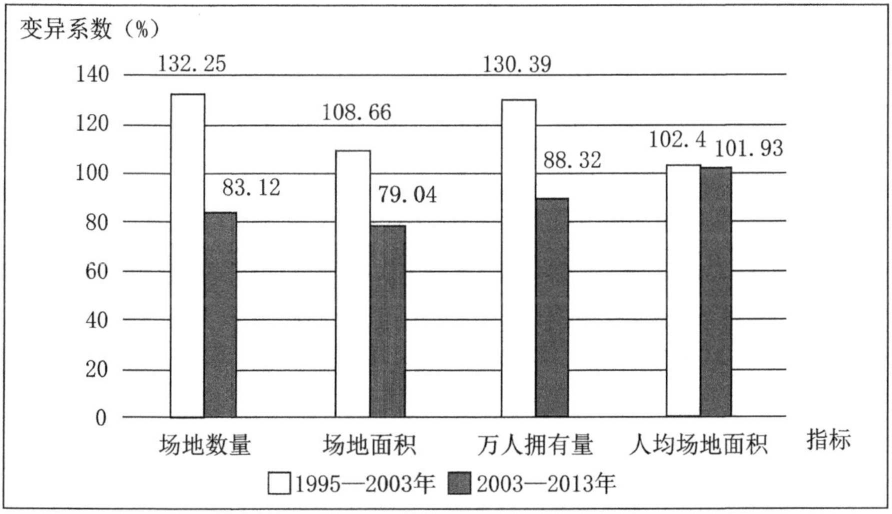

图11-2 两个阶段省域体育场地发展速度各指标变异系数值

另外，还有一个现象值得我们关注。一般来说，在区域体育场地发展过程中，场地数量增长率与场地面积增长率之间理应存在“同步关系”。如果同时期相同区域的场地数量增长率高于场地面积增长率，表明该区域这一时期新增的体育场地相比原有场地更倾向“小型化”。反之，如果场地数量增长率低于场地面积增长率，则表明该区域新增的体育场地相比原有场地更倾向“大型化”。从图 11-3 可知，1995—2003 年（第 4 次普查~第 5 次普查期间），只有 5 个省域（北京、贵州、云南、青海和宁夏）的场地数量增长率高于场地面积增长率，其余 26 个省域的场地数量增长率均低于场地面积增长率，这表明 1995—2003 年，多数省域新增场地的类型相比原有场地更倾向“大型化”，浙江为典型代表，海南次之。然而，上述情况在 2003—2013 年（第 5 次普查~第 6 次普查期间）出现逆转。由图 11-4 可知，只有 5 个省域（海南、重庆、贵州、云南和宁夏）的场地数量增长率低于场地面积增长率，剩余 26 个省域的场地数量增长率均高于场地面积增长率，这表明 2003—2013 年，多数省域新增场地的类型相比原有场地更倾向“小型化”，西藏为典型代表，浙江次之。

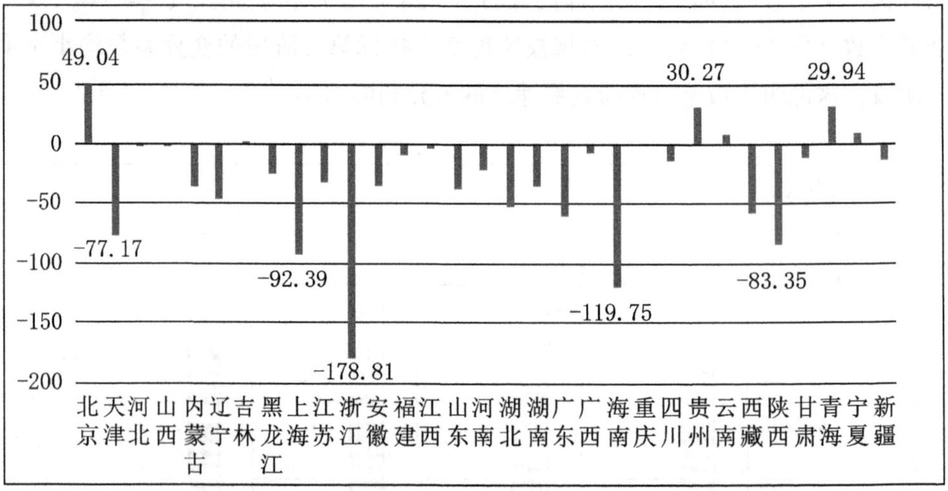

图 11-3　1995—2003 年我国省域场地数量与场地面积增长率的差值

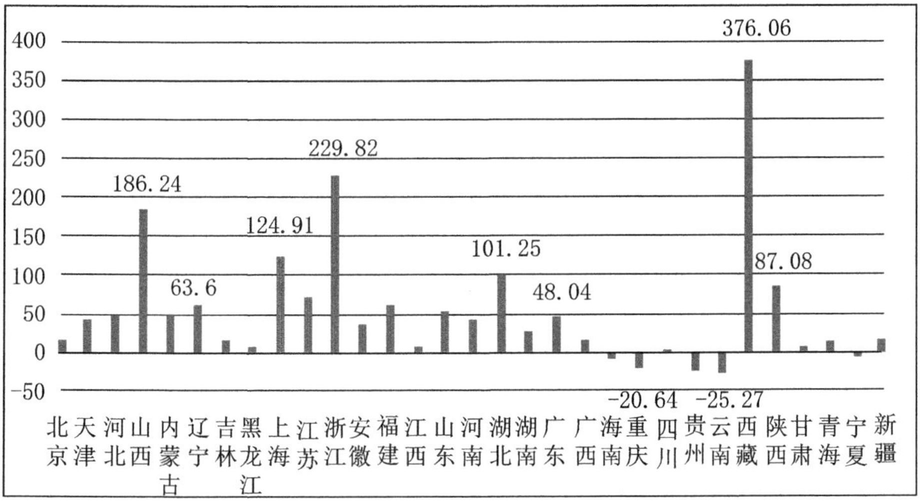

图 11-4 2003—2013 年我国省域场地数量与场地面积增长率的差值

同时，我们也发现，虽然多数省域在 1995—2003 年，新增场地的类型相比原有场地更倾向"大型化"，但省域间倾向"大型化"的程度存在较大差异，即场地数量增长率与场地面积增长率的差值在省域间存在较大差异。同理，在 2003—2013 年，省域间倾向"小型化"的程度也存在较大差异。

（2）相对规模发展速度分析。从表 11-3 可知，1995—2003 年，万人拥有量有 4 个省域出现负增长（辽宁为-13.11%，吉林为-27.30%，海南为-13.31%，甘肃为-13.60%），而人均场地面积只有 2 个省域出现负增长（吉林为-27.50%，甘肃为-2.22%）。2003—2013 年，各省域万人拥有量增长率均转为正增长，但人均场地面积仍有 3 个省域为负增长（天津为-12.03%，内蒙古为-31.56%，黑龙江为-4.84%）。从变异系数（图 11-2）看，万人拥有量和人均场地面积 2003—2013 年的变异系数均小于 1995—2003 年，这说明省域相对规模发展速度的差异趋向缩小。

（3）绝对规模与相对规模发展速度的对比分析。一般来说，区域体育场地绝对规模发展速度如果高于相对规模发展速度（场地数量增长率或场地面积增长率如果高于万人拥有量增长率或人均场地面积增长率），表明该区域这一时期的体育场地建设速度低于人口增长速度。反之，如果绝对规模发展速度低于相对规模发展速度（场地数量增长率或场地面积增长率如果低于万人拥有量增长率或人均场地面积增长率），则表明该区域这一时期的体育场地建设速度高于其人口增长速度。

以场地面积为例。1995—2003 年，有 27 个省域的场地面积增长率高于人均场地面积增长率（重庆数据缺失），这表明 1995—2003 年，多数省域体育场地建设速度低于所在区域的人口增长速度，见图 11-5。2003—2013 年，上述状况依然存在，仍然有 27 个省域的场地面积增长率高于人均场地面积增长率，这表明 2003—2013 年，多数省域体育场地建设速度低于所在区域人口增长速度的状况仍未发生转变，见图 11-6。

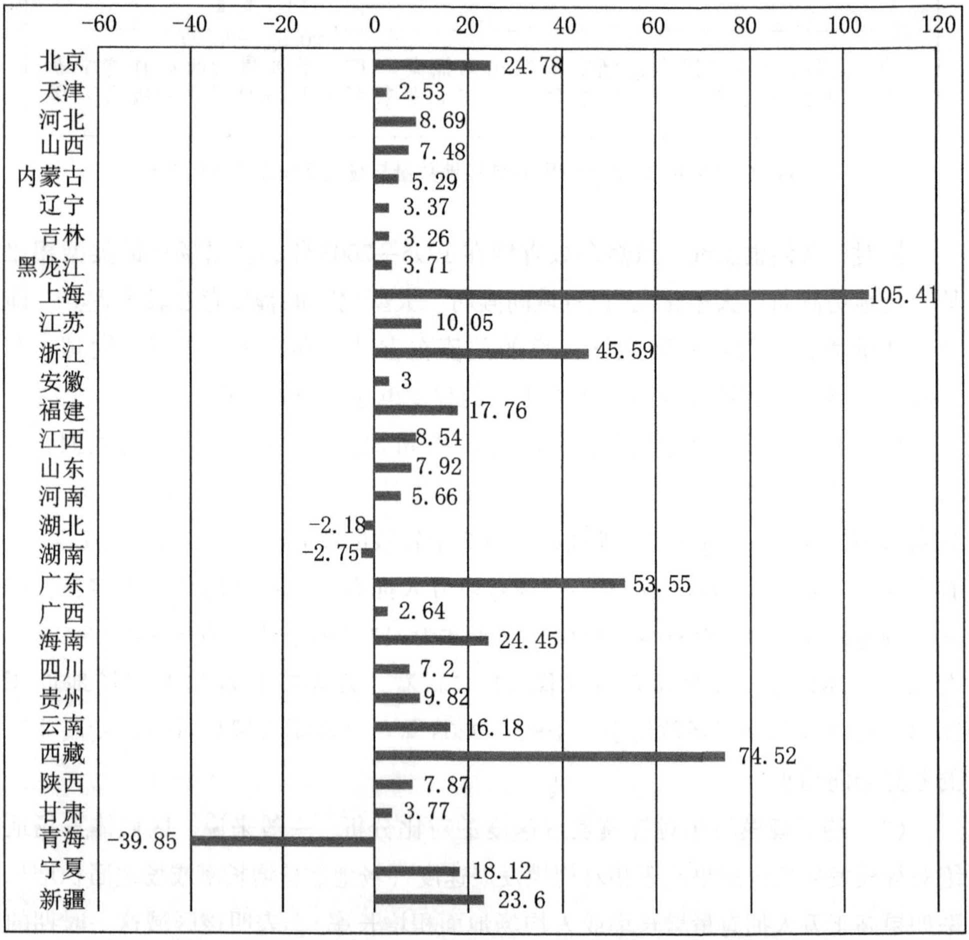

图 11-5　1995—2003 年我国省域场地面积增长率与人均场地面积增长率的差值

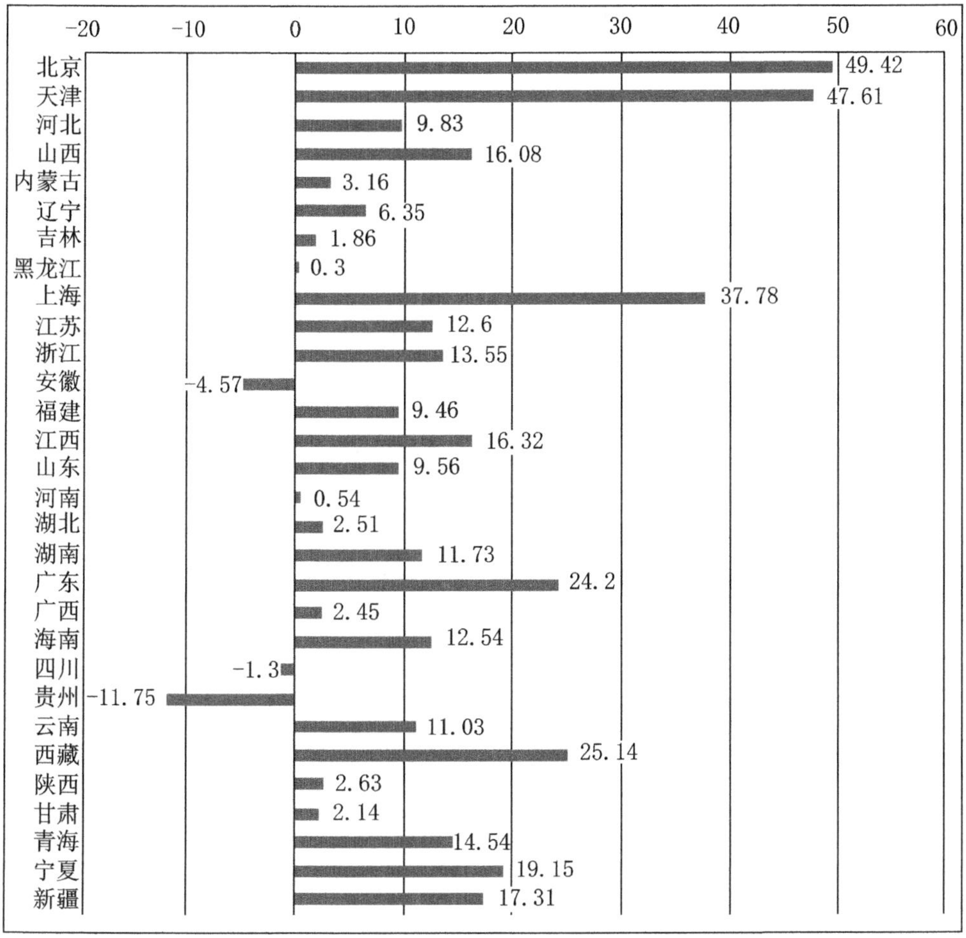

图 11-6　2003—2013 年我国省域场地面积与人均场地面积增长率的差值

11.3.2　我国省域体育场地发展水平的空间特征及演化

上述研究表明，我国省域体育场地发展水平存在较大差异。然而，这种差异的空间特征及其演化规律尚未探明。众所周知，区域体育场地发展水平受区域经济社会发展水平、文化传统、教育、体育事业发展水平、区域政策、人口等众多因素的影响①-④。由于我国地域辽阔，上述影响因素在区域间存在较大差异，同时，区域上述影响因素在空间上又存在集聚现象。因此，从理论上讲，我国省域体育场地发展水平在空间上也可能存在集聚特征，并且这种空间集聚特征可能还具有一定的演化规律。基于此，以下将从规模和速度两个视角，对我国省域体育场地发展水平的空间特征及其演化规律进行深入分析。

11.3.2.1 我国省域体育场地发展规模的空间特征及演化

（1）我国省域体育场地发展规模的全局空间特征及演化。

以我国31个省域1995年、2003年、2013年的场地数量、场地面积、万人拥有量、人均场地面积4个指标12组数据，运用GeoDa软件计算各指标相应年份的全局Moran's I指数估计值及其相关指标，计算结果见表11-4。

表11-4 我国省域体育场地发展规模的全局Moran's I值

类型	指标	年份	*I*值	*Z*值	*P*值
绝对规模	场地数量	1995年	0.1488	1.66**	0.05
		2003年	0.1138	1.90**	0.04
		2013年	0.3193	3.42***	0.01
	场地面积	1995年	0.2149	2.26**	0.02
		2003年	0.0785	1.26*	0.10
		2013年	0.2211	2.60***	0.01
相对规模	万人拥有量	1995年	0.2137	2.00**	0.03
		2003年	0.1548	1.95**	0.04
		2013年	0.2098	2.59***	0.01
	人均场地面积	1995年	0.3835	3.92***	0.01
		2003年	0.3192	3.01***	0.01
		2013年	0.1687	2.15**	0.03

注：*表示$P\leq0.10$，**表示$P\leq0.05$，***表示$P\leq0.01$。

---

① 魏华，权德庆，雷福民，等.中国群众体育场地发展变化及驱动力研究［J］.体育科学，2012，32（7）：3-8.

② 方爱莲．区域经济发展与体育文化设施建设：台州市体育场地调查与分析［J］．北京体育大学学报，2006，29（5）：614-616.

③ 魏德祥，王健．我国学校体育场地动态发展的特征分析：基于全国体育场地“五普、六普”的数据挖掘视角［J］．体育科学，2017，37（2）：16-27.

④ 魏德祥，魏胜敏，雷雯．建国以来省域竞技体育实力的空间集聚演变——基于ESDA方法分析［J］．成都体育学院学报，2015，41（5）：77-81.

从表 11-4 可知，中国省域体育场地发展规模各年份各项指标的全局 Moran's I 值都为正数，除了 2003 年场地面积指标通过 10%的 Z 值显著性检验，其他各项指标都通过 5%的 Z 值显著性检验。这说明我国省域体育场地发展规模一直存在正的空间自相关现象，即省域体育场地发展规模相似地区在空间上集聚分布，也就是说体育场地发展规模大的省域与大的省域、发展规模小的省域与小的省域在空间上呈集中分布。

从全局 Moran's I 值的具体数值看，不但体育场地发展规模各项指标间的全局 Moran's I 值存在差异，而且相同指标在不同年份的全局 Moran's I 值也存在较大差异。这说明省域体育场地发展规模各项指标的空间集聚程度及变化规律并不一致。例如，3 个年份中，场地数量、场地面积和万人拥有量 3 个指标的全局 Moran's I 值都经历了"从下降到提高"的过程（场地数量 I 值分别为 0. 1488、0. 1138、0. 3193，场地面积 I 值分别为 0. 2149、0. 0785、0. 2211，万人拥有量 I 值分别为 0. 2137、0. 1548、0. 2098）。这说明我国省域场地数量、场地面积和万人拥有量的空间集聚程度都呈"从下降到提高"的发展过程。4 个指标中唯独人均场地面积的全局 Moran's I 值呈"逐年下降"趋势，由 1995 年的 0. 3835 下降至 2003 年的 0. 3192，到 2013 年只有 0. 1687。这说明我国省域人均场地面积的空间集聚程度呈"逐年下降"趋势。

已有研究表明，体育场地发展与所在区域的经济社会发展水平有较大关联[①-②]。而我国幅员辽阔，区域间经济社会发展水平存在较大差异，并且在不同尺度上还存在空间集聚现象[③-⑤]。因此，区域经济社会发展水平所形成的空间集聚可能是促使我国省域体育场地发展水平形成空间集聚的原因之一。近年来，隶属教育系统的体育场地所占比例虽然有所减少，但仍占有较大比例。例如，第 6 次普查数据显示，2013 年，隶属教育系统的体育场地占比达到 40. 22%。已有研

---

① 魏华，权德庆，雷福民，等. 中国群众体育场地发展变化及驱动力研究 [J]. 体育科学，2012，32 (7)：3-8.

② 方爱莲. 区域经济发展与体育文化设施建设：台州市体育场地调查与分析 [J]. 北京体育大学学报，2006，29 (5)：614-616.

③ 李丁，冶小梅，汪胜兰，等. 基于 ESDA——GIS 的县域经济空间差异演化及驱动力分析：以兰州—西宁城镇密集区为例 [J]. 经济地理，2013，33 (5)：31-36，23.

④ 刘家君，魏伟，张建清. 基于 ESDA 的湖北省区域经济发展空间格局分析 [J]. 统计与决策，2014 (13)：134-137.

⑤ 王海江，苗长虹，茹乐峰，等. 我国省域经济联系的空间格局及其变化 [J]. 经济地理，2012，32 (7)：18-23.

究表明，省域学校体育场地的发展水平存在空间集聚现象①，占比如此之大的省域学校体育场地的空间集聚现象必然会促使省域整体的体育场地发展规模在空间上形成集聚。

体育场地是开展竞技体育和群众体育的物质基础，区域体育场地发展水平的提高有利于所在地区的竞技体育和群众体育发展，而区域竞技体育和群众体育的发展，反过来又能够激发群众的健身意识，促进群众健身行为增加。与此同时，要求地方政府提供更多体育场地的民意也会增加。负责任的地方政府一般会积极回应这种民意，通过各种方式，增加体育场地供给，从而提高所在地区体育场地的发展水平。已有研究表明，我国省域竞技体育实力存在空间集聚现象②，这可能也是促使省域体育场地发展规模形成空间集聚的原因之一。

另外，地方政府在体育场地发展的相关政策制定与执行过程中的“溢出效应”也是省域体育场地发展水平形成空间集聚现状的原因之一。例如，地方政府在政策制定与执行过程中，相邻省份可能会互相借鉴、互相学习。同时，经济社会发展水平相似省份也可能会以对方为参照标杆来确定标准，从而使政策制定及执行效果出现区域差异，而这种差异导致省域体育场地发展规模在空间上呈集中分布。

（2）我国省域体育场地发展规模的局域空间特征及演化。

上述研究表明，我国省域体育场地发展规模在全局一直存在空间集聚现象，为了更准确、有效地研究我国省域体育场地发展规模的局域空间特征，分别计算了省域场地数量、场地面积、万人拥有量、人均场地面积 4 个指标 3 个年份 12 组数据的局域空间关联指数 Getis-Ord Gi^*，并用 ArcGIS 10 软件将其空间化，生成我国省域体育场地发展规模的热点空间演化表（表 11-5），以进一步探索省域体育场地发展规模是否存在局部空间集聚、哪个区域单元对于全局空间自相关的贡献更大，以及 Moran's I 值在多大程度上掩盖了局部不稳定性等问题。

---

① 魏德祥，王健．我国学校体育场地动态发展的特征分析：基于全国体育场地“五普、六普”的数据挖掘视角［J］．体育科学，2017，37（2）：16-27.

② 魏德祥，魏胜敏，雷雯．建国以来省域竞技体育实力的空间集聚演变：基于 ESDA 方法分析［J］．成都体育学院学报，2015，41（5）：77-81.

表 11-5 中国省域体育场地发展规模的热点空间演化

指标	热点区域	次热区域	次冷区域	冷点区域
A1 场地数量（1995 年）	辽宁、山东、江苏、河南、湖北、湖南、广东、广西、四川、重庆（10）	黑龙江、吉林、内蒙古、河北、陕西、甘肃、云南（7）	山西、浙江、安徽、福建、江西、海南、贵州、新疆（8）	北京、天津、上海、西藏、青海（5）
B1 万人拥有量（1995 年）	吉林、内蒙古、宁夏、新疆、甘肃、广西、海南（7）	黑龙江、辽宁、陕西、湖北、广东、云南（6）	河北、北京、天津、山东、山西、河南、江苏、浙江、江西、福建、贵州、湖南、重庆、四川、青海（15）	上海、安徽、西藏（3）
A2 场地数量（2003 年）	广东（1）	河北、山东、江苏、浙江、河南、湖北、广西、四川、云南（9）	黑龙江、吉林、辽宁、内蒙古、新疆、甘肃、陕西、山西、安徽、江西、福建、湖南、贵州、重庆（14）	北京、天津、上海、海南、宁夏、青海、西藏（7）
B2 万人拥有量（2003 年）	宁夏、新疆、海南（3）	内蒙古、北京、天津、甘肃、浙江、福建、广东、广西、云南、上海（10）	黑龙江、吉林、辽宁、河北、山东、江苏、陕西、山西、湖北、江西、四川、重庆、贵州、青海（14）	安徽、河南、湖南、西藏（4）
A3 场地数量（2013 年）	山东、江苏、浙江、广东（4）	辽宁、河北、山西、河南、湖北、湖南、安徽、江西、福建、广西、云南、四川（12）	黑龙江、内蒙古、陕西、重庆、贵州、甘肃、新疆、上海（8）	吉林、北京、天津、宁夏、青海、西藏、海南（7）
B3 万人拥有量（2013 年）	宁夏、山西、浙江、西藏、上海（5）	江苏、福建、江西、广东、广西、湖北、重庆、青海、新疆、北京（10）	内蒙古、辽宁、天津、山东、陕西、甘肃、云南（7）	黑龙江、吉林、河北、北京、河南、安徽、湖南、贵州、四川（9）

续表

指标	热点区域	次热区域	次冷区域	冷点区域
C1 场地面积（1995 年）	广东、山东、河北、吉林（4）	黑龙江、内蒙古、辽宁、江苏、河南、湖北、湖南、四川、广西、四川、重庆（11）	北京、浙江、安徽、福建、山西、陕西、甘肃、新疆、云南（9）	宁夏、天津、上海、江西、海南、青海、西藏（7）
D1 人均场地面积（1995 年）	内蒙古、吉林（2）	黑龙江、辽宁、北京、天津、宁夏、甘肃、新疆、广东、海南（9）	河北、山东、江苏、山西、陕西、湖北、湖南、福建、广西、云南、青海（11）	西藏、四川、重庆、贵州、浙江、安徽、河南、江西、上海（9）
C2 场地面积（2003 年）	山东、广东（2）	内蒙古、辽宁、河北、河南、湖北、江苏、浙江（7）	黑龙江、吉林、北京、天津、上海、福建、江西、安徽、海南、广西、云南、湖南、四川、山西、陕西、甘肃、新疆（17）	宁夏、贵州、重庆、青海、西藏（5）
D2 人均场地面积（2003 年）	内蒙古、北京、天津、海南（4）	黑龙江、辽宁、吉林、河北、山东、浙江、福建、广东、宁夏、新疆、上海（11）	江苏、山西、陕西、甘肃、青海、西藏、云南、广西、湖南、湖北（10）	河南、安徽、江西、四川、重庆、贵州（6）
C3 场地面积（2013 年）	山东、江苏、广东（3）	辽宁、河北、河南、安徽、浙江、江西、湖北、湖南、四川（9）	黑龙江、吉林、内蒙古、北京、陕西、山西、重庆、上海、福建、云南、广西、新疆（12）	天津、海南、宁夏、甘肃、青海、西藏、贵州（7）
D3 人均场地面积（2013 年）	海南（1）	辽宁、北京、天津、山东、江苏、上海、宁夏、广东、新疆（9）	吉林、内蒙古、河北、山西、浙江、江西、福建、湖北、重庆、宁夏、西藏（11）	黑龙江、安徽、河南、陕西、甘肃、四川、贵州、云南、贵州、湖南（10）

（1）我国省域体育场地数量的局域空间特征及演化。从表 11-5 的 A1、A2、A3 可知，省域场地数量（绝对规模）发展到 1995 年形成两个热点区域，其中有一个热点的极化作用强、涉及面广，由华南的广西和广东，中部的湖南、湖北、

河南，西部的四川，华东的山东和江苏，共8个省域组成。另一个热点的极化作用较弱，为东北的辽宁，但其辐射作用较强，周边省域均为次热区域。2003年，省域场地数量的热点区域迅速弱化，双热点的空间格局已演化为单热点。东北的辽宁已退出热点区域，与周边省域一同降至次冷区域。另一个原来由8个省域组成的热点区域，也只有广东予以保留，其余7个省域均已退出，其中湖南甚至直接退至次冷区域。2013年，华东地区又新增了一个热点区域，由山东、江苏、浙江组成，与华南的广东热点一起，重新构成双热点的空间格局。同时，随着中部次热区域的省域数量增加，全国自东向西形成由热点区域—次热区域—次冷区域—冷点区域构成的“阶梯式递减”的空间格局更加清晰，省域场地数量的热点空间格局愈加与省域经济总量的空间格局重合。

然而，由于我国省域人口数量差异较大且增长率也不均衡，省域万人拥有量（相对规模）的热点空间特征及其格局演化规律与场地数量并不一致。从表11-5的B1、B2、B3可知，1995年，省域万人拥有量已形成3个热点区域，北部热点由吉林、内蒙古、宁夏、甘肃和新疆5个省域组成，南部热点由广西、海南各形成一个热点。2003年，原有北部热点区域出现退化，吉林、内蒙古、甘肃均已退出热点区域，南部的广西也已退出热点，形成的3个热点区域均为单个省域（新疆、宁夏、海南），表明这时期热点区域的极化作用均较弱。2013年，热点空间格局出现较大变化，4个热点区域中有3个是新增的，特别是西藏，由冷点区域直接跃升为热点区域。同时，热点区域极化作用较弱现象仍然没有改变，各热点区域均为单个省域。

从省域万人拥有量的热点分布及格局演化规律看，热点区域似乎与经济强省无缘，除浙江在2013年进入热点区域外，其他经济强省均未曾进入热点区域。

（2）我国省域体育场地面积的局域空间特征及演化。从表11-5的C1、C2、C3可知，1995年，省域场地面积（绝对规模）已形成3个热点区域，即北部的2个热点区域分别为吉林，河北和山东；南部的广东。3个热点区域由大片次热区域连接，表明这一时期热点区域的辐射作用较强，带动周边省域发展。2003年，原来北部的两个热点区域均出现退化。随着吉林和河北的退出，原来北部的双热点空间格局已演化成单热点。南部热点依然保留（广东），但其辐射带动作用在弱化，周边均由次冷区域组成。2013年，南北各一个热点区域的空间格局并未改变，但北部热点区域的极化作用加强，江苏跃升为热点区域。同时，两个热点区域的辐射作用加强，两者之间由大片次热区域连接。

与场地面积相比，省域人均场地面积（相对规模）的热点空间格局更不稳定。从表 11-5 的 D1、D2、D3 可知，1995 年，只在北部形成了一个热点区域，由吉林和内蒙古组成；另一个显著特征是冷点区域和次冷区域较多且连接成片。整体而言，人均场地面积北部省域优于南部。2003 年，北部新增两个热点区域——北京和天津；同时，南部的海南也跃升为热点区域。整体而言，人均场地面积已由“北部优于南部”转为“东部优于西部”的空间格局。2013 年，热点区域迅速退化，已由 3 个热点区域的空间格局演化为单热点（只有海南保留）。同时，冷点区域迅速扩大，由安徽、河南、湖南、陕西、甘肃、四川、云南、贵州、广西等中西部省域连成一片。人均场地面积“东部优于西部”的空间格局已不显著。

11. 3. 2. 2　我国省域体育场地发展速度的空间特征及演化

上一节我们从体育场地规模（存量）视角探讨了我国体育场地发展水平空间结构的变化情况。然而，这种格局的考察只是建立在对静态数据分析的基础上，忽略了动态过程的探究。为了能够更好地研究我国体育场地发展水平空间格局的变动过程，还有必要动态考虑我国体育场地发展水平的变化状况。因此，本节将从速度视角，以省域场地数量、场地面积、万人拥有量、人均场地面积的增长率为指标，将 3 个时间断面分为 2 个时段（1995—2003 年、2003—2013 年），进一步考察我国省域体育场地发展速度的空间特征及演化规律。

（1）我国省域体育场地发展速度的全局空间特征及演化。以我国 31 个省域 1995—2003 年、2003—2013 年的场地数量增长率、场地面积增长率、万人拥有量增长率、人均场地面积增长率 4 个指标 8 组数据，运用 GeoDa 软件计算各指标相应时段的全局 Moran’s I 指数估计值及其相关指标，计算结果见表 11-6。

表 11-6　我国省域体育场地发展速度的全局 Moran's I 值

类　型	指　标	时间跨度	*I* 值	*Z* 值	*P* 值
绝对规模	场地数量增长率	1995—2003 年	0.1388	1.79**	0.04
		2003—2013 年	0.0814	1.40*	0.07
	场地面积增长率	1995—2003 年	0.1675	2.08**	0.04
		2003—2013 年	0.1190	1.73**	0.04
相对规模	万人拥有量增长率	1995—2003 年	0.1935	2.68***	0.01
		2003—2013 年	0.0975	1.49**	0.05
	人均场地面积增长率	1995—2003 年	0.1924	2.10**	0.03
		2003—2013 年	0.1852	2.29**	0.02

注：* 表示 $P \leqslant 0.10$，** 表示 $P \leqslant 0.05$，*** 表示 $P \leqslant 0.01$。

从表 11-6 可知，我国省域体育场地发展速度各指标的 Moran's I 值均为正数，除 2003—2013 年场地数量增长率外（其只通过 10%的 *Z* 值显著性检验），其余各项指标均通过 5%的 *Z* 值显著性检验。这表明我国省域体育场地发展速度一直存在空间集聚现象，也就是说体育场地发展速度快的省域与快的省域、发展速度慢的省域与慢的省域在空间呈集中分布。从 Moran's I 值具体数值变化看，第二时段（2003—2013 年）体育场地发展速度各项指标的 Moran's I 值均小于第一时段（1995—2003 年），这说明我国省域体育场地发展速度的空间集聚程度在减弱。

我国省域体育场地发展速度的空间集聚程度减弱的原因可能与我国政府加速推动公共服务均等化进程有关。虽然改革开放以来，我国政府就努力强化政府公共服务能力，着力实现基本公共服务均等化，但公共服务均等化推进工作直到 2000 年以后才进入快速轨道。2005 年 10 月 11 日，中共十六届五中全会通过的《中共中央关于制定国民经济和社会发展第十一个五年规划的建议》要求，要"按照公共服务均等化原则，加大国家对欠发达地区的支持力度，加快革命老区、民族地区、边疆地区和贫困地区经济社会发展"。2006 年 10 月 11 日，中共十六届六中全会通过的《中共中央关于构建社会主义和谐社会若干重大问题的决定》进一步提出，"完善公共财政制度，逐步实现基本公共服务均等化"①。2007 年，

① 安体富，任强．公共服务均等化：理论、问题与对策［J］．财贸经济，2007（8）：48-53.

党的十七大报告指出，“缩小区域发展差距必须注重实现基本公共服务均等化，引导生产要素跨区域合理流动”；要“围绕推进基本公共服务均等化和主体功能区建设，完善公共财政体系”。中央通过加大财政转移支付力度，来确保落后区域基本公共服务体系建设。体育场地是群众开展健身活动的物质基础，增加体育场地供给是政府改善民生的重要举措，而财政拨款是建设体育场地筹资的主要渠道，随着对落后区域财政转移支付力度加强，落后区域就有更多财政能力来发展体育场地，从而促使我国省域体育场地发展速度的空间集聚程度减弱。

（2）我国省域体育场地发展速度的局域空间特征及演化。研究表明，我国省域体育场地发展速度在全局一直存在空间集聚现象，为更准确、有效地研究我国省域体育场地发展速度的局域空间特征，分别计算了省域场地数量、场地面积、万人拥有量、人均场地面积 4 个指标在两个阶段（1995—2003 年、2003—2013 年）的增长率共 8 组数据的局域空间关联指数 Getis-Ord G_i^*，并用 ArcGIS 10 软件将其空间化，用 Jenks（最佳自然断裂法）将每个年份的局域 G_i^* 统计量从低到高分成四类（冷点区域、次冷区域、次热区域和热点区域），生成我国省域体育场地发展速度的热点空间演化表（表 11-7），以进一步探索省域体育场地发展速度是否存在局部空间集聚、哪个区域单元对于全局空间自相关的贡献更大，以及 Moran's I 值在多大程度上掩盖了局部不稳定性等问题。

表 11-7　我国省域体育场地发展速度的热点空间演化表（1）

指　标	热点区域	次热区域	次冷区域	冷点区域
E1 场地数量增长率（1995—2003 年）	上海、西藏（2）	云南、四川、贵州、宁夏、广东、福建、江西、浙江、安徽、河北、北京、天津、重庆（13）	新疆、青海、黑龙江、山西、河南、山东、江苏（7）	内蒙古、甘肃、陕西、吉林、辽宁、湖北、湖南、广西、海南（9）
F1 万人拥有量增长率（1995—2003 年）	上海、西藏（2）	青海、四川、重庆、云南、贵州、河北、北京、天津、安徽、浙江、江西、福建（12）	新疆、黑龙江、宁夏、山西、河南、山东、江苏、广东（8）	内蒙古、吉林、辽宁、甘肃、陕西、湖北、湖南、广西、海南（9）

续表

指　标	热点区域	次热区域	次冷区域	冷点区域
E2 场地数量增长率（2003—2013 年）	西藏（1）	山西、江苏、上海、浙江、山西（5）	青海、辽宁、陕西、山东、河南、天津、重庆、湖北、湖南、安徽、江西、广东、福建（13）	新疆、甘肃、内蒙古、宁夏、黑龙江、吉林、河北、北京、四川、云南、贵州、广西、海南（13）
F2 万人拥有量增长率（2003—2013 年）	西藏（1）	山西、江苏、浙江、江西（4）	青海、辽宁、陕西、重庆、河南、山东、上海、安徽、湖北、湖南、广西、福建（12）	新疆、内蒙古、甘肃、黑龙江、吉林、河北、北京、天津、宁夏、四川、重庆、云南、贵州、广东、海南（15）

1995—2003 年，场地数量增长率在东、西两端各形成一个热点区域（表 11-7 中 E1），即东部的上海和西部的西藏。虽然两个热点区域涉及的范围小，各仅有 1 个省域，但次热区域涉及面广且较为集中，主要集中在西南、东南及华北平原的大部分省域，而西北、东北及部分中部省域则基本处于冷点区域或次冷区域，场地数量增长重心分别位于中国南部的东、西两侧。万人拥有量的增长格局与场地数量的增长格局基本保持一致（表 11-7 中 F1），只有个别省域有些微调，即广东、宁夏由次热区域降为次冷区域，青海由次冷区域升至次热区域。

2003—2013 年，场地数量的增长格局出现较大调整（表 11-7 中 E2）。西部的热点区域虽然还在（西藏），但东部热点已消失（上海退出热点区域），同时，冷点区域迅速扩大且整体向西、向北迁移。随着东部次热区域范围缩小，原有的“东、西两端增长较快”的空间格局已不明显。万人拥有量在第二阶段的增长格局与场地数量的增长格局仍然基本保持一致（表 11-7 中 F2）。

表 11-8 我国省域体育场地发展速度的热点空间演化表（2）

指 标	热点区域	次热区域	次冷区域	冷点区域
G1 场地面积增长率（1995—2003 年）	浙江、上海、西藏（3）	北京、天津、安徽、福建、广东、海南（6）	黑龙江、辽宁、内蒙古、河北、山东、河南、湖北、湖南、江西、陕西、宁夏、重庆、四川、贵州、云南、新疆、江苏（17）	吉林、山西、广西、甘肃、青海（5）
H1 人均场地面积增长率（1995—2003 年）	西藏、浙江、上海（3）	北京、天津、安徽、江西、福建、广东、海南、陕西、四川（9）	黑龙江、辽宁、内蒙古、河北、山东、河南、湖北、湖南、贵州、云南、宁夏、青海、新疆、重庆、江苏（15）	吉林、山西、甘肃、广西（4）
G2 场地面积增长率（2003—2013 年）	江苏、江西、重庆（3）	山东、山西、河南、安徽、宁夏、湖南、贵州、云南、西藏、青海（10）	辽宁、北京、天津、上海、浙江、福建、广东、广西、海南、湖北、陕西、甘肃、四川、新疆（14）	黑龙江、吉林、内蒙古、河北（4）
H2 人均场地面积增长率（2003—2013 年）	江苏、江西、重庆（3）	山东、山西、河南、安徽、宁夏、湖南、广西、贵州、云南、四川、青海、西藏（12）	辽宁、陕西、湖北、甘肃、广东、海南、福建（7）	黑龙江、吉林、内蒙古、河北、北京、天津、新疆、浙江、上海（9）

1995—2003 年，场地面积增长率在东西两端也各形成一个热点区域（表 11-8 中 G1），但东部热点的极化作用相对更强（由上海和浙江组成），并且辐射能力也更大，周边形成的次热区域范围较广（安徽、福建、广东、海南连成一片）。西部热点仅涉及一个省域（西藏），且周边被冷点区域或次冷区域环绕。2003—2013 年，场地面积增长率的热点空间格局出现较大调整（表 11-8 中 G2），由原来的双热点调整为三热点，并且热点省域均出现更替（原先的西藏、浙江、上海均退出热点区域，新的 3 个热点分别由重庆、江西、江苏构成）。与此同时，中、西部跃升为次热区域的省域增加，这说明 2003—2013 年，位于中、

西部地区省域的场地面积发展速度相对较快。冷点区域集中在东北和华北地区。

从相对量看，人均场地面积增长率的热点空间格局及演化路径与场地面积一致，也由双热点调整为三热点，并且位于热点区域的省域也相同。但是，在次热区域和冷点区域的空间格局方面存在不同，特别在2003—2013年，两者之间出现较大差异，即中西地区的人均场地面积增长率的次热区域范围显著扩大，同时，位于东北、西北地区的冷点区域范围也在扩大。特别值得关注的是，在东部沿海地区新增一个冷点区域，由浙江和上海组成。整体而言，2003—2013年，人均场地面积增长率北部低于南部，东部低于中、西部。

综上所述，就场地数量与场地面积增长率热点空间格局对比，场地数量和场地面积增长率的热点区域或次热区域的空间格局朝互为相反的方向演化，即场地数量增长率由较大范围的热点区域或次热区域演化为较小范围，而场地面积增长率则由较小范围的热点区域或次热区域演化为较大范围，这种趋势在西部地区更为明显。一般来说，场地数量增长率与场地面积增长率相互间存在“匹配关系”，这种“匹配关系”如果在某个区域失衡，则意味着该区域体育场地发展方式具有独特性，该时期该区域的体育场地可能是朝“大型化”或“小型化”类型方向发展。根据分析可知，西部地区省域在第一阶段（1995—2003年）主要新增“小型化”类型的体育场地，在第二阶段（2003—2013年）新增场地明显趋向“大型化”类型的体育场地。

11.4　结　论

11.4.1　省域体育场地发展水平概况特征

（1）从发展规模看，省域体育场地绝对规模存在较大差异且该差异还呈扩大趋势，相对规模虽也存在较大差异，但差异有缩小趋势；省域体育场地发展方式存在差异，即有些省域重视场地数量，场地建设趋向“小型化”类型；有些省域重视场地面积，场地建设趋向“大型化”类型。

（2）从发展速度看，省域体育场地发展速度存在差异，但差异趋于缩小；第4次普查至第5次普查期间，多数省域新增场地类型相比原有场地更倾向“大型化”，浙江为典型代表，海南次之。第5次普查至第6次普查期间，上述情况出现逆转，即多数省域新增场地类型相比原有场地更倾向“小型化”，西藏为典型代表，浙江次之；第4次普查至第5次普查期间，多数省域体育场地建设速度低于所在区域的人口增长速度，这种状况在第5次普查至第6次普查期间仍在持续。

11.4.2 省域体育场地发展规模的空间特征及演化规律

（1）从全局看，省域体育场地发展规模存在空间集聚现象，但各项指标的空间集聚程度及变化规律存在差异，即省域场地数量、场地面积和万人拥有量的空间集聚程度都呈“从下降到提高”的发展过程，省域人均场地面积的空间集聚程度呈“逐年下降”趋势。

（2）从局域看，省域场地数量（绝对规模）热点区域呈双热点—单热点—双热点的演化历程，并且热点重心逐渐向东迁移，最终形成的空间格局表现为热点区域—次热区域—次冷区域—冷点区域的阶梯式递减特征（由东向西）。省域万人拥有量（相对规模）热点区域呈三热点—三热点—四热点的演化历程，且热点空间格局变动较为剧烈。整体而言，省域场地数量的热点空间格局愈加与省域经济发展水平重合，而省域万人拥有量的热点区域似乎与经济强省无缘。

省域场地面积（绝对规模）热点区域呈三热点—双热点—双热点的演化历程，且热点重心一直位于东部地区。省域人均场地面积（相对规模）呈单热点—三热点—单热点的演化历程，并且表现出由“北部优于南部”转为“东部优于西部”再到“无明显优势区域”的演化规律。

11.4.3 省域体育场地发展速度的空间特征及演化规律

（1）从全局看，省域体育场地发展速度一直存在空间集聚现象，但空间集聚程度趋于减弱。

（2）从局域看，1995—2003年，省域场地数量和万人拥有量增长的热点格局基本保持一致，呈双热点格局。同时，次热区域涉及面广且较为集中（主要集中在西南、东南及华北平原的大部分省域），而西北、东北及部分中部省域则基本处于冷点区域或次冷区域。增长重心分别位于中国南部的东、西两侧。2003—2013年，省域场地数量和万人拥有量增长的热点格局均出现较大调整，但两者的演化规律基本相同。东部热点消失，同时，冷点区域迅速扩大且整体向西、向北迁移，原有的中国南部“东、西两端增长较快”的空间格局已不明显。

场地面积增长的热点区域从双热点演化为三热点，并且空间格局出现较大变化，处于热点区域的省域均出现调整。2003—2013 年，位于中、西部地区省域的场地面积发展速度相对更快，位于东北、华北地区省域则相对更慢。人均场地增长的热点区域格局演化规律与场地面积保持一致，但次热区域和冷点区域的格局演化规律存在差异。整体而言，2003—2013 年，人均场地面积增长率北部低于南部，东部低于中、西部。

场地数量和场地面积增长率的热点区域或次热区域的空间格局朝互为相反方向演化，即场地数量增长率由较大范围的热点区域或次热区域演化为较小范围，而场地面积增长率则由较小范围的热点区域或次热区域演化为较大范围，这种趋势在西部地区更为明显。

CHAPTER12

第12章

公共体育服务体系示范区建设对体育产业发展的影响

公共体育服务体系建设是我国体育改革的重点领域，公共体育服务体系示范区是促进公共体育服务与体育产业协同发展的重要载体，也是落实体育强国发展战略的关键支撑。体育产业的发展使非营利性组织和企业也具备了向居民供给公共体育产品和服务的能力。公共体育服务供给引入市场机制，加大了体育市场在配置公共体育资源中的作用，不仅能促使公共体育产品和服务数量明显增加，质量稳步提升，还是促进体育产业高质量发展的有益尝试。本书选取 2013—2018 年全国 12 个省份 149 个城市的面板数据进行实证研究，旨在集中回答以下问题：①公共体育服务体系示范区建设是否有利于体育产业发展？②公共体育服务体系示范区建设对体育产业发展的影响是否具有持续作用？

12.1　公共体育服务体系示范区建设制度背景

在我国公共体育服务改革中，国家体育总局与江苏省人民政府共同启动的公共体育服务体系示范区建设是一项非常重要的政策，评估公共体育服务体系示范区建设对体育产业的影响就显得尤为重要。随着公共体育服务体系示范区建设政策的实施，公共体育服务体系示范区建设促进体育产业发展的问题引起了学术界的广泛关注。现有政策效应评价研究成果表明，政策的实施短期内有效但长期可能无效。因此，评价公共体育服务体系示范区建设对体育产业发展的促进效应，不仅要评价建设期间该政策的促进效应，还需要回答该政策的促进效应是否可持续。

我国公共体育服务体系建设的变迁基本经历了以下 3 个阶段。

（1）萌芽阶段（1992—2001年）。在党的十四大确立我国进行社会主义市场经济改革的大背景下，中国体育体制与机制改革逐步走向深化，1993年，国家体育运动委员会以“面向市场，走向市场，以产业化为方向”为基本思路，出台了《关于深化体育改革的意见》，将转变体育运行机制作为改革的突破口。1995年，《全民健身计划纲要》颁布实施，这是一个社会支持、全民参与的健身计划，是我国开始由政府主导，向全体社会公众供给基本公共体育服务的标志性事件。这一阶段，我国基本公共体育服务供给主体仍然以政府为中心，各级体育职能管理部门作为政府构成部门，不仅负责各类体育场地设施的建设、管理与使用，各类体育活动也是由体育职能管理部门直接组织实施的。

（2）发展阶段（2002—2012年）。2002年，中共中央、国务院印发《关于进一步加强和改进新时期体育工作的意见》，明确了我国基本公共体育服务建设的方向，是通过构建多元化体育服务体系，保障人民群众参与体育的权利。2003年，国务院印发《公共文化体育设施条例》，就基本公共体育服务中核心的体育场地设施建设、管理和使用问题进行了阐述，明确要求“公共文化体育设施应当根据其功能、特点向公众开放”，充分发挥公共文化体育设施的功能，繁荣文化体育事业。2012年，《体育事业发展“十二五”规划》明确提出建立公共体育服务体系，提高公共体育服务水平。在党和政府对我国体育事业的高度重视与大力支持下，受益于我国体育体制改革进一步深化，我国基本公共体育服务体系建设进入发展期，基本公共体育服务范围逐步扩大，供给主体也由政府单一中心，逐步转变为以政府为主导，非营利性机构和企业为补充的混合供给模式。

（3）壮大阶段（2013—2018年）。党的十八大以来，在习近平总书记关于体育工作的系列重要论述指导下，体育事业改革踏上新征程。2013年12月，国家体育总局和江苏省人民政府签署《建设公共体育服务体系示范区合作协议》，该协议签署是这一阶段我国推进公共体育服务改革的标志性事件。协议中对政府在基本公共体育服务中承担的职责进行了明确的论述，逐步减少政府直接供给基本公共体育服务，加大通过购买服务的方式来实现服务供给，形成小政府、强社团、大社会的多元化公共体育服务供给格局。2014年，江苏先后出台《省政府办公厅关于推进公共体育服务体系示范区建设的实施意见》和《江苏省公共体育服务体系示范区创建办法（试行）》。2015年，江苏先后分两批命名江苏省公共体育服务体系示范区，截至2015年底，江苏11个省辖市和86个县（市、区）建成公共体育服务体系示范区。

12.2 公共体育服务示范区建设的理论假设

公共体育服务体系示范区建设通过纳入国民经济和社会发展总体规划和基本公共服务发展规划，加大财政、税收、金融和土地等方面的政策支持力度等一系列政策优惠，改善公共体育服务发展环境，并通过发展体育服务业，积极引导大众体育消费，完善省级体育产业发展引导资金的扶持方式，推进体育产业基地建设，探索大型体育场馆委托经营、连锁经营、集团化经营等途径对当地体育产业发展产生重要影响，从而发挥体育产业在提供公共体育产品和服务中的重要作用。然而，政策措施驱动体育产业发展具有滞后性特征，驱动效应的显现需要一个过程。公共体育服务体系示范区建设时间越长，获得相应政策的支持的时间越久。这不仅可以促使相关企业对投入体育产业产生更高预期，还可以使建设公共体育服务体系示范区的区域借助政策优惠“循环累积”，有利于体育产业发展。公共体育服务体系示范区建设时间越长，可能对体育产业发展更有利。据此，本书提出：

假设1：公共体育服务体系示范区建设能够有效促进体育产业发展。(平均效应)

假设2：公共体育服务体系示范区建设时间越长，对体育产业的推动效应越大。(动态效应)

12.3 模型选择、变量处理

12.3.1 模型选择

本书探讨的核心问题是公共体育服务体系示范区建设是否能够促进体育产业发展，从计量经济学视角可以通过研究被命名为公共体育服务体系示范区（实验组）和未被命名为公共体育服务体系示范区（控制组）体育产业的变化来估计该项政策的促进效应。如果实验组和控制组是随机的，那么采用单差法即可估计被命名为公共体育服务体系示范区的政策效应。然而本书中实验组选择的江苏11个省辖市（2015年，江苏11个省辖市被命名为公共体育服务体系示范区），并不能视为一个严格的外生事件，因此只能将该项政策视为一个“准自然实验”，在控制其他因素不变的基础上，双重差分法可以检验被命名为公共体育服务体系示范区前后，实验组和控制组体育产业发展状况是否存在显著差异。如果被命名为公共体育服务体系示范区对体育产业发展有显著的促进作用，则进一步探讨其作用是否可持续。

为验证假设1：公共体育服务体系示范区建设能够有效促进体育产业发展，本书设定的基本面板模型为：

$$\ln y_{it} = a_0 + a_1 \cdot \text{Treat} \cdot \text{Post} + \sum a_x \cdot \text{Control} + r_i + \varepsilon_{it} \qquad (12-1)$$

式中，$\ln y_{it}$ 表示衡量体育产业发展水平的被解释变量，下标 i 和 t 分别代表第 i 个城市和第 t 年；Treat 表示实验组和控制组，Post 表示实验前和实验后，交乘项 Treat · Post 表示是否设立公共体育服务示范区的核心解释变量；Control 表示区域、省份、年平均人口、国内生产总值、体育系统从业人员、公共预算体育收入、公共预算体育支出等控制变量；r_i 表示个体固定效应；ε_{it} 表示随机干扰项。

为验证假设2：公共体育服务体系示范区建设时间越长，对体育产业的推动效应越大。本书将面板模型变形为：

$$\ln y_{it} = a_0 + \sum a_k \cdot \text{Treat} \cdot \text{Post} + \sum a_x \cdot \text{Control} + r_i + \varepsilon_{it} \qquad (12-2)$$

式中，交乘项 $\sum a_k$ · Treat · Post 表示某城市自2015年被命名为公共体育服务示范区后第 k 年的虚拟变量。例如，某城市2015年被命名为公共体育服务体系示范区，那在其后第 k 年，k · Treat · Post = 1，否则 k · Treat · Post = 0。k · Treat · Post 度量了被命名为公共体育服务示范区后第 k 年，被命名为公共体育服务体系示范区影响当地体育产业发展的政策效应。

12.3.2 变量处理

（1）被解释变量。Y 为被解释变量，本书利用体育法人与产业单位数量的对数值（$\ln y$）和作为衡量当地体育产业发展水平的指标。

（2）核心解释变量。交乘项 Treat · Post 是核心解释变量，表示是否被命名为公共体育服务体育体系示范区。其中，treat 表示政策虚拟变量，2015年被命名为公共体育服务体育体系示范区的城市 treat = 1，否则 treat = 0。post 表示政策实施时间的虚拟变量，2015年及以后年份 post = 1，否则 post = 0。则交乘项 treat · post 的系数估计值即为公共体育服务体育体系示范区建设对当地体育产业发展水平影响的净效应。

（3）控制变量。除了政策虚拟变量，可能还有其他指标影响体育产业发展，本书选取其中较为重要的区域、省份、年平均人口、国内生产总值、公共预算体育收入、公共预算体育支出、体育彩票公益金收入和体育彩票公益金支出等变量作为控制变量。变量的类型、名称、含义及计算方法见表 12-1。

表 12-1 变量的类型、名称、含义及计算方法

变量的类型	变量的名称	变量的含义	变量的计算方法
被解释变量	lny	体育法人与产业单位数量的对数值	ln（体育法人与产业单位数量）
核心解释变量	Treat · Post	是否被命名为公共体育服务体系示范区	政策虚拟变量（0，1）
控制变量	$X1$	区域	东部地区取 1，中部地区取 2，西部地区取 3
	$X2$	省（自治区）	12 个省（自治区）依次取 1~12
	ln$X3$	年平均人口	ln（年平均人口）
	ln$X4$	国内生产总值	ln（国内生产总值）
	ln$X5$	公共预算体育收入	ln（公共预算体育收入）
	ln$X6$	公共预算体育支出	ln（公共预算体育支出）
	ln$X7$	体育彩票公益金收入	ln（体育彩票公益金收入）
	ln$X8$	体育彩票公益金支出	ln（体育彩票公益金支出）

12.3.3 数据来源与描述统计

12.3.3.1 数据来源

本书所利用的 2013—2018 年面板数据主要来自《中国城市统计年鉴》、各省城市统计年鉴、各省体育事业统计年鉴、各省体育产业统计名录库、天眼查数据库以及启信宝数据库。鉴于各数据库中指标的完整性及数据的可得性，此处主要选取福建、广东、宁夏、甘肃、河北、河南、湖北、湖南、江苏、辽宁、山西和黑龙江 12 个省（自治区）149 个城市的样本数据。公共体育服务体系示范区名单通过江苏体育局官网公布的文件《江苏省体育局关于命名第一批江苏省公共体育服务体系示范区的决定》《江苏省体育局关于命名第二批江苏省公共体育服务体系示范区的决定》整理获取。

12.3.3.2　描述统计结果

由于 2015 年江苏省命名了第一批和第二批公共体育服务体系示范区，本书将 2015 年作为外部政策冲击时点，选取江苏省 11 个被命名的城市作为实验组，剩余其他省的 138 个城市作为控制组。各变量的描述性统计结果见表 12-2。

表 12-2　各变量的描述统计结果

项目	全部数据			控制组			实验组		
	样本量	均数	标准差	样本量	均数	标准差	样本量	均数	标准差
lny	745	5.60	1.21	680	5.45	1.15	65	7.11	0.68
ln$X3$	745	5.88	0.68	680	5.84	0.68	65	6.33	0.34
ln$X4$	745	16.40	1.03	680	16.29	0.99	65	17.55	0.62
ln$X5$	745	7.61	1.15	680	7.46	1.09	65	7.56	1.09
ln$X6$	745	7.43	1.16	680	7.28	1.09	65	8.98	0.47
ln$X7$	745	8.61	0.98	680	8.51	0.96	65	9.58	0.62
ln$X8$	745	8.58	0.98	680	8.49	0.96	65	9.57	0.62

12.4　实证结果分析

12.4.1　平均效应分析

表 12-3 和表 12-4 中的回归结果是被命名为公共体育服务体系示范区对体育产业发展的平均效应。表 12-3 是无控制变量、控制时间效应和固定效应的回归结果，结果表明被命名为公共体育服务体系示范区后，显著地增加了城市体育法人与产业单位的数量，政策效应显著。

表 12-3 平均效应（无控制变量）结果

lny	Coef	Std. Err.	*t*	*P*
Treat	1. 565	0. 094	16. 630	0. 000
Post	0. 951	0. 141	6. 750	0. 000
Treat · post	0. 068	0. 036	2. 320	0. 022
_ cons	-5. 146	0. 524	-2. 420	0. 016
R-squared	0. 222			

表 12-4 平均效应（控制变量）结果

lny	Coef	Std. Err.	*t*	*P*
Treat	0. 323	0. 094	2. 440	0. 015
Post	1. 090	0. 114	9. 590	0. 000
Treat · post	0. 064	0. 036	1. 830	0. 046
*X*1	-0. 275	0. 064	-4. 300	0. 000
*X*2	-0. 020	0. 112	-1. 710	0. 089
ln*X*3	0. 005	0. 001	3. 990	0. 000
ln*X*4	0. 549	0. 054	10. 260	0. 000
ln*X*5	0. 260	0. 079	3. 270	0. 001
ln*X*6	-0. 101	0. 075	-1. 350	0. 179
ln*X*7	0. 032	0. 045	0. 700	0. 483
ln*X*8	0. 132	0. 055	2. 410	0. 016
_ cons	-6. 080	0. 744	-6. 660	0. 000
R-squared	0. 341			

表 12-4 中加入区域、省份、年平均人口、体育系统从业人员、公共预算体育收入、公共预算体育支出、体育彩票公益金收入和体育彩票公益金支出等控制变量，控制时间效应和固定效应，估计系数波动幅度较小，政策效应显著。综上，无论是否加入控制变量，回归结果都表明被命名为公共体育服务体系示范区政策显著地促进了城市体育法人与产业单位数量的增加，政策系数均在 5%水平上显著为正值。

12.4.2 动态效应分析

表 12-3 中的回归结果是被命名为公共体育服务体系示范区对体育产业发展的平均效应，但并没有说明被命名为公共体育服务体系示范区对体育发展是否具有持续的推动作用。为了验证假设 2，本书利用式（12-2）评估被命名为公共体育服务体系示范区对体育产业发展的动态效应，回归结果见表 12-5。表 12-5 不管是否加入控制变量，在体育法人与产业单位数量的对数值作为被解释变量时，交乘项 $Treat \cdot post^K$ 的系数均为正，交乘项 $Treat \cdot post^{2016}$ 在 5% 的水平上显著，交乘项 $Treat \cdot post^{2017}$ 和 $Treat \cdot post^{2018}$ 在 1% 的水平上显著，表明被命名为公共体育服务体系示范区能够显著地推动所在城市体育产业的发展；而且随着时间的推移，交乘项 $Treat \cdot post^K$ 的系数越大，即被命名为公共体育服务体系示范区对体育产业发展不但具有持续的推动作用，而且命名持续时间越久，推动作用越大。这说明，公共体育服务体系示范区通过不断积累有利于体育产业发展的因素，形成“循环累积”，体育产业发展动能越来越强，即被命名为公共体育服务体系示范区的政策效果越来越好。当然，在考虑到其他影响当地经济发展的因素后，被命名为公共体育服务体系示范区的政策动态效果有所减弱。综上，研究假设 2 得到验证。

表 12-5 动态效应结果

项目	模型 1（基本回归）	模型 2（加入控制变量）
$Treat \cdot post^{2016}$	0.081（2.20）**	0.068（1.92）**
$Treat \cdot post^{2017}$	0.094（2.50）***	0.074（2.06）**
$Treat \cdot post^{2018}$	0.105（2.63）***	0.091（2.41）***
控制变量	否	是
常数项	-5.624（-2.54）***	-6.320（-6.79）***
R-squared	0.921	0.921

注：** 、*** 分别表示在 10%、5% 和 1% 的水平上显著；$Treat \cdot post^{2016}$、$Treat \cdot post^{2017}$、$Treat \cdot post^{2018}$ 分别表示政策实施后第 1 年、第 2 年和第 3 年；括号内的数字为 T 值。

12.4.3 平行趋势检验

除了命名的公共体育服务体系示范区这一政策冲击外，其他政策或随机因素也可能导致体育产业发展产生差异，如果是其他政策与随机因素导致体育产业发展差异，那么命名为公共体育服务体系示范区促进体育产业发展的平均效应与动态效应结果也不成立。本书通过反事实的平行趋势检验，来探讨其他政策或随机因素这类潜在的影响对政策效果的干扰。具体而言，在式（12-2）中增加时间趋势项（time），用以反映时间效应。2015 年是外部政策冲击时点，以该时间（current）为界，分为政策实施之前第 k 年（$Before^k$）和政策实施之后第 k 年（$After^k$），此时，式（12-2）中 Treat · $post^k$所反映的虚拟变量用 $Before^k$、Current 和 $After^k$代替。表 12-6 中模型 1 假设被命名为公共体育服务体系示范区提前 1 年，模型 2 假设被命名为公共体育服务体系示范区提前 2 年。表 12-6 显示被命名为公共体育服务体系示范区假设提前 1 年和假设提前 2 年，$Before^k$的系数均不显著。这表明体育产业发展的增量贡献来源于被命名为公共体育服务体系示范区，从而排除了其他因素；实验组在被命名为公共体育服务体系示范区（外部政策冲击）之前，实验组和控制组没有显著差异，即满足平行性假定。实验组在被命名为公共体育服务体系示范区之后，$After^k$的系数显著为正且不断增大，表明被命名为公共体育服务体系示范区对体育产业发展确实发挥着显著作用，即平行趋势检验得到满足，所得到的 Treat · post 的系数是无偏的，双重差分法得到的结果具有稳健性。

表 12-6 平行趋势检验结果

项目	模型 1	模型 2
$Before^2$	0.039（1.45）	0.027（1.04）
$Before^1$	0.038（1.44）	0.078（1.49）
Current	0.092（2.39）**	0.063（1.92）**
$After^1$	0.099（3.31）***	0.078（2.32）**
$After^2$	0.127（3.35）***	0.121（2.82）***
控制变量	否	是

续表

项目	模型 1	模型 2
时间	0.854（4.17）***	0.758（3.65）***
常数项	-5.011（7.07）***	-6.112（-6.79）***
样本数	745	745
R-squared	0.932	0.932

注：**、***分别表示在 10%、5%和 1%的水平上显著；Treat · $post^{2016}$、Treat · $post^{2017}$、Treat · $post^{2018}$分别表示政策实施后第 1 年、第 2 年和第 3 年；括号内的数字为 T 值。

12.4.4 稳健性检验

PSM-DID 方法被命名为公共体育服务体系示范区的政策效果，用于探讨研究结果的稳健性。为了便于比较稳健性，利用区域、省份、年平均人口、体育系统从业人员、公共预算体育收入、公共预算体育支出等控制变量预测每个城市设为公共体育服务体系示范区的概率（Logit 回归），然后采用一对一近邻倾向得分匹配法方法给被命名为公共体育服务体系示范区的样本（实验组）匹配对照组，尽可能使实验组和对照组在被命名为公共体育服务体系示范区这项政策冲击前没有显著差异，以减少被命名为公共体育服务体系示范区的非随机选择所产生的内生性问题。实验组与对照组匹配后再做双重差分，回归结果见表 12-7，所估计的被命名为公共体育服务体系示范区对体育产业发展影响显著正向，双重差分的结果具有稳健性。

表 12-7 PSM-DID 稳健性检验检验结果

项目	模型 1（基本回归）	模型 2（加入协变量）
Treat · post	0.086（2.01）**	—
Treat · $post^{2016}$	—	0.081（1.98）**
Treat · $post^{2017}$	—	0.074（2.77）***
Treat · $post^{2018}$	—	0.089（3.02）***
控制变量	否	是
常数项	5.315（7.36）***	-6.234（-6.54）***

续表

项目	模型 1（基本回归）	模型 2（加入协变量）
样本数	110	110
R-squared	0.932	0.932

注：** 、*** 分别表示在 5%和 1%的水平上显著；Treat · $post^{2016}$、Treat · $post^{2017}$、Treat · $post^{2018}$ 分别表示政策实施后第 1 年、第 2 年和第 3 年；括号内的数字为 T 值。

12.5 小　结

公共体育服务体系建设已经成为我国体育改革的重点领域，公共体育服务体系示范区是促进公共体育服务与体育产业协同发展的重要载体，也是落实体育强国发展战略的关键支撑，我国公共体育服务体系建设的变迁，基本经历了萌芽、发展和壮大 3 个阶段。

基于 2013—2018 年 12 个省（自治区、直辖市）149 个城市的面板数据，采用双重差分法探讨了公共体育服务体系示范区对当地体育产业发展的政策效果。研究结论表明：①公共体育服务体系示范区建设能够有效促进当地体育产业发展；②公共体育服务体系示范区建设这一政策对当地体育产业发展的促进效应具有可持续特征。

CHAPTER13

第13章 体育彩票公益金支持青少年体育发展的效率测度研究

青少年体育是提升青少年健康水平的重要途径，是保持民族旺盛生命力的重要手段。加强青少年体育，是落实全民健身国家战略、实施奥运战略、建设体育强国的重要举措，是全面建成小康社会中体现体育元素的核心内容。推动青少年体育发展离不开工作经费的持续投入，《青少年体育“十三五”规划》提出建立稳定的青少年体育公共财政保障制度和增长机制，建立多元化青少年体育发展资金筹集机制，保障青少年体育工作的经费需求。

13.1 体育彩票公益金支持青少年体育发展研究的实践背景

2018年国家体育总局本级体育彩票公益金用于资助或组织开展青少年体育活动达38460万元，其中青少年U系列赛事体系建设12350万元；高水平体育后备人才培养3670万元；实施青少年体育技能普及工程，打造全国青少年体育冬夏令营体系共14340万元。2017年，国家体育总局本级体育彩票公益金资助青少年体育组织和培养青少年体育队伍建设3784万元，资助或组织开展青少年体育活动4208万元，资助高水平体育后备人才培养20357万元。各省（自治区、直辖市）公布的体育彩票公益金使用情况数据显示，体育彩票公益金已成为支持青少年体育发展的稳定资金来源之一，并呈现逐年增长趋势。然而体育彩票公益金在支持青少年体育发展领域也呈现出重支持项目立项、轻项目支出效率管理的特征，项目支出监管力度薄弱，项目支出预算效率普遍不高，项目支出管理矛盾日益突出。尽管各级体育彩票公益金管理部门在支持青少年体育项目领域已进行了不少有益尝试，并取得了一定的进展，但是在支持青少年体育项目发展过程中，如何在保证社会公益性的前提下，提高体育彩票公益金的资金效率，促进其社会效益和经济效益的同步提升，是体育彩票公益金项目支出发展面临的重要挑战。

本书选取我国 31 个省（自治区、直辖市）为研究区域，采用 DEA 模型对 2013—2018 年各省（自治区、直辖市）体育彩票公益金支持青少年体育发展效率变化特征进行研究，采用 Tobit 模型分析年末城镇人口比例、人均地区生产总值和人均公共体育预算支出等因素对其效率变化的影响，以期为提升体育彩票公益金使用效率提供参考。

13.2 研究方法

13.2.1 DEA-BCC 方法

DEA 是以线性规划为基础、以距离函数为方式解决多输入、多输出同类决策单元问题的效率评价方法。以我国 31 个省市体育彩票公益金支持青少年体育发展为决策单元，以 2013—2018 年为时间节点，采用投入导向的 DEA-BCC 模型，分析体育彩票公益金支持青少年体育发展效率的评价问题，公式为：

$$\sum_{j=1}^{n} y_j \boldsymbol{\lambda}_j - S^{+} = \theta y_0 \begin{cases} \min\left[\theta - \varepsilon\left(\boldsymbol{e}^{\mathrm{T}} S^{+} + \widehat{\boldsymbol{e}}^{\mathrm{T}} S^{-}\right)\right] \\ \sum_{j=1}^{n} y_j \boldsymbol{\lambda}_j + S^{-} = \theta x_0 \\ \sum_{j=1}^{n} y_j \boldsymbol{\lambda}_j = 1 \\ \boldsymbol{\lambda}_j \geqslant 0 (j = 1, \cdots, n) \\ S^{+} \geqslant 0 (S^{-} \geqslant 0) \end{cases} \tag{13-1}$$

式中，θ（$0 < \theta \leqslant 1$）表示我国全民健身场地设施配置综合效率；λ_j 表示权重；S^{+} 表示投入松弛变量；S^{-} 表示产出松弛变量；x_0 表示我国全民健身场地设施配置的初始投入；y_0 表示我国全民健身场地设施配置的初始产出。

13.2.2 σ 收敛检验方法

σ 收敛是指样本总体指标离散程度随时间的推移呈逐渐下降趋势。本书通过计算东部、中部、西部地区的 σ 收敛指数，比较不同区域体育彩票公益金支持青少年体育发展效率区域差异的离散趋势。σ 收敛检验的公式：

$$\sigma_t = n^{-1}\sqrt{\sum_{m=1}^{n}\left\{E_m(t) - \left[n^{-1}\sum_{i=1}^{n}E_i(t)\right]\right\}^2} \tag{13-2}$$

式中，$E_m(t)$ 表示第 m 个份在 t 时期的体育彩票公益金支持青少年体育发展效率值；$E_i(t)$ 表示第 i 个份在 t 时期的体育彩票公益金支持青少年体育发展效率值；n 表示区域内省份个数。$\sigma_{t+1} < \sigma_t$ 表示区域差异收敛，$\sigma_{t+1} > \sigma_t$ 表示区域差异发散。

利用式（13-3）构建模型进一步检验体育彩票公益金支持青少年体育发展效率的 σ 收敛；公式为：

$$\sigma_t = \alpha + \theta \cdot t + \mu_t \tag{13-3}$$

式中，σ_t 表示体育彩票公益金支持青少年体育发展效率值在第 t 年的 σ 收敛指数；α 表示截距项；t 表示时间；μ_t 表示随机干扰项。系数 $\theta >0$ 表明区域差异发散，系数 $\theta <0$ 表明区域差异收敛，$\theta =0$ 表明区域差异不变。

13.2.3　Tobit 回归模型法

采用 DEA 模型测算 2013—2018 年体育彩票公益金支持青少年体育发展效率，但影响其效率的因素还需要进一步探讨。利用 DEA 模型测算综合效率（crste）、纯技术效率（vrste）和规模效率（scale）的取值在［0，1］，因变量受限并不适用普通最小二乘法回归模型。因此，采用 Tobit 回归模型分析体育彩票公益金支持青少年体育发展效率影响因素，公式为：

$$y_{it} = \beta_0 + \beta_i x_{it} + \varepsilon_{it} \tag{13-4}$$

式中，y_{it} 表示体育彩票公益金支持青少年体育发展效率；x_{it} 表示自变量；β_i 表示参数估计值；ε_{it} 表示随机误差项。

13.3　指标选择及数据来源

13.3.1　指标选取

在体育彩票公益金支持青少年体育发展评价中，选取资助体育后备人才培养、资助青少年体育组织和资助青少年体育活动作为投入，以青少年后备体育人才、青少年体育俱乐部和体育传统项目学校为产出指标，见表 13-1。

表 13-1　体育彩票公益金支持青少年体育发展指标体系

指标类型	指标构成	单位
投入指标	资助体育后备人才培养	万元
	资助青少年体育组织	万元
	资助青少年体育活动	万元
产出指标	青少年后备体育人才	人
	青少年体育俱乐部	个
	体育传统项目学校	所

13.3.2　影响因素指标选取

本书重点分析年末常住人口数、年末城镇人口比例、人均地区生产总值、人均可支配收入、人均消费支出和人均公共预算体育支出等因素对体育彩票公益金支持青少年体育发展效率变化的影响，指标选取情况见表 13-2。

表 13-2　Tobit 回归各变量的类型、名称、含义及单位

变量的类型	变量的名称	变量的含义	单位
被解释变量	体育彩票公益金支持青少年体育发展效率值	对应的 DEA 测算值	
解释变量	年末常住人口数	全年经常在家或在家居住 6 个月以上	万人
	年末城镇人口比例	城镇人口占总人口的比例	%
	人均地区生产总值	国内生产总值/地区常住人口	元
	人均可支配收入	可支配总收入/常住人口	元
	人均消费支出	总收入/常住人口	元
	人均公共预算体育支出	公共预算体育支出/常住人口	元

13.3.3　数据来源

涉及年末常住人口数、年末城镇人口比例、人均地区生产总值、人均可支配收入和人均消费支出的数据来源于《中国统计年鉴》及相关统计公报。资助体

育后备人才培养、资助青少年体育组织、资助青少年体育活动、青少年后备体育人才、青少年体育俱乐部、公共预算体育支出、体育传统项目学校等数据来源于《中国体育事业统计年鉴》及相关统计公报。

13.4　结果与分析

本书从以下两个方面对体育彩票公益金支持青少年体育发展效率进行探讨，一是运用 DEA-BCC 模型测算结果，从不同层面对体育彩票公益金支持青少年体育发展效率进行分析；二是探索影响体育彩票公益金支持青少年体育发展效率变化的关键因素。

13.4.1　体育彩票公益金支持青少年体育发展效率分析

我国体育彩票公益金支持青少年体育发展效率的测度运用 Deap 2.1 软件对 2013—2018 年全国投入产出数据进行计算，得出体育彩票公益金支持青少年体育发展效率的结果。

13.4.1.1　年度比较

2013—2018 年，体育彩票公益金支持青少年体育发展综合效率平均值呈波动上升趋势，纯技术效率变动不大，规模效率值年度波动相对较大，见表 13-3。综合效率、纯技术效率和规模效率都没有达到最优状态。其中，纯技术效率的平均值为 0.914，表明纯技术效率达到最优状态的 91.4%，高于规模效率的 90.1% 和综合效率的 82.2%。纯技术效率的年度变化不明显，综合效率与规模效率的波动却比较接近，说明规模效率变化是影响综合效率变化的主要原因。

表 13-3　2013-2018 年我国体育彩票公益金支持青少年体育发展均值

指标	2013	2014	2015	2016	2017	2018	平均值
综合效率	0.777	0.800	0.851	0.776	0.907	0.824	0.822
纯技术效率	0.851	0.929	0.927	0.908	0.947	0.923	0.914
规模效率	0.914	0.864	0.917	0.858	0.958	0.896	0.901

13.4.1.2 区域比较

2013—2018 年，东部、中部和西部地区综合效率平均值分别为 0.7974、0.8225、0.8453，西部>中部>东部，如图 13-1 所示。2013 年，东部地区的综合效率值为各地区各年度最低，仅为 70.17%。2017 年，西部地区的综合效率值为各地区各年度最高，也仅为 91.41%。

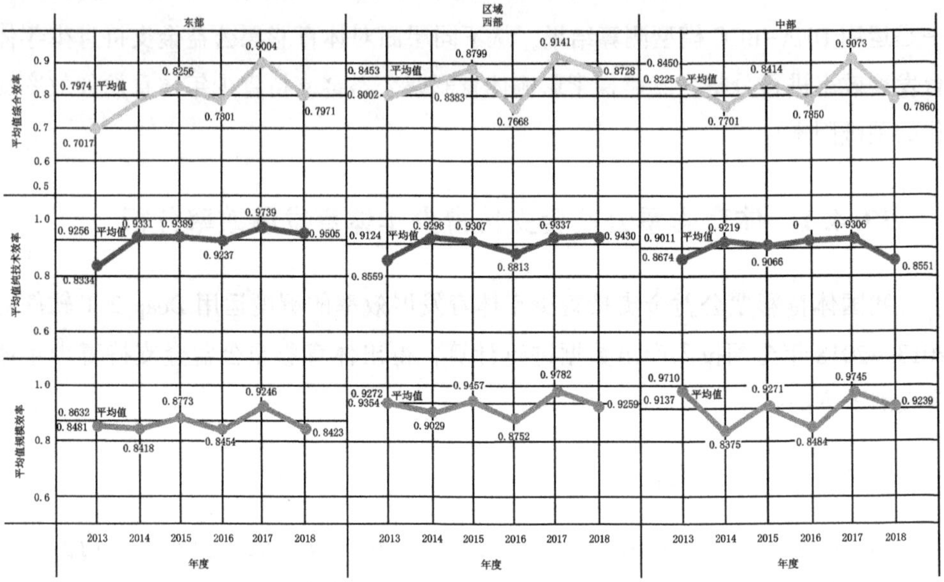

年度的按区域细分的综合效率平均值，纯技术效率平均值与规模效率平均值的趋势。对于窗格综合效率平均值：标记按综合效率平均值进行标记。对于窗格纯技术效率平均值：标记按纯技术效率平均值进行标记。对于窗格规模效率平均值：标记按规模效率平均值进行标记。

图 13-1 2013—2018 年区域支持发展效率

东部、中部和西部地区年度纯技术效率平均值分别为 0.9256、0.9011、0.9124，东部>西部>中部，2013 年，东部地区的纯技术效率值为各地区各年度最低，仅为 83.34%。2017 年，东部地区的纯技术效率值为各地区各年度最高，达到 97.39%。东部、中部和西部地区年度规模效率平均值分别为 0.8632、0.9137、0.9272，西部>中部>东部，2014 年，中部地区的规模效率值为各地区各年度最低，仅为 83.75%。2017 年，西部地区的规模效率值为各地区各年度最高，达到 97.82%。总体而言，综合效率、纯技术效率和规模效率各区域各年度都没有达到过最优状态。区域年度变化趋势显示，纯技术效率变动较小，综合效率与规模效率波动的趋势相近。

13.4.1.3 省际比较

按照2013—2018年各省体育彩票公益金支持青少年体育发展纯技术效率均值（图13-2），大致可将31个省（自治区、直辖市）划分为三类。第一类为四川、浙江、海南、上海、辽宁、陕西、江西、重庆、山西、山东、广东、宁夏、安徽、广西、青海、黑龙江、新疆、西藏、江苏、甘肃和福建（0.9~1）；第二类为吉林、河北、内蒙古、云南、湖南、河南、湖北、天津和北京（0.8~0.9）；第三类为贵州（0.7以下）。按照2013—2018年各省体育彩票公益金支持青少年体育发展规模效率均值，大致也可将31个省（自治区、直辖市）划分为三类。第一类为重庆、宁夏、青海、天津、甘肃、海南、黑龙江、吉林、西藏、山西、上海、江西、贵州和云南（0.9~1）；第二类为广西、河北、新疆、内蒙古、辽宁、四川、湖北、安徽、河南、北京、陕西、山东和福建（0.8~0.9）；第三类为江苏、浙江和广东（0.8以下）。按照2013—2018年各省体育彩票公益金支持青少年体育发展综合效率均值，并结合纯技术效率和规模效益均值，31个省份大致可被划分为六类：第一类为海南、重庆、宁夏、上海、山西、江西（0.91以上），该类的特点是纯技术效率与规模效率都大于0.9，纯技术效率与规模效率基本接近，建议这类地区保障体育彩票公益金支持青少年体育发展的力度。第二类为青海、黑龙江、甘肃、西藏（0.89~0.91），该类的特点是纯技术效率与规模效率都大于0.9，规模效率高于纯技术效率，这类地区通过技术改善将提升综合效率。第三类为辽宁、吉林、广西、陕西、安徽、新疆和山东（0.80~0.89），该类的特点是纯技术效率高于规模效率，这类地区需注意规模效率的改善。第四类为天津、河北、云南（0.76~0.80），该类的特点与第二类相似，规模效率高于纯技术效率，但是规模效率明显低于第二类，这类地区需注意提升技术水平和管理水平。第五类为浙江、湖南、内蒙古、广东、福建和江苏（0.72~0.76），该类地区的特点是纯技术效率高于规模效率，与第三类接近，但是规模效率明显低于第三类，甚至比第六类的规模效率还低，说明这类地区当前急需解决的是规模效率问题。第六类为湖北、河南、北京和贵州（0.72以下），该类地区的特点是纯技术效率与规模效率都相对较低。同时，根据不同类别的取值范围与特点，第一类、第二类可视作高效率组别，第三类、第四类可视作中效率组别，第五类、第六类可视作低效率组别。

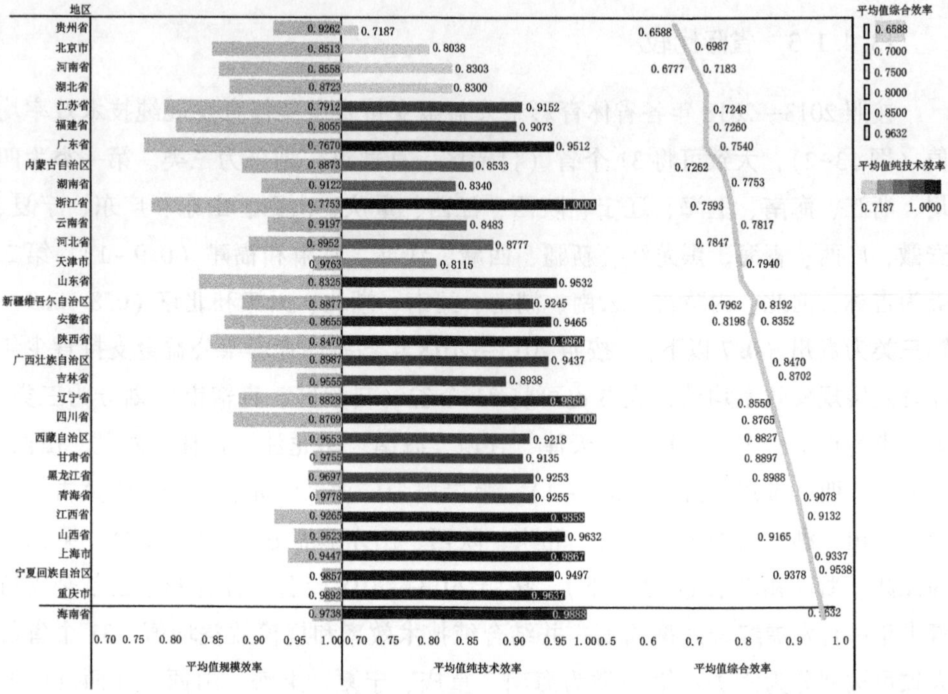

地区的规模效率平均值，纯技术效率平均值与综合效率平均值的趋势。对于窗格综合效率平均值：大小显示综合效率平均值。标记按综合效率平均值进行标记。对于窗格纯技术效率平均值：颜色显示纯技术效率平均值。对于窗格规模效率平均值：大小显示规模效率平均值。标记按规模效率平均值进行标记。

图 13-2　2013—2018 年省际体育彩票公益金支持青少年体育发展效率均值

13.4.1.4　σ 收敛性分析

通过比较体育彩票公益金支持青少年体育发展综合效率均值，发现区域之间存在差异，并呈现出一定的变化趋势，见表 13-4。

表 13-4　σ 收敛指数

年度	东部	中部	西部	全国
2013	0.117	0.274	0.112	0.133
2014	0.123	0.233	0.111	0.119
2015	0.128	0.241	0.108	0.113
2016	0.122	0.227	0.159	0.129
2017	0.071	0.250	0.077	0.083
2018	0.100	0.237	0.086	0.107
均值	0.110	0.244	0.109	0.114

对此，本书进一步通过 σ 收敛检验分析区域之间综合效率差异随时间变化的趋势。σ 收敛一般可用标准差、变异系数和 σ 收敛指数衡量，这里采用 σ 收敛指数［式（13-2）］进行分析，表 13-4 显示东部、中部、西部地区和全国的 σ 收敛指数均值分别为 0. 110、0. 244、0. 109 和 0. 114，中部>全国>东部>西部。2015—2018 年，σ 收敛指数逐步减小，可能具有收敛趋势。中部地区 σ 收敛指数较大，西部地区 σ 收敛指数较小，但各年度收敛与发散趋势不明显。2013—2015 年，全国 σ 收敛指数逐步减小，可能具有收敛趋势。

为进一步检验体育彩票公益金支持青少年体育发展综合效率的 σ 收敛情况，利用式（13-3）构建模型，检验结果见表 13-5。全国、东部、中部、西部地区的 σ 收敛检验系数 θ 均小于 0，说明具有 σ 收敛趋势，但全国、中部、西部地区都不显著，仅有东部地区在 10%水平上具有显著性，表明其 σ 收敛性检验结果不稳定。这表明现阶段我国体育彩票公益金支持青少年体育发展仍处于起步阶段，区域之间的内部差异随时间变化而波动，呈现不稳定、不平衡状态，σ 收敛性延续性不强。这说明提升我国体育彩票公益金支持青少年体育发展的效率既离不开各省份自身实力的提升，也需要不同区域不同省份之间共同协作，共同完善政策与保障体系。

表 13-5　σ 收敛指数检验

区域	θ	t	p
全国	-0. 010	-2. 10	0. 104
东部	-0. 008	-1. 49	0. 098*
中部	-0. 004	-0. 86	0. 437
西部	-0. 004	-0. 86	0. 437

注：* 表示在 10%水平上显著。

13. 4. 1. 5　投入产出的松弛分析

运用 DEA 中的 BCC 模型测度 2013—2018 年我国体育彩票公益金支持青少年体育发展的产出不足与投入冗余情况，见表 13-6。2013 年，东部、中部和西部地区，投入与产出均衡的省份基本相同，投入冗余省份西部>东部>中部，产出不足省份西部>中部>东部。2014—2018 年，东部地区投入与产出均衡的省份在 6 个上下波动，西部地区投入与产出均衡的省份在 7 个上下波动，而中部地区产出均衡的省份在2个上下徘徊，说明中部地区各省份体育彩票公益金配置方式需进一步加强，体育彩票公益金配置效率仍有较大提升空间。

表13-6　2013—2018年区域投入与产出的松弛情况

年度	指标	全国		东部		中部		西部	
		个数	百分比(%)	个数	百分比(%)	个数	百分比(%)	个数	百分比(%)
2013	均衡	7	22.58	3	27.27	2	25.00	2	16.67
	产出不足	21	67.74	5	45.45	6	75.00	10	83.33
	投入冗余	24	77.42	8	72.73	6	75.00	10	83.33
2014	均衡	14	45.16	6	54.55	3	37.50	5	41.67
	产出不足	16	51.61	5	45.45	4	50.00	7	58.33
	投入冗余	17	54.84	5	45.45	5	62.50	7	58.33
2015	均衡	14	45.16	6	54.55	1	12.50	7	58.33
	产出不足	15	48.39	5	45.45	5	62.50	5	41.67
	投入冗余	17	54.84	5	45.45	7	87.50	5	41.67
2016	均衡	12	38.71	5	45.45	3	37.50	4	33.33
	产出不足	17	54.84	5	45.45	4	50.00	8	66.67
	投入冗余	19	61.29	6	54.55	5	62.50	8	66.67
2017	均衡	16	51.61	7	63.64	3	37.50	6	50.00
	产出不足	15	48.39	4	36.36	5	62.50	6	50.00
	投入冗余	15	48.39	4	36.36	5	62.50	6	50.00
2018	均衡	14	45.16	6	54.55	1	12.50	7	58.33
	产出不足	16	51.61	4	36.36	7	87.50	5	41.67
	投入冗余	17	54.84	5	45.45	7	87.50	5	41.67

为了进一步探讨投入与产出的松弛情况，本书对具体的投入与产出指标进行分析（因篇幅原因以2018年为例）。

2018年，全国有14个省（自治区、直辖市）不存在产出不足与投入冗余的情况，分别是东部地区的北京、上海、浙江、福建、广东和海南，中部地区的江西，西部地区的四川、西藏、陕西、甘肃、青海、宁夏和新疆，说明上述省（自治区、直辖市）投入相对合理，总体上不存在投入要素浪费的情况。

2018 年，全国有 17 个省（自治区、直辖市）存在产出不足与投入冗余的情况，见表 13-7。东部地区的天津、河北、辽宁 、山东和江苏，中部地区的山西、吉林 、黑龙江、河南 、湖北、湖南和安徽，西部地区的广西、内蒙古、重庆、云南和贵州在资助青少年体育活动、资助青少年体育组织和资助体育后备人才培养三个方面都存在投入冗余。中部地区的安徽，西部地区的内蒙古和贵州在后备人才数量中存在产出不足；东部地区的天津、山东，中部地区的山西和黑龙江在青少年体育俱乐部数量中存在产出不足；东部地区的河北，中部地区的山西、吉林、河南、湖北、湖南和安徽，西部地区的广西、内蒙古、重庆和云南在体育传统项目学校数量中存在产出不足。

表 13-7 2018 年省际投入冗余与产出不足

区域	省份	投入冗余			产出不足		
		资助青少年体育活动	资助青少年体育组织	资助体育后备人才培养	后备体育人才数量	青少年体育俱乐部数量	体育传统项目学校数量
东部	天津	1.589	3.696	1.858	0.000	2.954	0.000
	河北	1.091	2.062	1.088	0.000	0.000	0.150
	辽宁	1.223	0.222	0.343	0.000	0.000	0.000
	山东	0.922	1.395	0.517	0.000	1.960	0.000
	江苏	0.582	1.534	0.332	0.203	0.000	0.000
中部	山西	0.547	0.681	0.589	0.000	1.934	1.171
	吉林	1.453	3.713	1.630	0.000	0.090	0.094
	黑龙江	1.741	1.211	1.689	0.000	1.203	0.000
	河南	1.813	2.224	0.621	0.000	0.000	0.467
	湖北	1.916	2.022	1.970	0.000	0.000	0.084
	湖南	2.136	2.187	1.553	0.000	0.000	0.548
	安徽	0.367	0.795	0.382	0.402	0.000	0.510

续表

区域	省份	投入冗余			产出不足		
		资助青少年体育活动	资助青少年体育组织	资助体育后备人才培养	后备体育人才数量	青少年体育俱乐部数量	体育传统项目学校数量
西部	广西	1.518	0.186	0.352	0.000	0.000	1.344
	内蒙古	1.107	3.381	1.117	0.383	0.000	1.748
	重庆	0.800	2.190	0.851	0.000	0.434	1.997
	云南	1.500	1.330	1.347	0.000	0.082	0.894
	贵州	0.738	0.564	0.866	0.841	1.542	0.000

13.4.2 体育彩票公益金支持青少年体育发展效率的影响因素分析

将 DEA 模型测算的体育彩票公益金支持青少年体育发展综合效率、纯技术效率和规模效率作为因变量，将年末常住人口数、年末城镇人口比例、人均地区生产总值、人均可支配收入、人均消费支出和人均公共预算体育支出作为自变量，构建我国体育彩票公益金支持青少年体育发展效率 Tobit 回归模型，回归结果见表 13-8。

表 13-8 Tobit 回归结果

变量	综合效率		纯技术效率		规模效率	
	Coef	*P*	Coef	*P*	Coef	*P*
年末常住人口数	-3.123	0.332	1.365	0.731	-2.395	0.309
年末城镇人口比例	0.363	0.001***	0.132	0.335	0.258	0.001***
人均地区生产总值	2.303	0.472	-2.217	0.574	2.039	0.383
人均可支配收入	-0.423	0.011**	0.087	0.474	-0.480	0.022**
人均消费支出	-0.687	0.030**	0.063	0.615	-1.021	0.040**
人均公共预算体育支出	0.323	0.001***	0.415	0.001***	0.089	0.002***
_ cons	29.755	0.317	-13.278	0.717	24.174	0.266
LR chi2（9）	62.550		34.110		74.090	
Prob > chi2	0.000		0.000		0.000	

续表

变量	综合效率		纯技术效率		规模效率	
	Coef	P	Coef	P	Coef	P
Pseudo R^2	0.705		1.061		0.407	
Log likelihood	75.637		0.975		128.008	
Number of obs 186	186.000		186.000		186.000	

注：**、*** 分别表示在5%和1%的水平上显著。

年末常住人口数、人均可支配收入与我国体育彩票公益金支持青少年体育发展综合效率的回归系数分别为-3.123、-0.423，P 值分别为0.332、0.011**，表明这两个指标对我国体育彩票公益金支持青少年体育发展综合效率有负向影响，年末常住人口数的负向影响不显著，人均可支配收入的负向影响显著。年末城镇人口比例、人均地区生产总值、人均消费支出和人均公共预算体育支出与我国体育彩票公益金支持青少年体育发展综合效率的回归系数分别为0.363、2.303、-0.687和0.323，P 值分别为0.001***、0.472、0.030**、0.001**，表明这个指标对我国体育彩票公益金支持青少年体育发展综合效率有正向影响，人均地区生产总值的正向影响不显著，年末城镇人口比例、人均消费支出和人均公共预算体育支出的正向影响显著。

人均地区生产总值与我国体育彩票公益金支持青少年体育发展纯技术效率的回归系数为-2.217，P 值为0.574，表明该指标对我国体育彩票公益金支持青少年体育发展纯技术效率有负向影响，但影响不显著。年末常住人口数、年末城镇人口比例、人均可支配收入、人均消费支出和人均公共预算体育支出与我国体育彩票公益金支持青少年体育发展纯技术效率的回归系数分别为1.365、0.132、0.087、0.063和0.415，P 值分别为0.731、0.335、0.474、0.615、0.001***，表明这5个指标对我国体育彩票公益金支持青少年体育发展纯技术效率有正向影响，年末常住人口数和人均地区生产总值、人均可支配收入、人均消费支出的正向影响不显著，人均公共预算体育支出的正向影响显著。

年末常住人口数、人均可支配收入和人均消费支出与我国体育彩票公益金支持青少年体育发展规模效率的回归系数分别为-2.395、-0.480和-1.021，P 值分别为0.309、0.022**和0.040**，表明这3个指标对我国体育彩票公益金支持青少年体育发展规模效率负向影响，但年末常住人口数的影响不显著。年末城镇人口比例、人均地区生产总值和人均公共预算体育支出与我国体育彩票公益金支持青少年体育发展规模效率的回归系数分别为 0.258、2.039 和 0.089，P 值分别为 0.001^{***}、0.383 和 0.002^{***}，表明这 5 个指标对我国体育彩票公益金支持青少年体育发展规模效率有正向影响，人均地区生产总值的正向影响不显著，年末城镇人口比例和人均公共预算体育支出的正向影响显著。

综上所述，年末城镇人口比例对综合效率与规模效率的正向影响显著。城镇人口比例越高的地区，体育基础服务设施越完善，适度的城镇人口比例有利于规模效应、技术溢出效应的发挥，进而提高体育彩票公益金使用的综合效率。

人均可支配收入和人均消费支出对综合效率与规模效率的负向影响显著。通过购买体育彩票"碰运气中大奖"是消费者的主要动机，也反映出消费者希望借此改变生活水平的美好愿望。人均可支配收入是居民整体收入情况的反映，与居民生活水平关系密切。人均可支配收入越高，生活水平则越高，然而购买体育彩票的意愿反而下降，这就直接影响了体育彩票公益金的规模，从而影响规模效率和综合效率。人均消费支出对规模效率的负向影响显著，可能也与上述原因有关，消费水平越高的地区，体育彩票销售的规模反而越小。

人均公共预算体育支出对综合效率、纯技术效率与规模效率的正向影响显著。公共预算体育支出与体育彩票公益金支持青少年体育之间存在互动发展的规律。公共预算体育经费得到我国各级政府的高度重视，是青少年体育发展的主要资金来源，但是迫于体育经费的现实瓶颈，投入青少年体育的经费增长缓慢。体育彩票公益金作为支持青少年体育的重要补充，从一定程度上弥补了青少年体育发展资金不足的问题。公共预算体育支出的增加，有利于弥补因投入不足，导致的产出下降，从而促进体育彩票公益金支持青少年体育发展效率的提高，又能为青少年体育发展提供基础。

13.5 小　结

（1）2013—2018 年，我国体育彩票公益金支持青少年体育发展的综合效率、纯技术效率和规模效率都没有达到最优状态。纯技术效率的年度变化不明显，综合效率与规模效率的波动却比较接近，说明规模效率变化是影响综合效率变化的主要原因。

（2）2013—2018 年，各区域综合效率和规模效率均值，西部>中部>东部，纯技术效率均值，东部>西部>中部。总体而言，综合效率、纯技术效率和规模效率各区域各年度都没有达到过最优状态。按照2013—2018年各省体育彩票公益金支持青少年体育发展综合效率均值，并结合纯技术效率和规模效率均值，31个省份大致可划分为六类。第一类、第二类可视作高效率组别，第三类、第四类可视作中效率组别，第五类、第六类可视作低效率组别。

（3）区域σ收敛检验系数θ均小于0，说明具有σ收敛趋势，但仅有东部地区在10%水平上具有显著性，表明区域差异收敛性不明显。这说明现阶段我国体育彩票公益金支持青少年体育发展仍处于起步阶段，区域之间的内部差异随时间变化而波动，呈现不稳定和不平衡状态，σ收敛性延续性不强。

（4）2013—2018年，东部地区投入与产出均衡的省份在6个上下波动，西部地区投入与产出均衡的省份在7个上下波动，而中部地区产出均衡的省份在2个上下徘徊，说明中部地区较东部与西部地区的投入冗余和产出不足情况更为严重，体育彩票公益金配置效率仍有较大的提升空间。

（5）年末城镇人口比例对综合效率与规模效率的正向影响显著，人均可支配收入和人均消费支出对综合效率与规模效率的负向影响显著，人均公共预算体育支出对综合效率、纯技术效率与规模效率的正向影响显著。

CHAPTER14

第14章

子课题研究总结

（1）子课题1：4个直辖市基本公共体育服务力发展现状。以4个直辖市为调查对象，探讨了4个直辖市基本公共体育服务力发展现状，研究表明：北京在体育领域的投入为227609.84万元，居4个直辖市的首位，其次是上海在体育领域的投入为176144.91万元，然后是天津在体育领域的投入为92970.92万元，重庆在体育领域投入的经费最少，仅为69547.49万元。2016年，全民健身场地面积情况显示，北京为390967.57m^2，居第一位；重庆为363844.56m^2，居第二位；天津为197240.2m^2，居第三位；上海为184433m^2，居第四位。2016年，分技术等级社会体育指导员累计发展人数显示，北京为54285人，居第一位；上海为52454人，居第二位；重庆为50951人，居第三位；天津为20891人，居第四位。2016年，国民体质监测合格率显示，上海为95.8%，居第一位；天津为92.00%，居第二位；重庆为92.7%，居第三位；北京为89.2%，居第四位。

（2）子课题2：4个直辖市基本公共体育服务力综合评价。基于熵权TOPSIS分析法的综合评价方法，对4个直辖市的相关数据进行了实证研究。通过建立原始数据矩阵、进行归一化处理、用熵权法确定指标权重、建立归一化矩阵、计算加权矩阵、确定正理想解 x^+ 和负理想解 x^-、计算各评价对象的综合评价指数，最后得出了4个直辖市公共体育服务力的评价结果由高到低依次为北京、上海、天津和重庆。

（3）子课题3：我国体育场地发展的动态特征分析。利用第4~6次全国场地普查数据，选取各类型指标对其进行深入挖掘。研究表明：①从发展水平看，1996—2003年，我国新增体育场地相比原有场地更倾向“大型化”类型；2004—2013年则出现逆转，新增体育场地相比原有场地更倾向“小型化”类型。

②从发展方式看，我国场地建设的资金来源趋向单一化，越来越依赖财政拨款，体彩公益金来源还有拓展空间。③从发展品质看，我国体育场地建设的资金成本快速增加，但并未使我国体育场地品质全面提升。④我国体育场地建设一直存在土地利用比较粗放的问题，近年来虽得到重视，但效果还不太明显。⑤我国存在体育场地减少量比例过大、公众使场地成本较高的问题，而我国体育场地的“新陈代谢”能力在加强。针对上述问题，我们提出相应建议：拓宽筹资渠道，控制场地建设资金成本；转变场地发展方式，注重场地品质提升；加强场地的“立体化”空间开发，提高土地利用的集约度；加强执法力度，扭转场地过度流失，延长实际使用年限。

（4）子课题4：我国省域体育场地发展水平的空间特征及其格局演化。利用第4次普查（1995年）、第5次普查（2003年）、第6次普查（2013年）数据，运用ESDA方法，从规模（存量）和速度（增量）两个方面，探索中国省域体育场地发展水平的空间特征及其演化规律。研究表明：①省域整体特征表现为，1995—2003年，多数省域新增场地类型相比原有场地更倾向“大型化”；2003—2013年，上述情况出现逆转，即多数省域新增场地的类型相比原有场地更倾向“小型化”；长期以来，多数省域体育场地的建设速度低于所在区域的人口增长速度。②发展规模的空间特征及演化规律表现为，从全局看，省域体育场地发展规模存在空间集聚现象，但各项指标的空间集聚程度及变化规律存在差异；从局域看，省域场地数量的热点空间格局愈加与省域经济发展水平重合，而省域万人拥有量的热点区域似乎与经济强省无缘。省域场地面积的热点重心一直位于东部地区，而人均场地面积表现出由“北部优于南部”转为“东部优于西部”再到“无明显优势区域”的演化规律。③发展速度的空间特征及演化规律表现为，从全局看，省域体育场地发展速度一直存在空间集聚现象，但空间集聚程度趋于减弱；从局域看，省域场地数量和万人拥有量增长的热点重心经历了“分别位于中国南部的东、西两侧”到优势不再明显的历程。省域场地面积和人均场地面积增长的热点空间格局均出现较大调整。场地数量和场地面积增长的热点或次热区域的空间格局朝“互为相反”方向演化。

（5）子课题5：公共体育服务体系示范区建设对体育产业发展的影响。基于2013—2018年12个省（自治区、直辖市）149个城市的面板数据，采用双重差分法探讨了公共体育服务体系示范区对当地体育产业发展的政策效果。研究结论表明：①公共体育服务体系示范区建设能够有效促进当地体育产业发展；②公共体育服务体系示范区建设这一政策对当地体育产业发展的促进效应具有可持续特征。

（6）子课程6：体育彩票公益金支持青少年体育发展的效率测度研究。选取我国31个省（自治区、直辖市）为研究区域，采用DEA模型对2013—2018年各省（自治区、直辖市）体育彩票公益金支持青少年体育发展效率变化特征进行研究，采用Tobit模型分析年末城镇人口比例、人均地区生产总值和人均公共预算体育支出等因素对其效率变化的影响。结果显示，2013—2018年我国体育彩票公益金支持青少年体育发展的综合效率、纯技术效率和规模效率都没有达到最优状态；2013—2018年各区域综合效率和规模效率均值，西部>中部>东部，纯技术效率均值，东部>西部>中部；现阶段我国体育彩票公益金支持青少年体育发展仍处于起步阶段，区域之间的内部差异随时间变化而波动，呈现不稳定和不平衡状态；年末城镇人口比例对综合效率与规模效率的正向影响显著。人均可支配收入和人均消费支出对综合效率与规模效率的负向影响显著。人均公共预算体育支出对综合效率、纯技术效率与规模效率的正向影响显著。

REFERENCES

参考文献

[1] 李海杰．基于 WSR 的公共体育场馆运营管理绩效评价研究［J］．体育研究与教育，2018，33（3）：32-36，45.

[2] 田学礼，赵修涵．体育特色小镇发展水平评价指标体系研究［J］．成都体育学院学报，2018，44（3）：45-52.

[3] 许利群．体育公共服务质量评价体系研究：以杭州为例［J］．当代体育科技，2018，8（11）：195-197.

[4] 原世伟，钟华，郝桐桐．基于关联性分析的公共体育服务均等化满意度评价指标研究：以苏州市为例［J］．体育科研，2018，39（4）：40-45，60.

[5] 崔久剑，苏艳．苏州市公共体育服务绩效评价体系研究［J］．体育科技，2018，39（3）：88-89.

[6] 胡俊，杨绍昌．全民健身视域下社区公共体育服务评价体系的构建与完善研究［J］．运动，2018（14）：126-127.

[7] 郑文林，朱菊芳．两权分离改革下江苏省体育场馆绩效评价的困境及对策［J］．体育文化导刊，2018（10）：93-98.

[8] 张凤彪，王松．公共体育服务绩效评价“四位一体”解构［J］．西安体育学院学报，2018，35（6）：663-670.

[9] 谢正阳，汤际澜，陈新，等．英国公共体育服务标准化评价模式发展历程、特征及启示［J］．体育与科学，2018，39（6）：62-74.

[10] 王科飞，张丽．贫困地区公共体育服务供给与支援评价模型构建［J］．湖北体育科技，2018，37（10）：857-861.

[11] 陈钊盛．基于 IPA 法的泉州市体育场馆设施顾客满意度评价研究［D］．福州：福建师范大学，2017.

[12] 柴亚萍．西安市公共体育服务评价指标体系构建研究［D］．西安：西安体育学

院，2018.
[13] 卢文云，郑爱林，陈珍怀．村落体育公共服务供给水平评价研究［J］．体育成人教育学刊，2016，32（6）：67-73.
[14] 张堃．江苏省城市体育公共服务质量水平测量与评价［J］．科教导刊（中旬刊），2016（11）：131-132，142.
[15] 魏琳，廉涛，何天皓，等．上海市大型体育场馆公共体育服务质量评价：基于公益开放时段的实证分析［J］．武汉体育学院学报，2016，50（12）：48-54.
[16] 穆瑞杰．体育公共服务绩效评价体系的构建与完善初探［J］．体育世界（学术版），2017（1）：39-40.
[17] 张凤彪，王松．我国公共体育服务绩效评价研究述评［J］．体育科学，2017，37（4）：62-73.
[18] 范宏伟．公共体育服务均等化评价指标体系的标准化研究［J］．西北师大学报（社会科学版），2017，54（3）：31-36.
[19] 薛海涛，杨西勇．陕西省体育公共服务均等化的内涵及评价指标的构建［J］．体育世界（学术版），2017（3）：33-34.
[20] 黄伟．大型公共体育场馆顾客满意度评价体系研究［J］．当代体育科技，2017，7（8）：168-169.
[21] 金银日，姚颂平，刘东宁．基于 GIS 的上海市公共体育设施空间可达性与公平性评价［J］．上海体育学院学报，2017，41（3）：42-47.
[22] 柴王军．基于 Preker-Harding 模型的大型公共体育场馆事业单位体制改革模式评价［J］．武汉体育学院学报，2017，51（6）：13-23.
[23] 刘杨俊，邬建卫．基于多元评价体系的我校公共体育课改革研究［J］．成都中医药大学学报（教育科学版），2017，19（2）：50-52.
[24] 陈建华，王德平．福建省农村公共体育服务绩效的评价方法［J］．体育科学研究，2017，21（3）：39-47.
[25] 杨芳芳．大型体育场馆公共服务力消费者感知测评指标及评价方法［J］．体育世界（学术版），2017（11）：24-25，29.
[26] 毛颖．公共体育服务绩效评价体系的辩证考量［J］．中国学校体育（高等教育），2017，4（6）：12-16.
[27] 林天孩，王小娟，丁炳泉，等．我国公共体育服务的健康效益评价模型建构与应用［J］．北京体育大学学报，2017，40（9）：29-35.
[28] 钟君，刘志昌，陈勇．中国城市基本公共服务力评价（2018）［M］．北京：社会科学文献出版社，2018.
[29] 中华人民共和国国家统计局．2017 中国统计摘要［M］．北京：中国统计出版社，2017.

[30] 杨诚，蒋志华．体育公共服务评价指标研究［J］．现代商贸工业，2015，36（2）：13-15.
[31] 高奎亭，孙庆祝．城乡体育公共服务均等化评价指标体系构建与实证研究［J］．体育成人教育学刊，2015，31（2）：16-19.
[32] 刘亮，刘元元，王鹤，等．我国体育公共服务均等化的评价模型及指标体系构建研究［J］．武汉体育学院学报，2015，49（5）：13-18，55.
[33] 郑旗，张鹏．县域公共体育设施服务质量评价与改进：基于 IPA 分析与实证［J］．上海体育学院学报，2015，39（6）：11-15，27.
[34] 袁春梅．我国体育公共服务效率评价与影响因素实证研究［J］．体育科学，2014，34（4）：3-10.
[35] 王文兰，汤国杰．杭州市城乡体育公共服务均等化评价研究［J］．杭州师范大学学报（自然科学版），2014，13（1）：108-112.
[36] 汤际澜，谢正阳．我国基本公共体育服务均等化评价指标体系构建研究［J］．南京体育学院学报（社会科学版），2014，28（3）：49-55.
[37] 王秀香，李旭，鲁永学，等．基于公民满意度的公共体育服务绩效评价体系构建［J］．南京体育学院学报（社会科学版），2014，28（4）：41-47.
[38] 李秋良，黄婕能．乡镇公共体育服务指标体系构建与评价［J］．统计与决策，2014（16）：64-65.
[39] 谢正阳．全民健身公共服务评价指标体系探析［J］．体育与科学，2013，34（1）：86-93.
[40] 郑家鲲，黄聚云．基本公共体育服务评价指标体系的构建［J］．上海体育学院学报，2013，37（1）：9-13.
[41] 陈珍怀．基于 IPA 分析法的体育公共服务满意度评价模型：以成都市为例［J］．南京体育学院学报（自然科学版），2013，12（3）：132-134.
[42] 肖春霞．体育公共服务评价模型选择的 SWOT 分析［J］．河北体育学院学报，2013，27（6）：45-49.
[43] 范冬云，刘礼．株洲市体育公共服务公众评价调查［J］．湖南人文科技学院学报，2012（2）：33-36.
[44] 宋娜梅，罗彦平，郑丽．体育公共服务绩效评价：指标体系构建与评分计算方法［J］．体育与科学，2012，33（5）：30-34.
[45] 朱梅新，熊飞．体育公共服务均等化的综合评价［J］．体育科学研究，2012，16（5）：11-16.
[46] 赵聂．基于 DEA 模型的公共体育服务绩效评价研究［J］．成都体育学院学报，2008（6）：8-10，14.

[47] 钟君，刘志昌，吴正杲．中国城市基本公共服务力评价（2017）[M]．北京：社会科学文献出版社，2017.

[48] 国家体育总局体育经济司．体育事业统计年鉴（2016 年数据）[Z]，2017.

[49] 戴健．公共体育服务体系建设 [M]．上海：上海交通大学出版社，2015.

[50] 国家统计局城市社会经济调查司．2017 中国城市统计年鉴 [M]．北京：中国统计出版社，2017.